LES

# MONUMENTS RELIGIEUX

# DE CAMBRAI.

## OUVRAGES DU MÊME AUTEUR.

NOTICES HISTORIQUES, STATISTIQUES ET GÉOLOGIQUES SUR LES COMMUNES DE CET ARRONDISSEMENT, un fort vol. in-8°.

L'INDICATEUR DES RUES DE CAMBRAI, avec plan, un vol. in-8°.

PRÉCIS HISTORIQUE ET STATISTIQUE SUR LE CATEAU-CAMBRÉSIS, avec plan et vue pittoresque, br. in-8°.

NOTICE SUR L'ANCIENNE VILLE DE CRÈVECOEUR, avec une vue de l'abbaye de Vaucelles, br. in-8°.

ÉPHÉMÉRIDES DU CAMBRÉSIS, un vol. in-8°

NOTICE SUR LA VILLE DE BAPAUME, br. in-8°.

UN PROCÈS CURIEUX AU XVIe SIÈCLE, br. in-8°.

CHRONOLOGIE DE L'HISTOIRE DE CAMBRAI, avec plan, br. in-8°.

LES SOUTERRAINS DE CAMBRAI ET DU CAMBRÉSIS, (*en collaboration de M. E. Bouly*. avec cartes et planches, un vol. in-8°.

PLAN DÉTAILLÉ DE LA VILLE DE CAMBRAI, (*en collaboration de M. H. Bruyelle), * demi grand-aigle.

TARIF D'AUNAGE, planche in-folio.

LES

# MONUMENTS RELIGIEUX

## DE CAMBRAI

## AVANT ET DEPUIS 1789

*Par A. Bruyelle,*

Membre de la Commission historique du département du Nord et Bibliothécaire archiviste de la Société d'Emulation de Cambrai.

Je me disais, pour me consoler, ce qu'il faut se dire sans cesse : Tout passe, tout finit dans ce monde. Où sont allés les génies divins qui levèrent le temple sur les débris duquel j'étais assis. CHATEAUBRIANT.

IMPRIMERIE ET LITHOGRAPHIE DE E. PRIGNET, A VALENCIENNES.

MDCCCLIV.

l'Eglise de Notre-Dame, à Cambrai;

elle fut démolie en 1797.

# EGLISE METROPOLITAINE

OU

# DE NOTRE-DAME.

L'ÉGLISE de Notre-Dame, dit Julien de Ligne (1), fut fondée en l'an 525, ainsi que de son temps l'on pouvait *colliger* (recueillir), dit-il, par la Table paschale conservée dans la sacristie de cette église. Tout à la fois cathédrale et abbatiale (2), l'église métropolitaine fut, dès son origine, dédiée à la mère du Sauveur.

Le 28 décembre 880 (5 des calendes de janvier 881) (3), les Normands ayant envahi le pays, brûlent cette basilique (4) ; elle

(1) Ms. de la Bib. comm. de Cambrai, n° 658, art. 1er, attribué à Julien de Ligne ou de Lingne, petit-vicaire de la Métropole, mort en 1615.

(2) Chron. de Balderic, liv. I, chap. XVII.

(3) Chron. id. liv. I, chap. LIX.

(4) Carpentier, Histoire de Cambrai, Ire partie, chap. VIII, décrit

est rebâtie les années suivantes par les soins de l'évêque Dodilon, qui en fait la dédicace le 1er août 890. Nous la voyons, le 6 avril 953, menacée d'une destruction nouvelle par les Hongrois, qui fondent sur Cambrai dont ils font vainement le siége durant trois jours. Ils reportent leur fureur sur la Métropole et tentent de l'incendier au moyen de traits enflammés qu'ils lancent sur les toitures. Ces barbares y seraient parvenus, sans la présence d'esprit et le dévouement d'un clerc nommé Séralde, qui, monté sur l'église, arrachait les traits à mesure qu'on les lançait, ou les éteignait avec de l'eau.

Engrand, évêque de Cambrai, vers 960, et après lui Rothard II, vers 980, la rétablissent; mais ces restaurations ne peuvent sauver le temple d'une ruine prochaine (1); car on trouve que peu de temps après, en l'an 1023, l'évêque Gérard le fait entièrement reconstruire (2), et qu'il est rendu au culte le 18 octobre 1030 (3).

---

ainsi la fureur des Normands : « Nostre ville de Cambray fut encore » visitée par ces mauvais hotes, mais toutes les sousmissions des habi- » tants y furent moins considérées que leurs tresors, et ces incendiaires » ne s'en retirerent, et leur esprit ne pût estre satisfait qu'après qu'ils » eurent veu que leur rage estoit sans matiere. »

(1) On voit dans la chron. de Balderic, liv. II, chap. II, que l'évêque Gérard voulant agrandir le chœur et la crypte du monastère (*caput monasterii cum cripta ampliare*), l'édifice s'écroula dès les premiers travaux de démolition. Par le mot *cripta*, nous devons entendre non une *église souterraine*, comme on l'a dit quelquefois, mais un *caveau funéraire*. Si une église souterraine eut existé jadis sous la Métropole, quelques vestiges en eussent été infailliblement retrouvés, dans les fouilles faites à différentes époques, sous l'emplacement de l'édifice démoli.

(2) Dupont, Hist. de Cambrai, 2e partie, p. 3, nous fait connaître que l'on se servit, pour la réédification de la cathédrale, de pierres tirées des carrières de Noyelles et de Lesdain.

(3) La cérémonie fut splendide : on y apporta, disent les chroniqueurs contemporains, toutes les reliques et les corps saints que possédait le diocèse ; et la foule des curieux fut si grande, que la ville ne pouvant les loger tous, on dût dresser nombre de tentes aux alentours des faubourgs. — Nos Notes hist. sur les communes de l'arrond. de Cambrai, t. 1er, p. 92.

Un incendie l'endommage vers l'an 1068, et il est réparé par la sollicitude de l'évêque Gérard II, qui en fait la consécration le 31 décembre 1079. Enfin, le 6 septembre 1148, un incendie plus terrible que le précédent et qui dévore toute l'enceinte du *château* (1), dans laquelle était enclavée la cathédrale, détruit complètement ce monument depuis le faîte jusqu'aux fondations. Les cloches sont fondues, et la tour qu'avait fait élever l'évêque Rothard, en 980, subit le même sort que l'église ; elle est démolie parce qu'elle menaçait ruine.

Les années suivantes on travaille à la réédification du temple, et deux tours qui devaient servir de clocher, s'écroulent à peine achevées, le 4 décembre 1161 (2). Trois grosses cloches sont entraînées et cassées dans la chûte.

Vers 1182, les deux tours sont remplacées par une admirable flèche, bâtie en pierres grises, à jour et sans charpente, par les soins de l'évêque Nicolas. La croix qui la surmontait ne fut placée qu'en 1463, comme le témoigne l'inscription suivante, gravée sur la chemise de bronze qui revêtait le faîte de cette flèche :

CESTE ✝ FILT JEHAN CAUDRELIER A TOURNAY,
L'AN IIIICLXIII.

---

(1) L'enceinte du château renfermait la cathédrale, le palais épiscopal et l'abbaye de St.-Aubert. On peut encore remarquer, dans les rues dites du Temple, du Marché-au-poisson et de St.-Jérôme, une bonne partie des murailles qui la formaient.

Ces points étant donnés, et d'après l'inspection que l'on peut prendre du terrain, il est évident que l'enceinte du château était délimitée par les rues actuelles de la Caille, des Clefs, de Quérénain, la place de Fénélon, les rues du Temple et de Ste.-Anne (rive droite de l'Escautin dit le *Clicautiau*), la grand'rue Fénélon, les rues de St.-Jérôme et du Marché-au-poisson, et enfin par la rue Ste.-Agnès appelée aujourd'hui grand'rue Vander-Burch.

Dupont, dans son Histoire de Cambrai, 2e partie, nous assure que cette enceinte fut élevée par l'évêque Gérard II, qui voulut mettre ainsi son château à l'abri des attaques des habitans, dont les fréquentes insurrections avaient amené, quelques années auparavant, l'établissement d'une *Commune* à Cambrai.

(2) Ms. de la Bibl. comm. de Cambrai, n° 907, p. 44.

La flèche, à cause de son excessive hauteur (1), eut maintes fois à souffrir des atteintes de la foudre. Le 18 août 1495, elle en est frappée, et on la répare dans son entier l'année suivante. En 1503 et un siècle plus tard, 1604, elle est atteinte de nouveau par le fluide électrique, et on prend le parti de la réduire de douze pieds; ce qui n'empêche pas qu'elle ne soit encore foudroyée en 1522, 1548, 1616, 1748, 1801 et 1804.

Le 27 mars 1606, un furieux ouragan qui cause pour plus de cinquante mille florins de dommage dans la ville, dégrade beaucoup ce monument, et on le répare pour la dernière fois en 1760.

Le chœur de la Métropole fut achevé en 1251, et l'édifice ne le fut complétement qu'en 1472. Pierre de Ranchicourt, évêque d'Arras, en fit la consécration le 5 juillet de la même année. La cérémonie fut longue et imposante: commencée à trois heures du matin, elle ne finit qu'à la douzième heure (2).

L'église de Notre-Dame, dit l'auteur des Mémoires chronologiques (3), faillit être incendiée de nouveau vers les premiers jours de décembre 1739. Le foyer de la sacristie ayant carbonisé les bancs en bois qui le meublaient, le feu gagna les boiseries et menaçait de s'étendre, lorsque le sacristain, éveillé par le bruissement des flammes, donna l'alarme, et l'on parvint heureusement à se rendre maître de l'incendie. Les argenteries à l'usage ordinaire du chœur et qui se trouvaient dans les boiseries, furent altérées par le feu: quelques vaisselles aussi furent fondues.

L'axe de cette vaste Métropole était établi dans la direction du

---

(1) 107 mètres environ, y compris la longueur de la croix. Le globe qui la supportait pouvait contenir six hommes. Il y avait, du rez-de-chaussée jusqu'au pied de la flèche, 600 degrés à monter. La tour qui servait de base à la flèche contenait 39 cloches, dont 16 que l'on sonnait régulièrement. La plus grosse, nommée *Marie*, pesait quinze mille livres.

(2) Ephémérides Cambresiennes.

(3) Ms. aujourd'hui la propriété de M. E. Bouly.

nord-ouest au sud-est. Le clocher aboutissait au palais de l'archevêque, dont il n'était séparé que par une galerie couverte. « Elle était, dit M. Le Glay (1), bâtie en forme de croix. Les colonnes ou piliers qui la soutenaient étaient au nombre de soixante-huit. Autour de l'église régnaient vingt-et-une chapelles..... il y en avait en outre deux autres sur les voûtes des petites nefs dans la croisée de l'église. Un magnifique autel à la romaine s'élevait au milieu du sanctuaire ; il était couvert d'une table d'argent et soutenu par deux consoles de cuivre, embellies de fleurons d'argent et de cuivre doré, entourées de quatre anges aussi en argent. Le tabernacle, la croix et ses candélabres étaient du même métal. Aux quatre extrémités des degrés de l'autel se trouvaient quatre grands flambeaux de cuivre faits en 1734 et travaillés dans un bon goût. »

*Désignation des chapelles.*

Chapelle de la Sainte Trinité et dédiée depuis à Notre-Dame-de-Grâce; chapelle de St. Blaise érigée, à ce qu'on croit, en 1245; chapelle de St. Nicolas et de Ste. Catherine, fondée en 1230 ou 1231 ; chapelle de Ste. Maxellende; chapelle de St. Nicaise; chapelle de Ste. Anne, fondée en 1319 ; chapelle de Notre-Dame-la-Grande, fondée vers l'an 1232 ; chapelle de St. Etienne, dont l'origine remonte à l'an 1200 ou environ; chapelle de St. Jean l'évangéliste, érigée en 1312, d'autres disent en 1452; chapelle de Ste. Croix, vulgairement dite de la sainte face de N. S., érigée en 1320 ; chapelle de St. Philippe, appelée aussi chapelle des Trépassés; chapelle de Ste. Elisabeth, fondée en 1239 ; chapelle de St.-Géri et de St. Laurent, fondée au XIIIe siècle ; chapelle du Crucifix ou du Sépulcre, fondée vers 1380 ; chapelle de St. Pierre et de St. Paul, édifiée vers 1227; chapelle du saint nom de Jésus, bâtie en 1330 ; chapelle de tous les Saints, construite vers 1365 ; chapelle de St. Vincent et de St. Eustache, érigée en 1342; chapelle de l'Ascension, élevée vers 1320; une chapelle dont le nom est ignoré ; et enfin une autre petite chapelle placée près du clocher.

(1) Recherches sur l'Eglise métrop. de Cambrai, p. 25.

Le marteau révolutionnaire n'épargna pas l'antique Métropole de Cambrai : vendue vers l'an IV (1795-1796), elle fut démolie, et la belle pyramide demeurée debout, sans charpente, dégarnie en partie de ses ancres et sapée jusqu'à sa base, fut enfin renversée par l'ouragan du 30 janvier 1809.

Dès l'an XI (1) (1802-1803), M. le préfet du Nord, Dieudonné, voulant prévenir la destruction imminente de la belle flèche de Cambrai, avait fait un rapport au gouvernement afin que des mesures fussent prises pour la conservation et la solidification de ce superbe monument, orgueil du Cambrésis ; mais les mesures tardèrent, et quelques années plus tard, l'événement vint justifier les appréhensions du premier magistrat de ce département (2).

Parmi les nombreuses richesses rassemblées dans l'église de Notre-Dame, on admirait les verrières du chœur, sur lesquelles étaient représentées les figures des douze apôtres. Ces verrières avaient été données à la Métropole en 1196, par Jeanne, fille de Baudouin, comte de Hainaut. L'on remarquait aussi une image en or de St. Jean-Baptiste, *ex voto* du pieux et jeune roi St. Louis. Ce riche présent fut dérobé au jour de St. Luc, 1527 (3), ainsi que d'autres objets, le tout estimé mille écus d'or.

Dans la chapelle de la Sainte-Trinité, située derrière le chœur de l'église, se trouvait l'image miraculeuse de la Vierge qu'une pieuse tradition attribue au pinceau de St. Luc (4), et qui fut ap-

---

(1) Annuaire du département du Nord, an XII, p. 334.

(2) M. S. H. Bertoud, Archives hist. du Nord, t. 3, nouv. série, p. 281, fait peser toute la responsabilité de l'événement sur M. de Pommereul, préfet du Nord, successeur de M. Dieudonné, et à qui il prête ces paroles peu bienveillantes, au sujet de pressantes réparations vivement sollicitées par l'administration locale : « Votre clocher du- » rera plus longtemps que vous ! Laissez-moi en repos à ce sujet. »

(3) Calendrier historial, ms. nº 907, p. 132.

(4) Nos historiens modernes sont peu d'accords sur ce point. V. A. Le Glay, Rech. sur l'Eglise métrop. de Cambrai, p. 29 ; Alc. Wilbert, Mém. de la Société d'Em. de Cambrai, t. 17, p. 335 ; F. Delcroix et

portée de Rome à Cambrai, en l'an 1440, par l'archidiacre Furcy de Bruylle. Cet archidiacre étant mort dix années après, on l'inhuma au devant de la chapelle, et on plaça cette inscription sur sa tombe :

*Hìc antè sub quadrato marmore jacet vir venerabilis Magister Fursœus du Bruylle Decretorum Doctor, oriundus de Peronâ, quondam Valencenencis in hâc et Noviensi Ecclesiis Archidiaconus et canonicus, qui præsentem imaginem gloriosæ Virginis à S. Lucâ (ut piè creditur) depictam, hìc reponi ordinavit, obiit anno MCCCCL die XVII$^{a}$ decembris. Orate pro eo* (1).

L'image de la Vierge fut l'objet de largesses royales : Louis XI, venant en pélerinage à Cambrai en 1478 (2), au sujet d'une maladie cruelle, une espèce de fièvre-chaude qui désolait la France, et dont lui-même avait grande appréhension, fit offrande à la chapelle de la Trinité, qui renfermait la madone, de douze cents écus d'or pour la confection d'une couronne de fer et de douze plats ou flambeaux d'argent (3).

---

A. de Baralle, Lettre sur la Cathédrale de Cambrai, Annuaire du dép., 1842, p. 31 ; Failly, Recherches sur l'image de Notre-Dame-de-Grâce, adressées à la Commission hist. du département.

(1) Gazet, Hist. eccl. des Pays-Bas, 1614, p. 108.

(2) Carpentier, Hist. de Cambrai, 1re partie, chap. X, s'exprime ainsi au sujet du pélérinage à Cambrai du dévôt roi Louis XI : « Un » bon cordelier qui tenoit son imagination enchaisnée (pour le moins » autant que son medecin à qui il donnoit dix mille escus par mois) » luy persuada de venir encore une fois à Cambray pour y prier hum- » blement la Vierge de Grâce de l'exaucer dans ses afflictions et inquié- » tudes. Il y vient, il y prie, il y escoute les plaintes du clergé et du » peuple, et touché d'un remords de conscience d'avoir permis qu'on » auroit si indignement traitté les habitans, leur restitua tous les de- » niers qu'on leur avoit extorquez, commanda à Munitole et à ses gens » de sortir hors de la ville, offrit en expiation de ses crimes à Nostre- » Dame une couronne ornée de douze plats d'argent de la valeur de » douze cens escus d'or, reconnut au pied du grand autel que la ville » estoit vrayment Impériale, et renonça sollennellement à toutes les » prétentions qu'il y pouvoit avoir. »

(3) Les douze plats ou flambeaux d'argent furent volés en 1584 ; on gnore ce qu'est devenue la couronne de fer.

Echappée à la destruction révolutionnaire de 93 et recouvrée en 1802 (1), la précieuse image fut alors, comme objet d'art et d'antiquité, déposée dans l'église de St.-Aubert, convertie en Musée national. Le 26 mars 1804 (5 germinal an XII), l'église du St.-Sépulcre étant devenue à son tour la cathédrale de la ville, la madone entourée de ses nombreux *ex voto* fut placée dans une des chapelles latérales dédiée à la Vierge, pour être exposée à certaines fêtes de l'année à la vénération des fidèles et des nombreux pélerins qui viennent la visiter ou implorer son assistance.

On voyait, dans une des chapelles l'église de Notre-Dame, une horloge commencée en 1383 (2) et achevée en 1397, qui passait pour un chef-d'œuvre de l'art et qualifiée l'une des sept merveilles du Cambrésis. Le fabuleux Carpentier (3) en fait cette description : « L'horloge qui s'y void est une des rares pieces de l'art, qui » marque les heures avec un globe representant le cours du so- » leil et de la lune, et quand la cloche vient à sonner, la veüe se » laisse surprendre à contempler certains petits personnages de » bronze, qui se produisent comme des acteurs sur le theatre, » pour representer une partie de la Passion de Notre-Seigneur, » qui par le moyen de certains ressorts marchent l'un après l'au- » tre, et passans devant la cloche, chacun d'eux frappe de son » petit marteau avec une gentillesse tout à fait animée. Cette pièce » admirable fut achevée l'an 1397, par l'industrie d'un berger ; » auquel (si nous voulons croire le vulgaire) on creva les yeux, » parce qu'il avait entrepris d'en bastir d'autres en France et » ailleurs, avec plus de curiosité et de perfection. » (4)

---

(1) Annuaire du département du Nord, 1842, p. 31.

(2) Plusieurs de nos contemporains ont écrit que l'horloge de la Métropole fut commencée en 1383 sous l'épiscopat de *Gui de Collemède*. Il y a eu évidemment erreur, puisque cet évéque est mort en 1303. C'était *Jean T'Serclaes* qui occupait le siége épiscopal de Cambrai à cette première date.

(3) Hist. de Cambrai, IIe partie, chap. IV.

(4) L'horloge de la Métropole, cette merveille vantée par Carpentier, existait encore en 1825. Elle était alors, à Paris, dit M. Le Glay, entre les mains d'un particulier qui cherchait à la vendre. Espérons que la

Le chapitre de Notre-Dame était représenté par les dignités suivantes :

Le Prevôt,
Le Grand-Archidiacre,
L'Archidiacre de Brabant,
L'Archidiacre de Hainaut,
L'Archidiacre de Valenciennes,
L'Archidiacre d'Anvers,
L'Archidiacre de Bruxelles,
Le Doyen,
Le Chantre,
Le Trésorier,
L'Ecolâtre.

Outre ces onzes prébendes, il y en avait cinquante autres (1), savoir :

Une chanoinie unie à la Table archiépiscopale,
Deux autres à la Prevôtée et aux Archidiaconés,
Trois affectés aux Nobles,
Six aux Juristes,
Quatre aux Théologiens gradués,
Une aux Chanoines de l'Archevêché,
Une aux Abbés de St.-Aubert,
Une à la Doyennée,
Sept au Sacerdoce,
Une à un médecin-prêtre et gradué,
Deux aux serviteurs de l'église,
Une au petit-vicaire-chantre,
Finalement, vingt autres affectées aux chanoines libres.

---

commission de notre Musée naissant sera assez heureuse pour nous faire rentrer en possession de ce curieux monument de notre Cambrésis.

(1) Carpentier, Hist. de Cambrai, IIe partie, chap. IV.

Plusieurs dignités laïques venaient se rattacher au siége épiscopal. En première ligne on voyait :

Le Grand-Bailli ou chef de la Cour du Palais,

Le Sénéchal du Cambrésis,

Le Maréchal.

Les douze Pairs créés vers la fin du xe siècle, en faveur de l'évèque Rothard, par l'empereur Othon II. Les pairies étaient attachées aux seigneuries suivantes : Rumilly, Cauroir, Marcoing, Cantaing, Cuvillers, Bantigny, Niergnies, Esne, Bousies, Prémont, Audencourt et Montrécourt. Cette dernière, qui était purement personnelle (1), se trouvait annexée à la charge de Grand-Bailly (2) ;

Les vingt-quatre Francs Fiefvez ou officiers de l'évêque (3). Chacun d'eux était tenu de remplir ses fonctions le jour de l'entrée solennelle de l'évèque, qui jurait de les maintenir dans leurs priviléges et principes. Ces dignitaires étaient appelés Francs-Fiévez parce que chacun d'eux tenait un fief relevant de l'Evêché (4). Le corps des Francs-Fiévez, établi à la même époque que celui des Pairs, était ainsi composé :

Un Grand-Prevôt,

Un Maître d'hôtel,

Un Pannetier,

Un Chambellan,

---

(1) Carpentier, Hist. de Cambrai, IIIe partie, chap. V.

(2) Le Glay, Rech. sur l'Eglise métrop., p. 211.

(3) « Ils étoient tenus de parêtre dans leurs Assemblées habillez » d'une mesme façon, à sçavoir chacun d'une robe courte à l'antique, » teinte en écarlate pourprée, d'un bonnet quarré, l'espée au costé et » le signe de leur charge en main, et en cet équipage assistoient à » cheval à la procession qui se fait tous les ans en cette ville, le lende- » main de la feste de la tres-Sainte Trinité. » Carpentier, Hist. de Cambrai, IIIe partie, chap. IV.

(4) Le Glay, Notes sur les principales fêtes et cérémonies publiques qui ont eu lieu à Cambrai, etc., p. 7.

Un Echanson (1),
Un Grand-Keux (2),
Un Grand-Veneur,
Un Bouteiller,
Un Grand-Maître des eaux (3),
Deux Ecuyers tranchans,
Quatre Gentilhommes de la chambre,
Deux Maîtres de garde-robe,
Deux Sommeilliers,
Un Maître des Cérémonies,
Un Audiencier,
Un Contrôleur,
Plusieurs Secrétaires.

Enfin, pour terminer la liste des dignitaires du palais de l'évêque, nous citerons le Gavenier et son lieutenant commis par le comte de Flandre qui recevait un droit de courtoisie annuelle sur les églises du pays, dont il avait été déclaré le protecteur : ce droit était appelé *Gavene* ou *Gavè* (4), du flamand, *don*, *présent*.

---

(1) Les fonctions d'Echanson et de Bouteillier devaient être les mêmes, si l'on s'en rapporte à Carpentier, id., chap. V, lequel nous apprend que la charge d'*Echanson ou de Bouteillier* était héréditaire à la maison *Creton d'Estourmel*.

(2) Chef des cuisines.

(3) Les fonctions de maître des eaux sont ainsi décrites dans un livre de reliefs faits à l'évêque Jean de Lens en 1419, et dont nous trouvons un extrait dans l'abbé Dupont, Hist. de Cambrai, 3e partie : « Quand Monseigneur fait entrée, Lambert Prieur doit, s'il lui plait, » battre ou faire battre par deux varlets les yaux où les roines seroient » qui feroient noise et empêchement audit seigneur s'il lui plairoit à » dormir, fust de jour ou de nuit, en signifiant que Monsieur doit faire » taire et accoisier par sa puissance, ordonner de raison et de justice » les noiseux et ceux qui contre raison se voudroient maintenir en son » pays. »

(4) Par suite d'un concordat fait en 1189, entre Philippe, comte de Flandre, et l'Eglise de Cambrai, ce droit est déterminé à un demi-muid

Le chapitre de Cambrai, très-renommé de tous temps, a porduit quatre papes, soixante-dix-huit cardinaux, deux cents archevêques et évêques.

Papes : François Picolomini ( Pie III ); Pierre Roger (Grégoire XI); Jacques de Sabello ( Honoré IV); Nicolas Bocasin (Benoît IX). On trouve dans l'abbé Ouvray (1) la nomenclature des cardinaux, des archevêques et évêques sortis du chapitre cathédral de Cambrai, surnommé à juste titre le *Séminaire des Evêques*.

« Il était si ordinaire, dit le même écrivain, de voir sortir des évêques et prélats supérieurs du chapitre de Cambrai, que plusieurs chanoines, quoique nommés à des prélatures, préférèrent leur premier état. »

Nous nous bornerons à une preuve : Ladislas Jonart (2), simple doyen de l'église de Cambrai, refusa successivement les évêchés d'Arras et de St.-Omer.

Principaux bienfaiteurs de l'église Notre-Dame : Dagobert Ier (2); Charlemagne, en 776 (4); Louis-le-Débonnaire, en 817

---

de froment et d'avoine sur une charrue, et un mencaud de chaque pour celui qui n'avait pas de terres à cultiver. Le droit de gave fut supprimé après la prise de Cambrai, par Louis XIV. — Dupont, id., 2e partie, p. 74.

(1) Eloge hist. de Vander-Burch, 1785, p. 89.

(2) Ce même Ladislas Jonart, devenu archevêque de Cambrai en 1671, légua tous ses biens aux pauvres de cette ville. Sa fondation, actuellement administrée par le bureau de bienfaisance, présente un revenu annuel de plus de *vingt-six mille francs*. Ce prélat bienfaisant mourut en 1674, après avoir occupé trois années seulement le siége métropolitain. Son tombeau fut retrouvé en 1822, sous le sol de l'ancienne Métropole. On découvrit en même temps les restes de divers autres évêques et archevêques : Nicolas de Fontaines, Jean de Gavre, Maximilien de Berghes, Jean Richardot, François Buisseret et Gaspard Nemius.

(3) Il fit don à l'église N.-Dame du village d'Onnaing. — Chron. de Balderic, liv. 1er, chap. XVII.

(4) Le Glay, Rech. sur l'Eglise métrop., p. 15.

(1) ; Jean I^er^, dit le Bel, évêque de Cambrai, de 866 à 879 (2) ; Dodilon, de même évêque, vers 890 (3); Zwentibold, roi de Lorraine (4); Arnoud, roi de Germanie, en 894 (5); Charles-le-Simple, en 912 (6); Etienne, évêque de Cambrai, vers 933, date de sa mort (7) ; Othon I^er^ dit le Grand, empereur, en 941 (8) ; Rothard II, évêque de Cambrai, mort en 995 (9); Othon III, empereur, en 983 ou 995, et en 1001 (10); Henri II, empereur, en 1007 ; Innocent II, pape, en 1142 ; Conrad III, Frédéric Barberousse, Othon IV et Frédéric II, tous quatre empereurs ; Henri, duc de Lorraine, en 1197 (11); et enfin, Maximilien I^er^, empe-

---

(1) Id., p. 16.

(2) Chron. id., liv. I^er^, chap. LII. La charte que l'on y trouve porte la date des Ides d'avril, an 885. Ce millésime est évidemment erroné, puisque le donataire Jean-le-Bel est mort six années auparavant, c'est-à-dire en 879.

(3) Il donna le village de Boursies. — Chron. id., liv. I^er^, chap. LX.

(4) Le Glay, id., p. 16.

(5) Chron. id., liv. I^er^, chap. LXII.

(6) Chron. id., liv. 1^er^, chap. LXVI ; charte portant confirmation des immunités accordées par Zwentibold, et donation des villages de Carnières, Lis (Viesly), Vendelgies (le Câteau-Cambrésis), Montigny, Wahiercourt (village aujourd'hui détruit, situé près de Ribécourt), Gondrechies (Honnechy), etc.

(7) Il constitue héritière de tous ses biens, l'église de Notre-Dame qu'il dirigeait. — Chron. id., liv. I^er^, chap. LXVIII.

(8) Il renouvelle les immunités de l'Eglise de Cambrai et accorde aux évêques les droits de tonlieu et de monnayage. — Chron. id., liv. I^er^, chap. LXXVI.

(9) Donation à l'Eglise des villages de Villers-Pol, près le Quesnoy, et de Fontaine-Notre-Dame lez-Cambrai. — Chron. id., liv. I^er^, Chap. CVII.

(10) Par sa charte de 983 ou 995, il affecte aux besoins de l'Eglise une *vaste forêt*. Le bois nommé encore aujourd'hui le bois l'Evêque, et situé près du Câteau, faisait partie de cette donation. La charte de 1001 concède aux évêques de Cambrai le droit de battre monnaie au Câteau, d'y établir un marché, d'y percevoir un droit de tonlieu, etc. — Chron. id., liv. I^er^, chap. CXII.

(11) Le Glay, id., p. 19.

reur, qui érige la ville de Cambrai en duché par sa charte datée de 1510.

*Dimensions de la Métropole.*

| | | |
|---|---|---|
| Longueur de la nef | 183 | pieds. |
| — du chœur | 130 | |
| Largeur de la nef | 45 | |
| — de chaque croisée | 30 | |

Son emplacement comprenait, outre la place Fénelon, le théâtre actuel et l'hôtel particulier circonscrit par les rues des Ratelots et de Vander-Burch.

# EGLISE ET ABBAYE DE ST GERY,

## Sur le Mont des Bœufs, à Cambrai;

(D'après un tableau conservé à la Mairie.)

EN LAN 1543 LEGLISE DE MONSIEVR ST GÉRY SVR LA MONTAIGNE ESTOIT SAMBLABLE A CEST CARTE REMARQVE PAR MELCHIOR FALLON MAISTE MACHON DE MESSIEVRS DE LADITE EGLISE PAR LESPACE DE 40 ANS OV PLVS ~

1 La tovr Croÿ
2 La tovr av tan.
3 Le blan mvseav.
4 La tovr de qvatre ven.
5 La tovr St legier.
6 La grange a dime.
7 La havlt follÿ
8 La maison de St Martin
9 Le fovr de Chapitre.
10 La maison de Temy
11 La maison de anfan de cœvr.
12 Le tombavx.

# ABBAYE

# DE S^T-MÉDARD ET DE S^T-LOUP

DEPUIS

## ÉGLISE ET MONASTÈRE DE S^T.-GÉRI.

SAINT GÉRI, après avoir renversé les idoles du paganisme (1) que renfermaient les bois du *Mont-des-Bœufs* (2), fit construire au sommet de la montagne, en l'an 595 (3), un monastère qu'il dédia à St. Médard et à St. Loup, et dont il confia la direction à son frère Landon. Il mou-

(1) V. Chron. de Balderic, liv. II, chap. IV, et Gazet, Hist. ecc. des Pays-Bas, 1614, p. 6.

(2) Carpentier, Hist. de Cambrai, partie 1^re, chap. X, fait remonter au paganisme l'origine du nom de *Mont-des-Bœufs*, et nous assure qu'il fut appelé ainsi parce que l'on y adorait le *bœuf*. Suivant le même historien, Gelicq, qui vivait vers l'an 1500, aurait vu plusieurs pièces de monnaie de l'époque marquées au *Bœuf* et trouvées dans les ruines des maisons abattues pour l'érection de la citadelle et de sa place d'armes.

(3) Julien de Ligne, ms. de la bib. comm. de Cambrai, n° 658, art. 2 et 6.

2

rut le 11 août 594 (1), selon les uns, et 624 (2) selon les autres, et fut inhumé dans l'église qui prit ensuite le nom de St.-Géri (3).

Nos premiers chroniqueurs (4) nous ont conservé un fait mystique passé vers ce temps, sous l'épiscopat de Berthoald, et que nous consignons ici, non pour ce qu'il a de miraculeux, mais parce qu'il nous fait connaître que, dès le commencement du VIIe siècle, l'église de St. Géri renfermait déjà quelques monuments d'arts, ciselés et sculptés. Voici la légende telle qu'on la rapporte :

Un voleur s'étant introduit nuitamment dans l'église pour y dérober les objets d'or et de pierreries qui enrichissaient le tombeau du Saint, le bienheureux Géri apparut en songe au gardien du sépulcre, et, à l'aide d'une lumière surnaturelle, le guidant à travers les ténèbres, lui procura le moyen de s'emparer du mal-

(1) « Ce venerable prélat (St. Géri) rendit doucement son ame l'an » 594, après avoir gouverné son évesché 39 ans; sa sagesse l'a rendu » comme un oracle aux sçavans, sa vie inimitable aux plus parfaits, » son zèle admirable aux plus courageux, la force de ses miracles re- » doutable aux plus puissants, son aage venerable à la nature, sa mort » regretable à toutes les églises, et sa sainteté adorable à tous les siè- » cles. » — Carpentier, id., part. II, chap. II.

(2) A. Le Glay, Recherches sur l'Eglise métrop., p. 105.

(3) Le chapitre de cette église célébrait anciennement, par une procession séculaire, le jour du trépas de St. Géri. Nous voyons, par les *Memoires chronologiques*, que le 11 août 1694, cette procession ayant eu lieu, les bourgeois, dans le but de donner plus d'éclat à la cérémonie, firent le premier essai de *chars de triomphes*. Nous laisserons parler le chroniqueur : « Il y avait plusieurs chars de triomphes es- » cortés par des hommes sauvages, suivis des sybilles et autres caval- » cades. Plusieurs compagnies bourgeoises à pied et à cheval formaient » la procession ; faisant plusieurs décharges de mousqueterie. Après » cette procession, toutes les compagnies vinrent à l'archevéché, se » rangèrent dans la cour, firent plusieurs décharges, criant, vive le » Roi ! vive monseigneur de Bryas ! l'archevêque était sur le balcon, » remercia les bourgeois et leur fit donner plusieurs tonnes de bierre. »

(4) Chron. id., liv. Ier, chap. XV.

faiteur, qu'il relâcha néanmoins sans lui faire aucun mal. Cette anecdote fut le sujet d'une peinture qui orna longtemps une croisée de l'église, témoin de l'aventure merveilleuse. Ce tableau, fort médiocre du reste, existe encore de nos jours, relégué dans les magasins de notre hôtel-de-ville.

Nous voyons qu'en 832 (1), St. Théodoric ou Thierri, 17e évêque de Cambrai, érigea le monastère de St. Géri en collége de chanoines séculiers.

L'église de St. Géri, à cause de sa situation hors de l'enceinte urbaine, eut plusieurs fois à souffrir les déprédations des gens de guerre. Ainsi, le 28 décembre 880 (5 des calendes de janvier 881), les Normands s'étant rendus maîtres de Cambrai qu'ils mettent à feu et à sang, saccagent, pillent et incendient ce temple dont la réédification, commencée le 16 juin 863 (16 des calendes de juillet (2), venait d'être achevée; et un siècle plus tard, le 6 avril 953, cette même église qui avait été reconstruite en 887 (3), par Regnier, comte de Hainaut, fut brûlée de nouveau par les Hongrois, qui « y gravèrent, — dit Carpentier — (4), les marques de » leur colère par le fer et par le feu. »

Le 17 juin suivant, on commença de rétablir l'église de St. Géri, qui devint, trois années après, le théâtre de scènes sanglantes dont le souvenir flétrira à jamais la mémoire de l'évêque Bérengaire.

Dès cette époque, un complot (5) contre la juridiction civile de l'évêque venait de s'organiser parmi le peuple de Cambrai. Ainsi, profitant de l'absence du prélat, qui était allé visiter l'empereur de Germanie, les bourgeois se soulèvent et déclarent leur évêque dé-

---

(1) Ms. nº 658, art. 6.

(2) Chron. id., liv. Ier, chap. XLVII.

(3) Ms. nº 656, art. 6.

(4) Hist. de Cambrai, partie II, chap. V.

(5) Cette tentative d'affranchissement se renouvela en 1064, et encore en 1076, époque où la *Commune* fut définitivement établie à Cambrai.

chu de tous droits. Berengaire, informé de la sédition qui tendait à faire méconnaître son autorité, et trouvant d'ailleurs les portes de la ville fermées, retourna près de l'Empereur et ne revint qu'escorté d'une suite nombreuse, imposante. Les Cambrésiens, effrayés de cette démonstration, crurent prudent d'ajourner leur projet d'affranchissement, et s'empressèrent d'ouvrir les portes de la ville et de faire leur soumission.

Berengaire congédia son escorte et reprit possession du palais épiscopal ; mais, à quelque temps de là, ayant lui-même soudoyé des troupes, il attaqua les bourgeois à l'improviste et en fit un horrible massacre. Les Cambrésiens, sans armes, sans défense, se refugièrent dans le temple de St. Géri ; mais les sbires du sanguinaire évêque les y poursuivirent, et, sans respect pour la sainteté du lieu, y exercèrent le plus horrible des carnages, coupant les pieds aux uns, les mains aux autres, enfin crevant les yeux à ceux-ci en les perçant de fers rouges (1) !

L'église et le monastère de St.-Géri subsistèrent jusqu'en 1544, époque à laquelle Charles-Quint fit établir, sur leur emplacement, une citadelle et plusieurs ouvrages de défense (2). Le chapitre de St. Géri, violemment dépossédé (3), obtint de se retirer dans l'église paroissiale de St. Vaast (4), qui prit alors le titre de St. Géri, et

(1) Chron. id., liv. Ier, chap. LXXXII.

(2) Les travaux furent commencés le 13 mai 1544.

(3) « Les chanoines donc ayans arrousez de leurs larmes les ruines » de leur eglise et de leurs maisons, se trouverent obligez de se reti- » rer en l'église de St. Vaast, aux environs de laquelle ils planterent » leurs domiciles. » — Carpentier, id., partie II, chap. V.

(4) On lit dans le ms. n° 907, p. 145, le passage suivant : « Au jour » de St. Laurent 1544, les Etats furent tenus au Palais pour assigner » une église aux chanoines de St. Géry ; on leur donna à choisir l'une » de ces trois : St. Georges, St. Eloi et St. Vaast. On leur offrit » St. François ; mais frère Noel, alors gardien, s'y opposa et se dé- » fendit. »

dans laquelle le clergé transféra en grande pompe, le 16 juillet 1545 (1), la fierte ou châsse du bienheureux Géri.

Le 18 novembre de la même année (2) eut lieu une nouvelle cérémonie : on alla tirer, des ruines de l'ancienne église, la tombe du saint et le ciboire. A dater de ce jour, les religieux célébrèrent leurs offices dans l'église de St.-Vaast.

Le 8 mars 1545, sous l'épiscopat de Robert de Croy, le chapitre de St. Géri, voulant agrandir le chœur de sa nouvelle église, fit commencer les travaux de reconstruction, qui ne furent terminés qu'en 1553 ; et, faute d'ancrages suffisants, cette partie du monument s'écroula dans la nuit du 4 novembre de la même année. La réédification du chœur, reprise de nouveau, fut achevée en 1563; et, le 23 septembre 1565, on le dédia solennellement à St. Pierre, apôtre, et à St.-Géri, son nouveau patron.

Le clocher de cette même église, qui datait de 1508, fut fort endommagé durant le siége de 1595 (3) par l'artillerie espagnole, qui riposta aux arquebuses et aux petits canons nommés *Fauconnaux,* que le gouverneur Balagny avait fait placer à son sommet et qui inquiétaient les assiégeans.

---

(1 et 2) Ms. n° 658, art. 6.

(3) « Le mercredi et le jeudi (6 et 7 septembre) on envoya sur le clocher de St. Géri quelques soldats avec arquebuses à crocs, pour tirer sur ceux du camp. Ces derniers ripostèrent aussitôt en tirant plusieurs coup de canon contre le clocher, qui fut endommagé ainsi que l'église. Les arquebusiers s'étant retirés, le canon cessa..... Le mardi (12 septembre) on tira des coups de crochets de dessus le clocher de St. Géri, et un coup de dessus la voûte du chœur de cette église ; il fut à l'instant contretiré quatre coups de canon contre ledit clocher; on continua les jours suivans, de sorte que le clocher fut en partie rompu, ce qui fut un grand dommage, car c'était une des plus belles pièces du pays. Le chœur de cette église ne fut pas non plus épargné...Pendant ces mêmes jours, ceux du camp continuèrent de tirer des coups de canon contre le clocher de St. Géri, et cela par l'opiniâtreté de Balagny, qui ne voulut jamais retirer les soldats qu'il y avait mis. » —*Mémorial d'un abbé de St. Sépulcre* (Ms. de la bibl. comm. de Cambrai).

Comme toutes les choses de ce monde, l'abbaye de St.-Géri eut ses périodes de prospérité et de décadence. Ce fut d'abord de riches dons qui lui vinrent de toutes parts, et qui en firent, dit Balderic (1), «une abbaye sainte, une abbaye royale (2), nageant dans l'abondance, aux nombreux privilèges de laquelle il semblait qu'on ne pût rien ajouter (3)..... Non seulement elle ne recouvra jamais son ancienne splendeur, mais ce qui est encore plus déplorable, elle s'inclina de plus en plus vers sa ruine. La faiblesse des directeurs ne leur permettait pas de conserver cette foule de possessions voisines ou disséminées en tant de pays lointains et différents ; d'un autre côté au milieu de la corruption du siècle, d'infâmes ravisseurs s'abandonnant aux écarts de l'ambition humaine, s'appropriaient ces biens consacrés par de pieux personnages au salut et au secours des âmes. Pour combler le mal, il y eut des directeurs fourbes et perfides, dont les rapines, les vols et les soustractions appauvrirent encore le monastère. »

Le chapitre de St.-Géri, était, à l'époque de sa plus grande extension, composé de cent prébendes fondées, comme nous l'avons dit, par le roi Charles-le-Chauve, en 870. Ce nombre fut d'abord réduit à cinquante et vingt-deux chaupellenies. En dernier lieu, il n'y en eut plus que trente-six des premières et douze des secondes (4). Parmi ses dignitaires, on comptait le prévôt, le doyen et l'écolâtre. Ce chapitre a donné à l'église plusieurs cardinaux, archevêques et évêques.

---

(1) Chron. id., liv. II, chap. IV, trad. de MM. Faverot et Petit.

(2) Le roi Charles-le-Chauve y fonda cent prébendes en l'an 870. —Ms. n° 658, art. 6.—Clotaire II, donna aussi, vers 585, de grands biens aux religieux de ce monastère. — V. Carpentier, id., part. Ire, chap. VII.

(3) « Vers ce temps (940 ou environ), le comte Isaac possédait l'abbaye de St.-Humbert..... il avait aussi du roi en bénéfice, la *royale et riche* abbaye de St.-Géri avec ses dépendances : à savoir, la moitié du château de Cambrai, la moitié des impôts publics et le droit de battre monnaie. » — Chron. id., liv. I, chap. LXX.

(4) Carpentier, id., part. II, chap. V.

Cardinaux : Bernard d'Auguiscel, vers 1287; Léonard Guerchin ou Werchin, en 1310; Pierre Du Pret, en 1320; Ademare Robert, en 1342; Jean de Blansac, en 1361.

Michel de Corbeil, archevêque de Sens, en 1194; Raoul de Torote, fils de Jean, bouteillier de Champagne, et de Lucie, dame d'Honnecourt, archevêque de Lyon, en 1284.

Robert de Torote, évêque de Laon, en 1297; Jean d'Enghien, évêque de Tournay, en 1270; Afbert, de Roye, évêque de Laon, en 1329; Firmin Cocquerel, évêque de Noyon, en 1349; Philippe de Saulx, frère de Jean, chancelier de Bourgogne, évêque d'Amiens, en 1416; Martin Poré, évêque d'Arras, etc.

Avant de terminer cette notice, n'oublions pas de mentionner qu'en 1413 (1), une grave dissention ayant éclaté entre le chapitre de St.-Géri et les bourgeois de Cambrai, au sujet du rétrécissement des jardins de l'abbaye, incorporés en partie dans l'enceinte des fortifications, et de la suppression du sellier dans lequel se vendait du vin pour le compte de cette abbaye, le duc de Bourgogne dut intervenir avec ses gens d'armes; et, ayant à l'insu des cambrésiens, attiré les chanoines dans la ville de Lille, il parvint à ménager un accord en vertu duquel, les bourgeois devaient payer une indemnité pécuniaire au chapitre qui, à cette condition, devait supprimer son entrepôt de vin.

L'histoire nous transmet un épisode qui, bien que futile, détermina une collision (2) entre l'archevêque de Cambrai et le chapitre de St.-Géri. Lorsqu'à son avénement au siége de Cambrai, Charles de St.-Albin, eut permis aux chanoines de la métropole de porter l'habit violet avec les paremens rouges, MM. les chanoines de St.-Géri, se croyant offusqués par cet éclat, s'avisèrent de tirer de l'oubli quelque vieille peinture du XIIIe siècle, qui les représentaient vêtus, eux aussi, de rouge et de violet.

---

(1) Chron. d'Enguerrand de Monstrelet, chap. CXV.

(2) Mémoires chronologiques.

Munis de ce précieux titre, ils demandèrent, et finirent par obtenir la reprise de leur ancien costume. Quelques jeunes abbés, empressés de se faire voir dans leur nouvelle splendeur, se mirent à parcourir la ville ; aussitôt, réclamations des métropolitains, qui prétendent à leur tour, que leurs confrères les surpassent en magnificence

Charles de St.-Albin voulut alors se raviser, et apporter quelques modifications à l'acte qu'il avait octroyé aux abbés de St.-Géri, c'est-à-dire que la permission allait se borner à porter ce nouveau costume, dans leurs processions intérieures seulement. Ceux-ci protestèrent, et fermèrent la porte de leur église à l'archevêque, qui fit dresser procès-verbal de ce fait, le 1er août 1727. Le prélat finit par fulminer sur le chapitre et sur l'église de St.-Géri, un interdit qui ne fut levé que le 6 novembre, c'est-à-dire plus de trois mois après.

Voici le procès-verbal dressé à cette occasion, par l'archevêque Charles de St.-Albin :

« L'an mil sept cent vingt-sept, le vendredi, premier jour d'août, par devant nous, archevêque, duc de Cambray, en notre palais archiépiscopal, est comparu Me Charles-François Bodhain, notre vice-promoteur, assisté de Me Henry Desvigne, avocat fiscal, lequel nous a présenté notre ordonnance rendue à sa requête, le 26 juillet dernier, duement signifiée aux sieurs prévôt, doyen et chapitre de St.-Géry de cette ville, ainsi qu'il conste du rescrit de l'appariteur Puche, portant préfixion à ce jourd'huy dix heures avant midi, et jours suivans, pour être procédé à la visite canonique de l'église du chapitre dudit St.-Géry Avec autre, notre ordonnance du jour d'hier, pareillement signifiée ce jourd'huy auxdits de St.-Géry, portant que sans avoir égard au contenu de certains actes signifiés de leur part le jour d'hier, il soit, par nous passé outre à ladite visite aux jour et heure indiqués par notre présente ordonnance, requérant en conséquence que sans pareillement avoir aucun égard à l'acte signifié ce jourd'huy de la part desdits de St.-Géry, il plût nous transporter en ladite église et au chapitre susdit, à l'effet d'icelle, sur quoy nous avons audit vice-promoteur donné acte de ses représentations et déclaré que nous nous transporterions sur le champ à l'effet requis.

*Signé* François Charles, arch. duc de Cambray.

Par ordonnance,

Marion.

«Et ledit jour, à dix heures du matin, nous archevêque, duc de Cambray, accompagné de ceux de notre vicariat, en présence de notre vice-promoteur, assisté de l'avocat fiscal, nous sommes transportés à la grande porte de l'église de St.-Géry, ou étant, nous l'avons trouvée fermée, et à ladite porte, les sieurs chanoines Gastier, de Lécluse, Meurs et Canaple, qui nous ont dit, par la bouche dudit sieur Meurs, qu'ils sont pénétrés de la plus vive douleur de voir qu'il ne dépend pas d'eux de recevoir avec tout le respect et la soumission convenables la visite par nous indiquée; que la grande et la petite porte étant fermées, il ne leur est pas possible de nous introduire dans l'église, ni dans le chapitre; qu'ils savent avec quel respect ils doivent se comporter en pareille occasion, et qu'ils sont prêts à nous en donner toutes marque et assurance, nous suppliant de vouloir arrêter et suspendre la juste punition que mériterait la désobéissance de leurs confrères. Après quoi, notre vice promoteur nous a dit que c'est trop marquer la révolte et la désobéissance qu'il convient en pareil cas de réprimer, requerrant à cet effet qu'il nous plût faire faire tout promptement, par l'un de nos appariteurs, les monitions ordinaires et *la dernière, à peine de désobéissance*, tant au grand ministre du chapitre, qu'à la grande porte de ladite église, pour le corps dudit chapitre, à l'exception des quatre chanoines cy-dessus comparans; et nous avons ordonné que les trois monitions cy-dessus seront faites au domicile dudit grand ministre, à celui du sieur Cartin, ex-grand ministre, à celui du sieur Desplanque, syndic, et à celui du sieur Goblez, ancien chanoine et ancien ex-grand ministre, et ensuite à la grande porte de ladite église où nous sommes pour tout le corps et chapitre; en conséquence de quoy l'appariteur Boidin nous a dit qu'ensuite de nos ordres, il vient de se transporter au domicile dudit sieur Goblez, qu'il a sommé, en parlant à sa sœur, de se rendre et soumettre à la visite requise, ayant fait les trois monitions, et la dernière, à peine de désobéissance. Nous a été pareillement dit par l'appariteur Le Preux, qu'il vient de la maison dudit sieur Desplanque en satisfaction de notre dite ordonnance, et que parlant à la sœur dudit sieur Desplanque, il lui aurait fait pareille sommation et monition, la troisième à peine de désobéissance; l'appariteur Depery nous a dit aussi qu'il vient de se transporter à la maison dudit sieur Cartin, en satisfaction de notre prédite ordonnance, où ayant sonné trois fois consécutives à la porte, personne ne s'est présenté pour l'ouvrir, et ayant retourné accompagné de l'appariteur Le Preux, il aurait fait à haute et intelligible voix les trois monitions cy-dessus ordonnées, et la dernière, à peine de désobéissance. Finalement, l'appariteur Puche nous a dit que, conformément à notre dite ordonnance, il aurait été à la maison du sieur Bouvigny, grand ministre, où étant, il aurait parlé à sa servante, pour l'absence du sieur Bouvigny, à laquelle il aurait déclaré faire audit Bouvigny les trois monitions cy-dessus ordonnées, et la dernière, sous peine de désobéissance, laquelle a requis qu'on lui donnast par escrit acte du besoigné dudit appariteur, ce qu'il a fait; et à l'instant l'appariteur Depery a fait à ladite grande porte de l'église, à haute et intelligible voix, les mêmes trois monitions, tant pour le corps et chapitre de ladite église que pour chacun d'iceux en particulier, à l'exception des quatre chanoines cy-dessus comparans, et la dernière fois sous peine de désobéissance. Ce que veu par ledit vice promoteur qui a pris inspection de ce que dessus, a eté par luy conclu, à ce qu'il vous plaise prononcer contre lesdits chanoines et chapitre, selon la rigueur de droit, et en conséquence DÉCLARER LEDIT CHAPITRE INTERDIT; selon droit, déclarer aussi ladite église interdite pour le scandale qui a été donné en nous fermant les portes, et interrompant le service divin, et nous aux sieurs Gastier, Meurs, Delecluse et Canaple, chanoines, accordé acte de leur comparution et délaration, et au vice-promoteur, de sa comparution, dire et réquisition; défaut contre lesdits sieurs prévost, doyen et chapitre de St.-Géry, non comparans et coutumaces, et pour le profit LES AVONS DÉCLARÉS ET DÉCLARONS AVOIR ENCOURU LA CENSURE DE L'INTERDIT, suivant droit; les y déclarons soumis, et soumettons ainsi que leur église, chœur et chapelle d'ycelle, à l'exception de la chapelle destinée aux offices de la paroisse, pour le sieur curé seulement et ses paroissiens.

« Fait les jour, mois, an et lieu que dessus, ordonnons que les présentes seront lues, publiées et affichées aux portes de ladite église et partout où besoin sera, et signifié à qui il appartiendra. »

*Signé* François-Charles, archev. duc de Cambray.

*Par ordonnance*, Marion.

L'église de St.-Géri a subi en 93, le sort de la plupart des monuments religieux qu'avait élevés la piété de nos ancêtres; elle fut abattue, et durant plus d'un quart de siècle, ses pierres jonchèrent le sol jadis consacré. Il n'en reste aujourd'hui que des fragments de murs adaptés aux établissements industriels élevés sur son emplacement et compris entre la rue qui a conservé le nom de St.-Géri et celles de la Clochette et de l'Arbre-à-Poires.

Nous voyons par un plan sans date, portant projet d'agrandissement de la nef que l'on voulait en même temps rendre plus régulière, que son axe était bien établi dans la direction voulue par les canons de l'église. Ainsi, le chœur et trois grandes chapelles qui le couronnaient, s'appuyaient sur la rue de l'Arbre-à-Poires, c'est-à-dire, vers l'est ; le parvis était situé à l'opposé ; et le clocher, placé irrégulièrement à l'extrémité nord de la façade, faisait angle aux deux rues de St.-Géri et du clocher St.-Géri.

Ce monument avait les dimensions suivantes :

Longueur totale, hors d'œuvre......... 87 m. 7 c.

Largeur.......................... 34 m. 4 c.

# ÉGLISE DE S^T-PIERRE

DEPUIS

## ÉGLISE ET ABBAYE DE ST.-AUBERT,

ET ENSUITE

## ÉGLISE DE SAINT-GÉRI.

L'ÉGLISE de St.-Aubert, l'une des plus anciennes du pays, (1), fut primitivement connue sous le nom d'église St.-Pierre, et il en est fait mention dès l'an 520 (2), époque à laquelle St.-Vaast y établit des chanoines de la congrégation de Latran. St.-Aubert, 7^e évêque de Cambrai (3),

(1) Ms. de la bibl. comm. de Cambrai, n° 654, p. 1. Ce ms. a pour auteur Joseph Pouillaude, abbé de St.-Aubert, né à Cambrai le 27 octobre 1673, et mort le 17 juin 1732.

(2) Ms. n° 907, p. 135.

(3) St.-Aubert était né à Haucourt en Cambrésis ; il fut sacré évêque de Cambrai et d'Arras, le 21 mai 633, en présence des évêques de Noyon et de Laon.

mort le 13 décembre 670 (1), fut inhumé dans cette église, qui a conservé jusqu'à nos jours, les reliques de ce saint pontife (2).

Au IX siècle, l'église de St.-Pierre possédait déjà une tour ou clocher, si l'on peut s'en rapporter à Gelicq et à Carpentier, lesquels nous assurent que cette tour fut endommagé par une secousse de tremblement de terre survenue en 834 (3), et qui durant six jours et cinq nuits, jeta l'effroi dans toute la province. Ce même temple, d'abord situé hors de la ville, fut ensuite compris dans son enceinte, quand Dodilon, sacré évêque le 8 mars 887, fit entourer de murailles la ville de Cambrai, dont il recula en même temps les limites (4). Cet évêque avait fait transporter dans l'église de Notre-Dame, pour être mieux en sûreté, le corps de St.-Aubert, dans la crainte que les normands ne vinssent de nouveau dévaster le territoire.

En 996 (5), un incendie ruine l'église de St.-Pierre qui est, deux années après, reconstruite par les soins de l'évêque Erluin. Ce prélat fit enrichir, par son archidiacre Godefroy, le monastère annexé à l'église; et lui-même, voulant pourvoir aux besoins des religieux dont il augmentait le nombre (6), leur rendit le village

---

(1) Ms. n° 658, art. 3.

(2) On lit dans le ms. n° 658 précité, au sujet des reliques de St.-Aubert, fort en vénération dans le Cambrésis, les lignes suivantes : « Faut noter qu'en l'an 955, Othon 1er de ce nom, ayant occis les Hon- « grois, demanda à Fulbert, évêque, les corps de St. Géry et de St. « Aubert, mais on ne trouva point bon de priver la ville de Cambray « de ses deux siens patrons ; sy est, que pour satisfaire à la demande « dudit empereur, on lui envoya les corps de St. Théodoric et de Ro- « thard, avec quelques doigts du pied de St. Géry et de St. Aubert ; « ils furent transportés à Maldebourg. »

(3) Carpentier, hist. de Cambrai, partie II, chap. XVII.

(4) Chron. de Balderic, liv. Ier, chap. LXIV.

(5) Ms. n. 658, art. 3.

(6) Huit des prébendes existantes, ayaient été fondées en 965, par Ausbert, 23e évêque de Cambrai, mort cette même année, et inhumé dans l'église de St.-Pierre. — Ms. n. 654, p. 7.

d'Avesnes-le-Sec, et leur concéda en outre celui de Tilloi-lez-Cambrai (1).

Erluin, premier évêque qui fut investi du *comté de Cambrésis* (2), par diplôme de l'empereur Henri II, daté du 22 décembre 1007 (3), étant mort en 1011, fut inhumé dans l'église de St.-Pierre. La cérémonie funèbre, commencée dans l'église de Notre-Dame, fut interrompue par le châtelain Watier, dont la haine implacable contre son évêque, l'avait porté à piller d'abord le palais; ce forcené se précipite dans l'église, l'épée à la main, suivi d'hommes armés, il disperse le clergé qui ne put reprendre le corps d'Erluin, qu'après l'arrivée de Richard, abbé du monastère d'Arras, lequel fit continuer l'office des morts dans l'église de St.-Pierre.

En 1015, ce temple placé jusque là sous l'invocation de St.-Pierre, est dédié solennellement le 1er octobre (4), par l'évêque Gérard de Florines, aux apôtres St.-Pierre et St.-Paul; et ce même prélat y fait réintégrer le corps de St.-Aubert, reposant dans l'église cathédrale depuis l'an 889. Les précieux restes de ce saint, renfermés dans une châsse, furent ensuite placés sous le maître autel.

---

(1) Chron. id., liv. I, chap. CXIII.

(2) On trouve le texte du diplôme écrit en latin, dans Carpentier, id., aux preuves, p. 5.

(3) Le clergé de Cambray voulant perpétuer cette haute marque de distinction envers ses évêques, fit dresser alors une table en marbre, richement illustrée, sur laquelle on lisait cette inscription

> Enfans, pour valoir à mon ame,
> De bon affect nous ordonnons,
> A l'église de Nostre-Dame,
> De Cambray, et en don donnons,
> Et héritier le faisons,
> De la Comté de Cambresis,
> A toujours ainsi le voulons,
> Tesmoins nos sceaux et escrits.

V. Gazet. hist. ecc. des Pays-Bas, 1614, p. 21.

(4) Ms. n 654, p. 8.

En 1066 (1), l'évêque Liébert, voulant donner plus d'extension à l'abbaye de St.-Pierre, commença par y rétablir l'ordre intérieur en expulsant plusieurs clercs dont la vie était peu édifiante ; il assujettit les chanoines aux statuts de l'ordre régulier de St.-Augustin, et plaça à leur tête un abbé pour diriger le chapitre. Il donna à ce monastère les revenus de plusieurs églises, ainsi que diverses autres propriétés, et rétablit les prébendes à ses propres frais

Plus tard, en 1116, l'évêque Burchard voulant agrandir les dépendances de la communauté, et ne trouvant aucun terrain adjacent pour y établir une brasserie et une lavanderie, donna aux religieux une propriété contenant sept mencaudées en jardinage, nommée le *grand Metz*, et située hors de la ville, à gauche de la porte St-Jean ou de Selles (2).

L'église de St.-Pierre fut réduite en cendres et pour la troisième fois, en 1099 ; elle fut encore brûlée ainsi que l'abbaye, en 1148, par un violent incendie qui consuma toute l'enceinte du château (3).

L'année suivante, on travailla à la reconstruction du temple, mais en 1150, des gens de guerre, troupes aventureuses qui ne cherchaient que le pillage, ayant pénétré dans Cambrai, vinrent arrêter les travaux en y portant le feu et la dévastation : rétabli ensuite par l'abbé Gauthier (4), il fut consacré en 1164 (5) en l'honneur de ses anciens patrons et de St.-Aubert, par Nicolas de Chièvres, 38e évêque de Cambrai, assisté des évêques de Laon, de Noyon et d'Amiens.

Le 17 mars 1130, le pape Innocent II, venant à Cambrai, célébra l'office divin dans l'église de St.-Aubert (6), qui fut encore, à

---

(1) Ms. n. 884, p. 27.
(2) Ms. n. 654, p. 3.
(3) V. Notes, hist. sur l'église métrop.
(4) Dupont, hist. de Cambrai, 2e partie, p. 2.
(5) Ms. n. 658, art. 3.
(6) « Et le pape chanta la messe en l'église de St.-Aubert, le second lundy de caresmes. » — Adam Gelicq, ms. n. 884, p. 33.

quelque temps de là, témoin d'une imposante cérémonie, à l'occasion d'un synode que le même évêque Nicolas y tint le 18 octobre 1155.

L'abbaye de St.-Aubert servit plusieurs fois d'hôtellerie aux souverains et aux princes que leurs intérêts privés ou ceux de leurs royaumes appelaient dans nos murs. Le 4 avril 1385, à l'occasion du double mariage célébré à Cambrai, entre les enfants du duc de Bourgogne et ceux du duc de Bavière, ce pieux asile fut choisi pour la résidence momentanée des augustes fiancés. L'abbé Nicolas Brassart, témoin oculaire, raconte ainsi, dans ses mémoriaux, le séjour du cortége royal dans le monastère :

« Aulbiert comte de Hainaut, et Guillaume sen fils l'espoux et
» li nouvielle epeuze Marguerite de Bourgogne, et tot le train
» hebergerent cheans et ni reservais que une salle pour coukier
» mi et mes religieus, tant no abbaie estoit plaine de signeurs...
» Le lendimain des nopces fuits requis mi Abbet de par me tres
» redouptée dame Marguerite ki kouké avoet en me cambre, avec
» nos tres poissant et redoubtet signor Aulbert de Bavieres comte
» de Hainaut et de Holandes, de celibrer le messe en se présenche.
» Adonck jou fit venir molt brafs cantres et flusteurs musicals,
» qui molt bien canterent à me messe. Si y vint sur les unze heu-
» res et demi me dite poissante dame, puis les deux nouvielles
» epeuzes et puis mes hautes et poissantes dames Jeanne du-
» chesse de Brabant, Marguerite duchesse de Bourgogne, Anne
» dauphine duchesse de Bourbon, Jehenne duchesse de Berry et
» plus de chent otres grandes dames et hautes demisieles, ki em-
» plissent toutes les fourmes de nos chœur, et dont jou ni mi suis
» guerres enformé des noms, et ne ai guieres regardez par bien-
» séanche religieuse etc (1). »

Le 20 janvier 1449, le monastère fut encore visité par Philippe-le Bon, duc de Bourgogne, qui y prit ses quartiers. Voici une ex-

(1) Le Mémorial historique des abbés de St. Aubert, dont l'historien Dupont a extrait plusieurs passages fort curieux, et ne se retrouve plus. Cette perte est antérieure à 1793, époque où elle fut constatée.

trait du récit de ses éphémérides que nous transmet Jean le Robert, abbé du lieu, admis à la table du prince :

« Environ VII heures le dimence nuit du XX janvier 1449, » Mons le Duc vint et descendi à le Loge de Pierre (*en l'abbaye » de St. Aubert*) et la me presenta a luy Mons. dEstampes en » luy disant Mons. vechy vo hoste. Se le saluay au mieulx que je » seuch et luy presentay le logich et tous les biens de léglise a en » faire son plaisir et l'ordonnay abbé de léglise et le fils seigneur » et maistre de tout, se me remerchia moul courtoisement et en- » tra ens. Assez tost après se parti de cheens et sen alla soupper » en lostel de M. la comtesse de Lincy derrière nos gallerie avoec » Mons. dEstampes, Mons. de Beaujeu et aultres, etc.

« Au soupper il luy pleust que je fusse en se compaignie et se » vanta qu'il seroit yvre ou que je le seroie. Se luy avoit fait pre- » senter III plats de viande pour le reverer et ses nobles hommes, » sacorda que ainsi fu fait. Se fist faire son plat a son plaisir et III » aultres plas furent fournis des biens de lEglise a lordonnance » de son maistre dostel et de ses keux qui furent remplis de le » char dun vel, dun moutons, de VII connins, (1), de IX cappons, » de VI pertris, de VI faisans et de II paons en II plas de four des » rastons de poires cuistes en vin mises en chucre et en ypocras » (2) de IIII los dypocras et du mestier et plusieurs aultres coses » dont point nay de memoire. Et luy fis present dune piece de » buef musé de premesel grande et belle dont i fist grant joye et » en menga bien largement et volontiers, ossi firent les aultres et » fist très bonne chierre et joyeuse et but a my III fois et le pre- » miere et le seconde tout et je pleyai dotant. Se bus ossi à MM. » dEstampes, de Beaujeu, de Cleves, de Longheval, à Antoine » Bastard du Bourg, seigneur de Crevecuer, a M. Boudot de » Novelle, gouverneur de Pierronne, a Charles de Rochefort et a » plusieurs aultres qui furent au soupper en le cambre N. D. qui

(1) Du flamand *konyn, lapin.*

(2) L'hypocras, sorte de boisson composée de vin, sucre, canelle, gingembre, girofle, etc.

» dura jusques a XII heures et ossi nous fusmes XII person-
» nes a ce soupper, y fist M. le Duc tres bonne chiere et joyeuse
» et cuidoit que je fusse bien yvre et le fis assez rire et les aul-
» tres ossi qui montroient estre moult joyeux et puis s'en alla
» couquier. »

Le 1er février 1483, Maximilien d'Autriche passant à Cambrai, avec toute sa suite, descendit aussi à l'abbaye de St.-Aubert. « Et
» le lendemain jour de la Chandeleur vint à la messe et alla à la
» procession et porta un chiron à ladite procession. (3). »

Le 4 novembre 1501, l'archiduc Philippe d'Autriche, accompagné de l'archiduchesse, sa femme, et d'une foule de hauts dignitaires, se rendant en Espagne, près de son beau-père, séjourna à Cambrai, et logea également à l'abbaye de St. Aubert. « Et y fut
» rechu bien noblement et fit le serment à l'Eglise comme comte
» de Flandre et alla disner à St. Aubert (1). »

Le 6 juillet 1529, Marguerite d'Autriche, tante de Charles-Quint, venant à Cambrai pour conclure avec Louise de Savoie, mère de François Ier, un traité de paix dit la *Paix des dames*, prit de même pour résidence l'abbaye de St.-Aubert. Louise de Savoie étant descendue à l'hôtel St. Pol, qui n'était séparé du monastère que par la rue du Marché-au-Poisson, on joignit les deux nobles résidences par une galerie aérienne, qui rendit plus faciles les communications entre les deux reines.

Cambrai compta alors dans ses murs huit cardinaux, dix archevêques, trente-trois évêques, quinze ducs, quatre princes, soixante-douze comtes et quatre cents autres seigneurs de haute marque avec leurs suites. Ils y séjournèrent durant un mois qui se passa en fêtes continuelles.

Enfin, le 16 avril 1535, la reine de Hongrie et la reine de

---

(1) Ms. no 884, p. 57.

(2) Ms. no 884, p. 62.

France, s'étant indiqué une entrevue à Cambrai, descendirent l'une à l'hôtel St Pol, l'autre à l'abbaye de St.'Aubert. « Après avoir » festoié l'une et l'autre se partirent de Cambray le 20 dudit mois » et s'en raleront chacune en son cartier. Robert de Croy, eves- » que de Cambray, fut toujours avec les deux reines et alla au » devant et les reconvoia et y avoit d'une part et d'autre plusieurs » seigneurs et dames et grand nombre de gens (1). »

Revenant à l'église, nous voyons qu'en 1543, le chœur devant être rebâti sous la direction de l'abbé Michel de Francqueville, l'évêque Robert de Croy en posa la première pierre le 24 du mois d'avril (2). Deux années après, on commença le *Jubé*, qui, placé à l'entrée du chœur, formait division entre cette partie de l'église et la nef principale. Ce monument fut consacré le 1er mai 1550 (3).

L'église de St. Aubert renfermait anciennement plus de cinq cents marbres et tombeaux qui furent supprimés dans une de ses reconstructions. On ignore si l'enlèvement de ces pierres eut lieu en 1543 ou antérieurement; mais Carpentier (4), sans y assigner aucune date, déplore ainsi la détermination peu réfléchie des abbés de St.-Aubert: « Je ne puis penser à cette église, sans me plain- » dre avec la noblesse de quelques abbés des siecles passez, qui, » voulant le rebastir, ou rehausser, permirent que l'on cassast » plusieurs vitres, qu'on ostat plusieurs tableaux et épitaphes et » qu'on couvrit du débris de ses vieilles murailles plus de cinq » cens marbres et tombeaux. »

La nef, de nouveau reconstruite sous l'abbatiat de messire Joseph Pouillaude, ne fut terminée qu'au mois de mai 1728 (5), par le couronnement du dôme. On remarque, sur la dernière marche

(1) Ms. nº 884, p. 93.
(2) Ms. nº 907, p. 15.
(3) Ms. nº 656, p. 22.
(4) Hist. de Cambrai, partie II, chap. VII.
(5) Mém. chronologiques.

du grand portail, le millésime 1729. date de l'achèvement de la flèche qui s'élève au-dessus du fronton. Quant au chœur, commencé en 1739, il ne fut terminé que la veille de Noël 1745, jour où l'abbé Jahon en fit la bénédiction.

Nous ne pouvons passer sous silence un fait que nous transmet l'histoire (1), au sujet des abbés de St. Aubert qui eurent la singulière prétention de disputer au clergé d'une paroisse voisine le droit de confesser les femmes des vingt-quatre francs-fiévés ou officiers de l'archevêque (2). Ils allèrent jusqu'à faire signifier par huissier une sommation à leurs prétendues paroissiennes, d'avoir à se rendre auprès d'eux pour remplir les devoirs du temps pascal. Les choses en vinrent au point d'obliger le Parlement de Flandre à rendre un arrêt par lequel il faisait défense aux parties d'user de voie de fait ; ce qui amène à penser que les membres de ce chapitre n'apportaient pas toujours tout l'esprit de conciliation possible dans leurs discussions avec leurs confrères des autres communautés.

Le cloître et ses dépendances comprenaient tout l'ilot de terrain délimité par les rues de la Caille, de St. Aubert, de St. Jérôme, du Marché au poisson et de Ste. Agnès, moins les petites boucheries. Ses vastes et belles constructions ont été détruites à la Révolution ; mais l'église, convertie alors en *Musée national*, dut à ce titre sa conservation. Elle est aujourd'hui paroissiale, sous l'invocation de St. Géri, nom qu'elle porte depuis le concordat.

Ce vaisseau renferme plusieurs curiosités dignes d'attention : le magnifique Jubé en marbre qui supporte le buffet d'orgues; un précieux tableau de Rubens (3), la *Descente de Croix*, qui orne

---

(1) Arrêts de Desjaunaux, t. 3, p. 175.

(2) V. Notice sur l'église métrop.

(3) Suivant l'auteur des *Mémoires chronologiques*, la Desconte de Croix de Rubens eut à souffrir la profanation d'un pinceau étranger. Voici ce que dit l'historien : « Il (Rubens) y fit le Christ nud ; mais

une des chapelles latérales; vingt stales richement sculptées que présentent les boiseries du chœur; divers tableaux faits par Arnould Duez, peintre flamand, et provenant de l'ancienne église des Jésuites; plusieurs autres tableaux d'un nommé Wampe, datés de 1714; et enfin, quatre colonnes corinthiennes, en pierres bleues, qui soutiennent le dôme de l'édifice, remarquables par leur élévation.

---

*Dimensions de l'église actuelle :*

| | | |
|---|---|---|
| Longueur totale, en hors-d'œuvre, ci | 88 m | 0 |
| Largeur | 20 | 4 |
| Profondeur des chapelles latérales | 11 | 8 |
| Hauteur, sous clef, de la nef | 21 | 1 |
| — du chœur | 26 | 0 |
| Hauteur du clocher : du parvis à la naissance de la flèche | 47 | 4 |
| Du parvis au-dessus de la boule, ou hauteur totale du clocher | 76 | 5 |

---

*Succession des abbés de Saint-Aubert, par ordre de nominations.*

Bernard, 1066; Adam, 1089; Gérard, 1115; Gauthier Ier, 1116; Galand, 1159; Amauri, 1177; Herbert, 1185; Bartholomé de Graincourt, 1200; Guillaume Midis, 1229; Jean Ier Dérozier, 1245; Baudoin Marguelot, 1246; Jean IIe de Docier, 1247; Gauthier II, Haris, 1262; Jean III de Condé, 1278; Jean IV d'Avesnes, 1315; Florent d'Arras ou de la Halle, 1347; Nicolas Ier Brassart, 1359; Jacques Ier de Cocq, 1388; Jean V le

---

» comme les tableaux qui sont dans les églises ne sont pas là pour » scandaliser, on fit cacher, *par un aultre peintre*, ce qui ne doit pas » être vu ni découvert. »

Robert, 1431 ; Philippe Bloquiel, 1468 ; Jacques II Decamps, 1505 ; Bernard II Roncourt, 1521 ; Jean VI de la Buissière, 1522 ; Michel de Francqueville, 1538 ; Jean VII Pellet, 1555 ; Jean VIII Cornuaille, 1586 ; Antoine Pouvillon, 1596 ; Michel Laccart, 1606 ; Martin Rousseau, 1607 ; Nicolas II Beharel, 1610 ; Jérôme Milot, 1628 ; Joseph Ier Vranx, 1670 ; Pierre Froix, 1681 ; Henri Denis, 1690 ; Joseph II Pouillaude, 1709 ; Augustin Jahon, 1732 ; Bernard le Gœul, 1748 ; de Lendoncq, 1772.

EGLISE ET ABBAYE DU S^t^ SÉPULCRE

Au XVIII^e^ Siècle.

# EGLISE ET ABBAYE

# DU SAINT-SÉPULCRE,

AUJOURD'HUI

## ÉGLISE MÉTROPOLITAINE.

La belle et riche abbaye du St.-Sépulcre, devait son origine à une simple chapelle élevée en 1047 (1), par l'évêque Gérard de Florine, à l'entrée d'un cimetière établi hors des murs, pour recevoir les corps des nombreuses victimes d'une famine épouvantable qui désolait la cité. Il ne fut point donné au pieux Gérard de consommer son œuvre, la mort vint le surprendre en 1049; et, quelques années après, St.-Liébert, marchant dignement sur les traces de son prédécesseur, auprès duquel il avait successivement rempli les fonctions

(1) Ms. de la Bib. com. de Cambrai, no 658, art. 3.

4

d'écolâtre, de conseiller, d'archidiacre et de prévôt (1), remplaça la chapelle par une église (2) dont il fit la consécration le 28 octobre 1063 (3).

Le *St. Sépulcre*, fut le nom qu'il donna à cette église, à son retour d'un pélérinage en Terre-Sainte qu'il n'avait pu mener à fin, empêché par les infidèles qui, ayant fermée l'entrée du St.-Sépulcre, mettaient impitoyablement à mort tous les chrétiens qui tentaient d'approcher Jérusalem St.-Liébert, après avoir annexé à la nouvelle église un monastère de Bénédictins qu'il fit renfermer, ainsi que l'église, dans l'enceinte urbaine, affecta à sa fondation la majeure partie des biens qu'il possédait dans le Cambrésis et autres provinces environnantes. Le texte du diplôme, daté de 1064, peu connu jusqu'à présent, nous a paru assez curieux pour être ici reproduit :

LIBERTUS *Cameracensis Ecclesiæ episcopus omnibus Christi fidelibus prosperos utriusque vitæ successus.*

*Temporibus prædecessoris mei Gerardi sanctæ memoriæ episcopi, exorta fames in regionibus nostris adeo invaluit, ut morientium corpora capere non valerent ecclesiastica cœmeteria Cameracensis urbis, incidit igitur huic prædecessori meo rationabile consilium, ut extra muros civitatis fodere faceret polyandrum, quod receptui foret tot corporibus condendorum pauperum ; juxta quem locum ecclesiam postea in honore dominici sepulcri consecravit, eamque et terris, et familiis dotavit, etc. Ego itaque Liebertus qui ei successi, tanto et tali animatus exemplo, in prædecessoris mei primitias laboraturus introii ; et quoniam parva erat, juxta ecclesiam illam monasterium ampliore schemate ædificavi, ipsumque in honore D. nostri Jesu Christi, et S. Sepulcri ejus, et S. Dei Genit. Mariæ, omniumque sanctorum Dei consecravi, ædificatoque claustro cum cæteris officinis abbatem et monachos eidem loco assignavi.*

---

(1) Chron de Balderic, liv. III, chap. LV.

(2) Mém. pour les abbés et religieux de St. Sépulcre, in-4° 1759.

(3) Carpentier, Hist. de Cambrai, part. II, chap VIII.

*De rebus vero possessionis meæ, ecce coram Deo, et præsentibus testibus, istud doto monasterium, etc. Hoc est.... abbatia S. Martini....., parochiales quoque duæ ecclesiæ S. Georgii, et S. Mariæ Magdalenæ, altaria cum ecclesiis, minutum teloneum, cambæ et plura curtiliæ cum districtu toto, et terræ arabiles circa Cameracum, quas decambiavi ab abbate Waldrico S. Andreæ apostoli, cum aliis pluribus. In suburbio eodem Cameracensi molendinum curum, alterum et dimidium apud vil*lam puerorum, *cum districtu, item aliud apud Nigellam cum districtu. Concedo etiam in pago Camerac. villam omnem S. Hilarii, in pago de Hainau Villerellum totum, in Brabatensi pago eccl. de Melin, item villam quæ vocatur Niuvehova, etc.*

*S. Walcheri arch. Gerardi præp., et arch. S. Christiani, Johannis, Gilberti, Herivardi, Almorici, Heriberti, Widrici, Roberti, militum.*

*Actum est Cameraci etc., An. ab Inc. D: MLXIV. Ind. II. regnante Henrico rege Lothariensium an. XII. Episcopatûs D. Lieberti XIV, etc. Werimbaldus cancellarius recensuit.*

*Traduction :* « Liébert, évêque de l'église de Cambrai, à tous les fidèles chrétiens, bonheur dans cette vie et dans l'autre.

» Aux temps de mon prédécesseur Gérard, évêque de sainte mémoire, il s'éleva dans nos contrées une si grande famine, que les cimetières des églises de la cité de Cambrai ne suffisaient plus pour recevoir les morts. Mon prédécesseur eut donc l'heureuse idée de faire creuser, hors des murs de la cité, un cimetière destiné à la sépulture d'un si grand nombre de pauvres. Plus tard, il consacra près de ce lieu, en l'honneur du St.-Sépulcre, une église qu'il dota de terres et de colons etc. Moi donc Liébert, qui lui ai succédé, encouragé par un si sublime exemple, je me suis efforcé, au début de ma carrière épiscopale, de marcher sur les traces de mon prédécesseur; et comme cette église était petite, j'ai bâti tout-auprès, et sur de plus grandes proportions, un monastère que j'ai consacré en l'honneur de N.-S. Jésus-Christ, de son St.-Sépulcre, de la bienheureuse Marie mère de Dieu, et de tous les saints : et lorsque le cloître et les autres bâtiments furent terminés, j'ai attaché à ce lieu un abbé et des moines. Maintenant je déclare devant Dieu et les témoins ici présents, doter ce monastère. des biens qui sont en ma possession, etc. Savoir : .... L'abbaye de St.-Martin, ainsi que les deux églises paroissiales de St.-Georges et de Ste.-Marie-Madeleine; les églises avec les chapelles, le petit ton-lieu (1), le change, et plusieurs terrains amasés, avec toute la juridiction et les terres labourables autour de Cambrai, que j'ai achetées de Walderic, abbé de St.-André apôtre, par échange contre plusieurs autres biens (2). Dans le même faubourg de Cambrai, un moulin, un autre moulin, et le droit de moitié dans un troisième, le tout situé près de la villa des enfants (3), avec la juridiction; de même un autre moulin à Noyelles (4), avec la juridiction.

---

(1) Le *ton-lieu* était une sorte d'impôt prélevé sur les marchandises étalées.

(2) On lit au sujet de cet échange dans un ms. de la bib. com. de Cambrai, n° 884, p. 91, que, l'évêque Liébert acquit de Waldric, abbé de St. André au Câteau, une partie de la paroisse St. Martin à Cambrai, et qu'en retour, il donna à l'abbaye de St. André, une église au village d'Hasnon, l'église de Lambre en Ostrevent, celle de Ligny en Artois, et une autre dans le Cambrésis.

(3) La *villa des enfants* doit être le village de Proville, connu dans plusieurs titres anciens sous le nom de *puerorum villa*. Ce lieu était appelé ainsi parce que la prébende de son église était spécialement affectée à l'entretien ou des enfans de chœur, ou des simples clercs, ou même des écoliers du chapitre, tous généralement désignés par *pueri*.

Le village de Proville fait partie du canton de Cambrai (ouest) et n'est éloigné de son chef-lieu que de 2,140 mètres.

(4) Le village de Noyelles est situé sur l'Escaut, à 5 kilom. S-O de Cambrai, et dépend du canton de Marcoing. On trouve sur son territoire des carrières de pierres calcaires blanches que l'on utilisa en 1023, pour la reconstruction de l'église Notre-Dame-de-Cambrai.

Il existait autrefois à Noyelles, un château-fort, dans lequel Jean, seigneur du lieu, tenta, en 1311, de battre monnaie, à l'exemple du seigneur d'Elincourt, mais il en fut empêché par un monitoire de l'évê-

» Je donne aussi dans la province du Cambrésis, tout le village de St.-Hilaire (1); dans la province du Hainaut, tout Villereau (2; dans la province du Brabant, l'église de Melin et le hameau appelé *Nieuchove* etc. »

(Suivent les signatures.)

« Fait à Cambrai, l'an de l'incarnation du seigneur MLXIV, ind. II; l'an XII du règne de Henri, roi de Lorraine; XIV de l'épiscopat de Liébert.

» Collationné par Wérimbald, chancelier. »

---

que Jean de Mirepoix, lequel prétendait qu'aux évêques seuls appartenait ce droit.

(1) St. Hilaire, village dépendant du canton de Carnières et situé à 13 kilom. E. de Cambrai. Les seigneurs de ce lieu portaient d'*azur à le croix ancrée.* L'un d'eux, Jacques de St. Hilaire, assista, en 1096, avec son fils Hugues dit le Kien, comme croisé, au tournois d'Anchin.

L'on trouve dans un ms. de la bibliothèque communale de Cambrai, coté 933, au f° 102, qu'en 1305, les seigneurs de St. Hilaire, malgré leur vasselage reconnu de l'abbaye du St. Sépulcre, revendiquèrent le droit aux abbés de ce monastère, de faire arrêter aucun individu sur leur territoire « devant chou qu'il l'eu moustré ou fait moustrer au « maïeur ou à son lieuten ».

Pendant la grande révolution, le village de St. Hilaire, comme tous ceux dont le nom rappelait un souvenir religieux ou de féodalité, fut débaptisé et nommé *Bonair*.

(2) La ferme de Wult, convertie en ces dernières années en fabrique de sucre, située entre Maresches et Villers-Pol, non loin de Villereau, était comprise dans la donation de Liébert; mais cette terre était grévée des redevances suivantes : deux muids de blé et un d'avoine envers l'abbaye de St. Jean, à Valenciennes; quatre deniers blancs envers le seigneur de Villers-Pol, et une corvée envers le comte du Haynaut, aux ordres de qui l'abbaye du St. Sépulcre était tenue d'entretenir constamtamment un serviteur, deux chevaux et une charrette.

En vertu des priviléges consacrés par cette charte, les religieux du St.-Sépulcre prélevaient un droit sur le marché au-poisson et sur les brasseries des paroisses de St.-Nicolas, de la Madeleine et de St.-Georges (1). Ils percevaient aussi le jour de St.-Simon, le 28 octobre, époque de la foire d'hiver, un droit de *cinq liards* par chaque boutique et cabaret ouverts. Une pareille taxe était aussi frappée sur chaque voiture qui entrait en ville.

Ce jour là donc, l'ouverture et la fermeture des portes de la ville était annoncée par la cloche du couvent; « les portiers ve- » naient présenter les clefs à l'abbé, et l'officier des hautes œu- » vres, la tête découverte, agenouillé sur le perron du couvent, » lui offrait à la pointe de son épée, des gants blancs, en échange » desquels il recevait un tonneau de bière, deux jambons et six » grands pains. » (2).

Après la mort de l'évêque Liébert, inhumé dans l'église du St.-Sépulcre en 1075, Wauthier ou Gauthier, premier abbé du lieu,

---

Le dénombrement de cette propriété est ainsi fait dans un titre de 1398 : « une maison avec plusieurs possessions, si comme terres, bois » sauchois, aulnois, yauves, rentes d'argent, de grain, de capons, » dimes, terrage, droitures et revenus avec un terrage, qui est de ses » tenances courant et estant à Villers Monsieur Pol ».

Il est encore établi de cette manière, dans les lettres d'engagères données par Philippe IV en 1631 : « La cense de Wult gisante entre » les villes du Quesnoy et de Valenciennes, consistant en une maison, » thours, étableries closes d'eau, une grange, cenglier, colombier, » viviers, douze mencaudées de pré, un muid de pasture et septante- » un muis de terres labourables, le tout en une partie, avec un ter- » rage qui se lève au terroir de Villers-Pol.... »

— V. Mémoire pour les abbé et religieux de St. Sépulcre, à Cambrai, in-4°, 1759.

(1) Dupont, Histoire de Cambrai, part. II, p. 127.

(2) Alc. Wilbert, Mém. de la Société d'Em. de Cambrai, t. 17, p. 13.

fait étendre les constructions du cloître; mais un incendie survenu le 16 mai 1145 (1), y porte quelques dommages qui sont aussitôt réparés par les religieux. En 1156, l'évêque Nicolas, dédie à la Vierge l'une des chapelles de l'église qu'un nouveau sinistre vient atteindre peu d'années après : l'édifice est frappé de la foudre le 3 juillet 1163 (2).

L'église, la salle du chapitre et la bibliothèque qui se voyaient encore vers le milieu du XVII<sup>e</sup> siècle, époque à laquelle écrivait Carpentier, devaient leur dernière élévation à Guillaume Courtois, abbé du St.-Sépulcre, vers l'an 1490 ; le cloître, le réfectoire et la salle abbatiale avaient été établis par Nicolas Grisel, abbé en 1503, et dont le successeur, qui était son neveu, Antoine Grisel, fit achever la chapelle de Ste.-Cécile. On devait aussi à ce dernier abbé, la réédification du clocher, espèce de campanille qui s'élevait auprès de la chapelle dite aujourd'hui des trépassés, et dont la suppression fut décidée sur la fin du siècle dernier, à cause de nombreuses lézardes que son poids avait occasionné à l'église.

Le chœur fut renouvelé par l'abbé Antoine Fourvies, mort en 1602. Les travaux ouverts le 26 mars 1599, ne furent achevés que le 17 janvier 1602, jour où le nouveau temple fut consacré par l'archevêque Guillaume de Berghes.

Les parties postérieures de l'église actuelle, doivent en effet remonter à cette dernière date si l'on s'en rapporte aux éperons avec refends qu'elles présentent dans le pourtour du chœur, tandis que la nef et les bas-côtés y compris la *croisée*, offrant partout des pilastres, annoncent une construction plus récente.

La façade d'entrée, établie en forme de placage et dont les li–

(1) Ms. n° 907, p. 17.
(2) id. id. p. 23.

gnes architecturales ne se raccordent même pas avec les autres parties de l'édifice, fut élevée en 1703 par l'abbé Marbaix, ainsi que nous l'apprend un chronogramme placé au fronton du monument, enlevé dans une malencontreuse restauration dont nous parlerons tout-à l'heure. Voici l'inscription telle que l'a rapporte Dupont (1):

eXtrVXIt LVDoVICVs MarbaIX.

La façade ou portail, disons-nous, fut réparée ou plutôt fâcheusement détériorée vers 1826. Un regrattage malhabilement ordonné fit alors disparaître les ornements qui la mettaient en harmonie avec la richesse du style intérieur. Maintenant, la masse du frontispice privé de ses cannelures et de ses sculptures, n'a plus que l'aspect simple et monotone d'un *épannelage*.

L'église, aujourd'hui métropole, est riche d'objets d'arts: on y remarque un beau buffet dont l'orgue se recommande par la diversité et la puissance de ses jeux. L'on voit dans les chapelles latérales de la vierge et des trépassés, huit tableaux en grisaille (2), représentant l'*Annonciation*, la *Visitation*, la *Présentation de l'enfant Jésus au temple*, la *Vierge au rosaire*, *Jésus au jardin des Olives*, la *Descente de croix*, le *Christ au tombeau*, l'*Ange apparaissant aux saintes femmes après la Résurrection*. Ces toiles ont été peintes sur place de 1756 à 1760, d'après Rubens, par J. Geraeert d'Anvers, au prix de *mille livres* chaque.

---

(1) Hist. de Cambrai, 2e partie, p. 113. — V. aussi Mémoire chronologiques, à la date de 1703.

(2) Une simple observation au sujet de ces magnifiques peintures, restaurées à Paris en 1836, par M. Ribé, raustaurateur du musée royal. La teinte de chêne clair dont on a cru devoir revêtir les bordures ou encadrements, nuit beaucoup à l'effet des sujets. Une couleur plus sombre, plus vigoureuse, eut incontestablement mieux fait ressortir la richesse des toiles.

Ces tableaux excitent l'admiration générale, et, vus à certaine distance, ils produisent à s'y méprendre, l'effet de la sculpture. Une neuvième grisaille du même peintre, le *Christ mis en croix*, placée dans la sacristie, est, au jugement des artistes, supérieure encore aux compositions précédentes.

Les autres peintures qui ornent l'église sont : un *Ange gardien*, une *Nativité de la Vierge* et le *Mariage de St.-Joseph*.

Au fond de la chapelle de droite, l'une des deux formant croix avec la nef principale, se trouve, dans une niche fermée par des boiseries, la célèbre *image* de *Notre-Dame de grâce*, patronne de Cambrai, qui ornait l'ancienne métropole depuis l'an 1440, époque où elle fut apportée de Rome, par l'archidiacre Furcy du Bruylle (1).

Nous ne devons pas omettre, parmi les objets à l'usage du culte, un riche dais (2) de velours cramoisi brodé en or et qui servait autrefois à la procession annuelle du Saint-Cordon à Valenciennes, le 8 septembre, jour de la Nativité de la Vierge.

---

(1) Voyez *Archives historiques et littéraires du Nord*, tome V, pages 225-228.

(2) Il fut transféré de Valenciennes à Cambrai, le 6 floréal an XII (26 avril 1804), en vertu d'un arrêté préfectoral du 19 ventôse (10 mars même année), qui le mettait à la disposition de l'évêque de Cambrai, pour la cathédrale. Ce dais avait été commandé à un brodeur de Paris, par l'avant-dernier abbé d'Hasnon et le prix en avait été fixé à 15,000 fr. Mais cet abbé étant venu à mourir avant que le travail ne fut achevé, son successeur aurait voulu pouvoir se dispenser de l'accepter à cause de l'état peu prospère des finances de l'abbaye. Un arrangement fut ménagé, à la suite duquel le dais fut livré moyennant 11,000 fr. seulement. — Tous les ans on portait ce dais la veille de la procession, et le lendemain, le même charriot le reportait à Hasnon. — V. Annuaire du département du Nord, an XIII, p. 317.

On remarque dans la chapelle située au chevet de l'église dont elle termine le rond point, le monument tout en marbre érigé à Fénélon. Il fut achevé au mois de septembre 1825, la statue le fut dans le courant de 1823, et l'inauguration eut lieu le 7 janvier 1826, jour anniversaire de la mort de l'illustre archevêque.

Fénélon, à demi couché sur son lit de mort, est représenté au moment où son âme vertueuse va s'élancer dans le sein de Dieu. Cette statue, admirable d'exécution, est vraiment digne du ciseau de David. Le devant du stylobate est orné de trois bas-reliefs dont les sujets sont tirés de la vie du prélat. L'un de ces bas-reliefs, représente Fénélon instruisant le duc de Bourgogne dont l'éducation lui fut confiée; dans l'autre il panse les blessés après la bataille de Malplaquet; dans le troisième on le voit ramener une vache à des villageois qui pleuraient sa perte.

On lit sur une tablette du monument l'inscription suivante, rédigée par l'académie des Inscriptions et belles lettres:

Franc. de Salignac de la Mothe Fenelon archiepiscopi Cameracensis,

Viri tùm christianis virtutibus, tùm ornatissimo ingenio
Longè celebratissimi
Monumentum,
Nefandâ temporum injuriâ
Unà cum ecclesiâ nomine et meritis ejus nobilitâ
Abolitum
Episcopus Ludovicus Belmas et cives Cameracenses
Communi studio
Hâc in ecclesiâ restaurare curaverunt,
Anno M D CCCXXVI die septimâ januarii.

*Traduction:* « Un monument avait été élevé à François de Salignac de la Mothe Fénélon, archevêque de Cambrai, homme à jamais célèbre par ses vertus et son génie. Durant une époque

Monument de Fénelon. Pl. 1.

Gauthier inv.t V. Texier inc.t

ÉLÉVATION.

Monument de Fénelon. Pl. 2.

David sculp.t Fremy del.t C. Normand inc.t

STATUE.

## Monument de Fénelon.

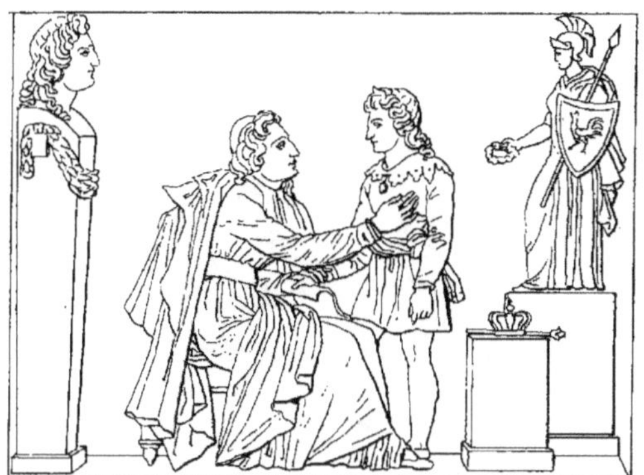
Il instruit le Prince.

Il panse les Blessés.

Il ramène la Vache.

*David sculp.t* *Fremy del.t* *Peronard inv.t*

BAS-RELIEFS.

déplorable, ce monument fut renversé ainsi que l'église illustrée par Fénélon. Louis Belmas, évêque, et la ville de Cambrai, ont fait. d'un commun accord, élever celui-ci qui fut inauguré le 7 janvier 1826. »

Sous le mausolée est un caveau dont l'entrée est indiquée par une croix peinte en noir sur la face extérieure de la muraille. Il renferme les corps de quatorze religieux du St.-Sépulcre, morts pendant le dix-huitième siècle, et d'un marquis de *Cobarrobias*, lieutenant-général des armées espagnoles, gouverneur de la ville, mort le 16 juillet 1709.

Là aussi se trouvent, depuis le 29 octobre 1822, jour où ils y ont été déposés, les cercueils en plomb contenant les restes mortels des évêques et archevêques exhumés des fouilles faites la même année, sur l'emplacement de l'ancienne métropole. Ces prélats sont: Nicolas de Fontaines, 51e évêque de Cambrai, mort le 18 mars 1272; Jean de Gavre, 66e évêque, mort le 30 mars 1439; Maximilien de Berghes, 1er archevêque, mort le 29 août 1570; Guillaume de Berghes 4e archevêque, mort le 25 avril 1609; Jean Richardot, 5e archevêque, mort le 28 février 1614; François Buisseret, 6e archevêque, mort le 2 mai 1615; Gaspar Nemius, 9e archevêque, mort le 22 novembre 1667; Ladislas Jonard, 10e archevêque, mort le 22 septembre 1674.

Le corps de Mgr. Belmas, dernier évêque, mort le 21 juillet 1841, repose aussi dans le même lieu funéraire.

La résidence des religieux du St.-Sépulcre, telle qu'elle a été décrite dans un plan détaillé, levé par ordre du directoire du district, du 2 avril 1791, a subi lors de son appropriation en palais épiscopal (1), de nombreux changements que nous allons signaler.

---

(1) Le 30 nivose an XII (21 janvier 1804) le gouvernement autorise

*Bâtiments ou parties supprimées de l'abbaye :*

Les écuries qui existaient vers le rempart :

Le moulin à cheval ;

La grange ;

Les remises ;

La brasserie ;

La buanderie ;

La basse-cour ;

La prison attenant au rempart ;

Les appartements du prieur élevés dans le milieu du premier jardin parallèlement à la rue St.-Georges, avec deux jardinets l'un affecté au prieur, l'autre aux servants ;

Le chauffoir des novices à la suite des bâtiments du prieur ;

La serre du jardin abbatial, lequel a été conservé avec son bassin ;

La salle du chapitre qui était éclairée par le haut, et adossée à l'église contre la chapelle de la Vierge ;

L'escalier en pierres placé tout auprès et qui conduisait aux combles de l'église ;

Le chauffoir des enfants ;

Les deux perrons aux extrémités de la cour, celui du milieu seul étant conservé ;

---

l'achat, aux frais du département, de la ci-devant abbaye du St Sépulcre pour être érigée en *maison* épiscopale. Le 6 germinal suivant (26 mars) on transfère le titre d'église cathédrale de Cambrai à l'église du St. Sépulcre. — Nos notes hist. sur les communes de l'arrond. t. 1, p. 164.

Deux dépôts de chaises formés, l'un contre la chapelle au rond point de l'église, l'autre dans un wareschaix vers l'entrée principale de l'édifice ;

La *cave* aux sépultures sous la sacristie de l'église ;

Six jardins avec cabinets, longeant la rue St.-Georges ;

---

*Constructions remplacées par d'autres ou parties utilisées du monastère.*

Le parloir, dont l'emplacement a été incorporé aux cuisines. On y a ménagé un passage conduisant au jardin ;

Le cloître remplacé en partie par le cabinet actuel de l'archevêque, sa chambre à coucher et la salle de bains. Le puits a été conservé ;

Trois salles adjacentes au parloir, s'étendant jusqu'au vestibule, aujourd'hui occupés par les cuisines, la chambre à manger et le salon de l'archevêché ;

Trois autres salles à droite du vestibule, occupées par le *salon de la croix*, le grand salon de réception et la salle à manger ;

Le verger, alors confinant au rempart, et dont une partie a été récemment restituée, à prix d'argent, aux jardins de l'archevêché, et le reste affecté à la *maison de St.-Charles* ou *retraite des vieux prêtres ;*

Les magasins à tuiles, bois et autres matériaux de constructions, aussi incorporés dans la *maison des vieux prêtres ;*

A l'étage supérieur du principal bâtiment, étaient les chambres destinées aux étrangers qui devaient séjourner dans le monastère.

Un projet d'agrandissement de l'église du St.-Sépulcre, aujourd'hui métropole, est actuellement à l'étude. En voici les principales dispositions, d'après les bases fixées par Mgr. l'archevêque de Cambrai et par M. le ministre des cultes. Le travail est confié aux lumières de M. de Baralle, architecte du département, qui a bien voulu nous en communiquer les détails, avec faculté de les consigner dans cette notice.

Mais auparavant, hâtons-nous de dire que toutes les modifications ou constructions proposées, seront scrupuleusement établies dans le style de l'église actuelle, à laquelle il ne sera d'ailleurs rien changé quant à l'ensemble.

Ce projet consiste dans l'addition de huit nouvelles travées ouvertes sur les collatéraux du chœur, et où seraient disposés des confessionnaux et sept chapelles pour le service des messes basses. La huitième travée recevrait, dans la partie haute, un orgue d'accompagnement du chœur, et on ménagerait dans la partie inférieure, un passage pour la sacristie.

Une galerie ou double nef, établie au pourtour de l'hémicycle, présenterait trois compartiments, l'un servant aux entrées postérieures de la cathédrale et à la chapelle de Notre-Dame de grâce, laquelle exclusivement affectée au service paroissial, formerait saillie sous le clocher. Dans les profondeurs de cette tour établie de face à la rue St.-Georges, serait pratiquée une crypte destinée à remplacer le caveau funéraire actuel. Les deux autres divisions serviraient tout à la fois de chapelles pour les mariages, les enterrements et le catéchisme. Leur disposition permettrait encore de recevoir le monument (1) de l'archevêque Vander-

(1) La belle statue en marbre de Vander-Burch, mort à Mons le 23 mars 1644, a été conservée ainsi que divers fragments qui ont appartenu au tombeau que l'on voyait dans l'ancienne métropole de Cambrai. Le monument, d'abord élevé dans la ville de Mons, fut transporté à Cambrai, le 6 mai 1779.

Burch, le pieux fondateur du vaste établissement qui porte son nom; celui que la ville élèvera peut-être un jour à l'archevêque Jonart, ce prélat bienfaisant dont la fondation produit plus de *vingt-six mille francs* de revenu aux pauvres de Cambrai; celui de Fénélon que l'on admire au chevet de la cathédrale; celui de Mgr Belmas récemment voté par les habitants de Cambrai; enfin, d'autres monuments qui pourraient y être élevés par la suite, de manière à faire de ces deux chapelles une espèce de galerie nécrologique, à l'instar de celle que l'on voyait jadis dans l'ancienne métropole, et telles qu'en offrent aujourd'hui plusieurs cathédrales de la France et de la Belgique.

Le maître-autel auquel on adosserait un petit autel, serait reporté au fond du chœur, et les stalles seraient placées en avant. Cette modification indispensable aurait pour résultat d'agrandir le sanctuaire et la nef du chevet, et de permettre au public de voir les cérémonies religieuses, ce dont il est privé aujourd'hui par la disposition vicieuse du chœur qui est fermé par une muraille. Cette clôture serait donc remplacée par une grille à vitrage, établie au pourtour du chœur et du sanctuaire.

Ces changements apportés, la nouvelle métropole satisferait aux besoins les plus pressants; elle présenterait agrandissement, clocher avec sonnerie, maître-autel, confessionnaux, etc.

---

### *Dimensions de l'Église actuelle.*

| | | |
|---|---|---|
| Longueur totale, en hors d'œuvre........... | 80 m. | 8 c. |
| Largeur.............................. | 21 | 5 |
| Profondeur des chapelles formant croix avec la nef.............................. | 11 | 2 |

Nous ne pouvons terminer sans dire un mot des religieux du St.-Sépulcre et du bon témoignage qu'on s'est plu généralement à leur rendre (1). Fidèle aux statuts de l'ordre, le corps des Bénédictins à Cambrai, sut faire tourner au profit du travail et de l'étude, les loisirs de la vie claustrale. Plusieurs manuscrits de ces religieux, échappés à la Révolution et recueillis par les bibliophiles, enrichissent aujourd'hui nos dépôts littéraires. L'on doit aussi au premier abbé de ce monastère (Gauthier ou Wauthier), une vie de St.-Vindicien.

---

*Chronologie des abbés du St.-Sépulcre, et années de leur élection.*

Wauthier ou Gauthier, en 1064; Rainier, en 1095; Fulbert, en 1120; Parvin, en 1128; Bauduin, en 1166; Gérard Ier, en 1185; Godefroi, en 1196; Hugues, en 1197; Jean Ier Defontaines, en 1221; Anselme, en 1226; Gilles Ier, en 1229; Jean IIe, de Plenaing, en 1245; Gilles IIe, de St.-Hilaire, en 1249; Gérard IIe, de Bousies, en 1252; Jean IIIe, le Doux, en 1269; Philippe de St.-Pierre, en 1269; Wauthier IIe, de Briastre, en 1274; Jean IVe, de Thians, en 1288; Wauthier IIIe, de Roisin, en 1295; Roger de Valenciennes, en 1315; Gilles IIIe; d'Acrina ou d'Anneux, en 1325; Théodoric de Maubeuge, en 1356; Jean Ve, de Valenciennes, en 1369; Robert Desprez, en 1377; Jean VIe le Kiet, en 1394; Gilles VIe du Vivier, en 1415; Jac-

---

(1) « Cette abbaye (St. Sépulcre) se fait distinguer par la régularité de ses religieux, et leur application aux études. » — Délices des Pays-Bas, 1769, t. 3, p. 352.

« Cette communauté fut d'abord pauvre et peu nombreuse. Mais les vertus des religieux leur concilièrent bientôt la protection du pape Grégoire VII et leur valut des dotations considérables de la part de Gérard II successeur de Liébert. » — Ephémérides cambrésiennes, à la date du 7 mai 1091.

ques Chombart, en 1437; Bauduin II$^{e}$ Constant, en 1474; Guillaume Courtois, en 1482 ; Nicolas Grisel, en 1503 ; Antoine I$^{er}$ Grisel, en 1537; Jean VII$^{e}$ Fruy, en 1572, Jean VIII$^{e}$ Secourgeon, en 1591 ; Antoine II$^{e}$ de Fourvies, en 1596; Michel de Sains, en 1602; François Boucault, en 1621 ; Philippe II$^{e}$ de Surhon, en 1627; Claude Haccard, en 1659; Bernard de la Haye, en 1670; Louis Marbaix, en 1684; Joseph Danbrine, en 1703; Placide Pouillaude, én 1722; Jean-Baptiste Le Febvre, en 1746; Paul Limal, en 1762; Gérard III$^{e}$ Le Febvre, en 1773.

# ABBAYE

# DE N.-D. DE CANTIMPRÉ,

ET

## ÉGLISE DE SAINT-SAUVEUR,

PAROISSIALE DE CANTIMPRÉ.

L'ABBAYE de Camtimpré (1) fut érigée en 1180 sou l'épiscopat de Roger de Wavrin, sur un terrain situé aux portes de Cambrai, mais dépendant de l'Artois, désigné par ce prélat, qui affecta en outre aux frais de construction du monastère, le produit d'une année de revenu de son évêché. Il y établit des religieux qui embrassèrent la règle de St.-Au-

(1) « Ce lieu fut ainsi appelé pour ce qu'en iceluy, auparavant ledit » prestre (Jean 1er abbé du monastère), estoit accoustumé de chanter les » sept psaumes. » *Canter in pré* (chanter en pré). — Gazet, Hist. ecclés. des Pays-Bas, 1614, p. 83.

gustin, congrégation de St.-Victor de Paris (1), et leur confia la desserte de la cure de St.-Sauveur (2).

Deux années après, le même prélat leur donna, pour y établir un prieuré, dépendant de l'abbaye, la cure de Bellinghe située près d'Enghien, entre Hal et Bruxelles.

Voici les deux chartes qui confèrent ces fondations.

Rogerus, *Dei gratiâ, sanctæ Cameracensis Ecclesiæ episcopus, tam futuris quam præsentibus, in perpetuum.*

*Rerum inconstantia nos ammonet, quatenùs scripto commendemus quòd ab hominum fallaci memoriâ vacillare metuimus.*

*Indè est quod universati vestræ significare dignum duximus, quòd nos terram illam, quæ est inter ecclesiam Sancti Salvatoris et mariscum, quam Hugo, castellanus Cameracensis, domino Johanni de Cantimpre et sociis ejus charitatis intuitu acquisivit, eisdem absolutam et liberam ab omni decimatione et omni parochiali jure ad fundationem ecclesiæ, pro redemptione peccatorum nostrorum concessimus. Ita tamen quòd omnium aliarum ecclesiarum, seu etiam parochiarum jura integra et illibata conservari volumus.*

*Quod quia sine consensu et liberâ*

Roger, par la grâce de Dieu, évêque de la sainte église de Cambrai, à tous présents et à venir, à toujours.

L'instabilité des choses nous avertit que nous devons garder en écrit, ce que nous craignons de voir s'altérer par les erreurs de la mémoire humaine.

Aussi, nous avons cru convenable de faire savoir à vous tous, que pour la rémission de nos péchés, nous avons permis que sur le terrain situé entre l'église de St.-Sauveur et le marais qu'Hugues, châtelain de Cambrai, acheta par esprit de charité pour messire Jehan de Cantimpré et ses compagnons, il fût élevé, par eux, une église libre et exempte de toute dîme et de tout droit paroissial. Cependant, nous avons voulu conserver entiers et intacts, les droits de toutes les autres églises ou paroisses.

Comme cela ne pouvait se faire

(1) Charte de 1180 : *Religionis habitum secundum ordinem et Institutiones ecclesiæ sancti Victoris Parisiensis.*

(2) Supplique au roi Louis XV, adressée par les abbé et religieux de Cantimpré, p. 2. 1771. in-4°.

*voluntate Hugonis Sanctæ Mariæ Cameracensis ecclesiæ thesaurarii et decani fieri non poterat. Quoniam locus ille ad præfati dignitatem spectat, cum ejusdem gratiâ et omnimodâ benevolentiâ, sub annuali censu XII denariorum singulis annis in Nativitate persolvendorum, sigilli nostri appositione et sigilli ejusdem ecclesiæ, sigilloque ejusdem thesaurarii signari voluimus, ne autem quis id legitimè et rationabiliter factum quâcumque occasione violare præsumat, sub anathematis interdicto præcipimus et testimonio subscriptarum personarum ratum haberi volumus.*

*S. Johis cantoris; S. Assonis, ejusdem ecclesiæ sacerdotis ; S. Walcheri, decani de Bavay ; S. Egidii de Gondelcort ; S. Franconis decani ; S. Wicardi, Sancti Salvatoris sacerdotis.*

*Actum anno Dominicæ Incarnationis M.C.LXXX.*

*Præsulatûs nostri I.*

S. †.

Rogerus, *Dei gratiâ, Cameracensis episcopus, tam præsentibus quam futuris in perpetuum.*

*Notum volumus fieri fidelium universitati, quòd cùm ecclesiam S. Mariæ de Bellinghen dilectis in Christo Martino et Leardicio presbyteris, habitum religionis et vitam communem in eâ tenere proponentibus, liberam concessisemus, et ab omni sonegiâ et parochiali exactione fecissemus immunem, postmodùm eorumdem assensu et spontaneâ devotione eamdem ecclesiam ecclesiæ S. Mariæ, in quâ Johan-*

sans le consentement et la libre volonté de Hugues, trésorier et doyen de Notre-Dame de Cambrai, parceque cette terre est soumise à la juridiction du susdit trésorier, nous avons conclu de son plein-gré et bon vouloir, moyennant une rente annuelle de XII deniers payables le jour de la Nativité, en apposant notre sceau, celui de ladite église, et celui dudit trésorier. Et pour que personne n'ose, en aucun temps, violer cet acte légitime et raisonnable, nous ordonnons, sous peine d'anathème, et nous voulons que foi soit ajoutée au témoignage des soussignés.

Signatures de Jehan, chantre ; d'Asson, prêtre de la même église; de Walcher, doyen de Bavai : d'Eloi d'Honnecourt ; de Francon, doyen ; de Wicard, prêtre de St.-Sauveur.

Fait l'an de l'incarnation du Seigneur, M. C. LXXX.

Le Ier de notre épiscopat.

S. †.

Roger, par la grâce de Dieu, évêque de Cambrai, à tous présents et à venir, à toujours.

Nous voulons faire savoir à l'universalité des fidèles, qui en accordant à nos bien-aimés en Jésus-Christ Martin et Léardice, prêtres, l'église de Ste.-Marie de Bellinghe où ils se proposent de vivre en communauté religieuse, et qu'en leur donnant cette église, libre de toute charge et de tout droit paroissial, nous l'avons, de leur consentement, et pour satisfaire à leur dévotion spontanée, soumise à l'é-

*nes presbyter prælatus erat, subjecimus, et quasi filiam matri obnoxiam filiali subjectione assignavimus, eo tenore quòd si prædicta ecclesia de Bellinghen, per successum temporis, Deo propitiante, extenùs cresceret, quòd nomen et institutionem abbatiæ meritò posset obtinere, consilio nostro, vel successoris nostri Cameracensis episcopi, si ecclesia, cui subjectionem fecit, assensum præberet, in abbatiam promoveretur.*

glise de Ste.-M rie dont le prêtre Jean était l'abbé; nous avons voulu qu'elle lui fût soumise comme une fille à sa mère; et à cette condition que, si ladite église de Bellinghe, par la suite et avec l'aide de Dieu, prenait un accroissement tel qu'elle pût mériter le nom et la règle d'abbaye, de notre avis et de celui de notre successeur l'évêque de Cambrai, elle fût érigée en abbaye avec le consentement de l'église à laquelle elle est soumise.

*Prædicti presbyteri Martinus et Leardicius suprodicto Joanni obedientiam fecerunt, et canonicam subjectionem se hactenùs exhibituros, et regularis disciplinæ jugum, ad ipsius ordinationem se observaturos confirmârunt.*

Lesdits prêtres Martin et Léardice ont prêté serment d'obédience audit Jean et juré de rester toujours soumis, selon la loi canonique, au joug de la discipline, jusqu'à l'ordination abbatiale.

*Actum anno Domini millesimo centesimo octogesimo secundo.*

Fait l'an du Seigneur onze cent quatre-vingt deux.

Hugues seigneur d'Oisy et châtelain de Cambrai, vint puissamment en aide à la pieuse fondation de Roger, en la dotant de plusieurs belles dîmes, de la jouissance d'un bois nommé *la Vacquerie* (1), et de plusieurs fours (*furnos*) qu'il possédait en sa terre de Crèvecœur.

---

(1) *La Vacquerie* est aujourd'hui un hameau dépendant de la commune de Villers-Plouich, à 17 kilom. sud-ouest, de Cambrai.

Suivant Gelicq et après lui Carpentier, le hameau de *La Vacquerie* devrait son origine à un château *tombé plus tard en une cense ruinée par les guerres*, bâti par un Bernard de Hennin surnommé *La Vache*, à cause de sa prédilection pour les vaches dont il entretenait plusieurs troupeaux. Ce Bernard de Hennin est appelé du sobriquet de *la vache*, dans une charte de l'abbaye de Hennin-Liétard, datée de l'an 1123. Il quitta, dit-on, les armes de sa maison pour en prendre de nouvelles, simplement composées d'*une vache de sable*. Suivant l'histoire de la

Nombre de libéralités vinrent rapidement grossir les revenus du monastère de Cantimpré et placer la communauté dans une voie prospère. Nous ne citerons que les premiers bienfaiteurs :

Marguerite dame d'Oisy, à l'exemple de feu Hugues son époux, affecte en 1190, aux besoins de cette abbaye, le terrage de Raillencourt, qu'elle tenait de Nicolas de Wailly, son vassal.

Jean de Montmirail, seigneur d'Oisy et châtelain de Cambrai, donne en l'an 1202, du consentement d'Helvide sa femme, et de ses trois enfants, Guillaume, Jean et Elisabeth, plusieurs biens en toute propriété.

En 1265, Enguerrand de Coucy, de Montmirail, de Crévecœur, etc., aussi châtelain de Cambrai, ratifie toutes les libéralités de ses ancêtres envers l'abbaye de Cantimpré.

Adam, sire de Walincourt, confirme, en 1204, la donation de quatre muids de terre qu'avait faite Hugues Fournier, sire de Haussy ; et en 1207, celle de la ferme d'*Iries* (1) faite à la même abbaye, par Adam, sire de Caudry, son vassal.

Allard, seigneur d'Antoing et de Croisilles, donne à l'église de Cantimpré, en 1206, les dîmes qu'il possédait à Ormegnies.

En 1224 et 1225, Engelbert, sire d'Enghien, affecte à la communauté, plusieurs parties de biens situées aux environs de Bellinghe.

Ide, dame d'Enghien, affecte aussi aux besoins des religieux,

---

Terre-Sainte, intitulée *Gesta Dei per francos*, ce chevalier signala sa bravoure dans la lutte contre les infidèles. — V. Carpentier, Hist. de l'Etat et de la noblesse de Cambrai et du Cambrésis, p. 1048.

(1) La ferme d'*Iries* ou d'*Iris* est au territoire de Clary, village situé à 16 kilom. sud-est, de Cambrai.

ses dîmes de Breiger et six bonniers de terre au village de Hérines.

Ervic, seigneur de Risoy, leur donne encore sa maison de Risoy, avec quarante mencaudées de bois aux environs de la forêt de Raspale.

En 1254, Engelbert, sire d'Enghien, confirme la donation faite par Jean du Mont-Chevalier, de dix bonniers de terre dépendant de la paroisse de Bogarde.

Sohier, sire d'Enghien, ratifie, en 1246, les riches aumônes de ses ayeux, et ratifie en outre celles faites par Bauduin, seigneur de Ham.

Enfin, Alix dame d'Audenarde et de Lessines, détache en faveur des mêmes religieux, une partie de sa fortune, pour être employée en œuvres pies.

Toutes ces richesses devaient éveiller la convoitise des gens de guerre, à la merci desquels l'abbaye se trouvait pour ainsi dire à cause de sa situation hors des murs de la ville, et peut-être aussi à cause de sa trop grande proximité de cette même ville ; et en effet, chaque entreprise contre la place, amenait naturellement la dévastation et le pillage du monastère. C'est probablement cette considération qui, en 1476, détermina le dévôt roi Louis XI, à faire entourer, d'un large fossé, le cloitre ainsi que l'église, et à y placer des troupes (1).

(1) « . . . . . Et les franchois bruloient tout le pays et se faisoient fau- » chier les bleds verts pour affamer le pays, et le roy luy estant en » Cambray, fit clore le chasteau de Selles de bons boulevards ; à » l'encontre de la ville et de la porte St.-Sepulchre, fut faict ung chas- » teau, et à l'abbaye de Cantimpret fit faire de grands fossets autour » de l'église et du cloitre. Et grosse garnison fut mise dedans. Mon- » seigneur de Vaux en estoit capitaine. » — Adam Gelicq, Chronique de Cambrai. Ms. de la bib. com., n° 884, p. 52.

En 1580, les espagnols, commandés par le duc de Parme, gouverneur des Pays-Bas, ayant cerné Cambrai, au moyen de forts qu'ils venaient de construire aux alentours, l'abbaye de Cantimpré fut encore livrée au sac des troupes assiégeantes. Pendant ce blocus qui dura onze mois entiers, les bâtiments et l'église furent détruits pour ne plus être relevés, et les religieux, contraints d'abandonner leur monastère, se retirèrent en ville dans une maison de refuge qui leur appartenait.

Vingt ans après, c'est-à-dire en 1601, l'abbé de Cantimpré essaye de rebâtir l'église et le cloître dans le lieu primitif et sur leurs anciens fondements, mais des travaux de fortifications que l'on étendait de ce côté, et l'érection d'un château-fort, au-dessus de la porte de Cantimpré, arrêtèrent la reconstruction de l'église. Les religieux alors, résolurent de quitter un pays où ils avaient éprouvé tant de vicissitudes, et allèrent se fixer dans leur prieuré de Bellinghe.

Ils y demeurèrent jusqu'en 1758, époque à laquelle l'abbé de Cantimpré forma le projet de revenir à Cambrai. Cette proposition n'eut pas l'assentiment unanime de la communauté, la majeure partie même des religieux prétendit rester à Bellinghe. Nonobstant cette opposition, l'abbé et ses partisans, ne rentrèrent pas moins l'année suivante dans le refuge de Cambrai. De là, grand scandale, qui détermina le roi Louis XV à intervenir, en rendant un édit sous la date du 14 octobre 1746. Par cet édit il ordonna, qu'en attendant que l'abbaye de Cantimpré puisse être rétablie dans la partie de l'Artois, étant du diocèse de Cambrai, l'abbé est autorisé à continuer sa résidence à Cambrai, avec les religieux qui sont avec lui, et qu'il peut y faire venir, s'il le juge à propos, les autres religieux qui sont dans le prieuré de Bellinghe ; à la charge toutefois d'y laisser le nombre de religieux nécessaires pour la desserte des fondations attachées à ce prieuré.

Restait à rétablir le monastère sur un terrain compris dans l'Artois et faisant partie du diocèse de Cambrai, aux termes mêmes de l'ordonnance royale. Les dépendances de l'ancien cloître, avaient été envahies par des ouvrages fortifiés, et il fallait se pourvoir ailleurs. L'abbé fit choix d'un emplacement au territoire de Sailly, village compris aussi dans l'Artois et situé auprès de Cambrai; mais de nombreux obstacles se présentèrent tout d'abord et firent ajourner indéfiniment l'exécution des travaux.

D'un autre côté, l'exiguité du refuge de Cambrai et l'impossibilité de l'étendre sur aucun terrain adjacent, réclamaient un prompt changement. Les religieux avisèrent la maison de refuge de St. André du Câteau, érigée en 1536, belle et vaste propriété située à Cambrai et qui avait précédemment servi de séminaire épiscopal (1). Un échange ayant été, en 1765, arrêté avec cette dernière communauté, le siége de l'abbaye de Cantimpré y fut transféré en vertu de l'autorisation donnée par l'archevêque de Cambrai, le 17 mai 1766. Par son décret, le même prélat ordonne que, l'église paroissiale de St. Sauveur, unie à l'abbaye de Cantimpré par le titre même de la fondation, ne subsistant plus, la paroisse du St. Sauveur serait desservie dans l'église abbatiale, par le religieux de Cantimpré qui en serait curé.

L'ancien refuge des religieux de St. André, du Câteau, fut agrandi au moyen de diverses maisons que l'on y incorpora Les bâtiment furent appropriés à leur nouvelle destination, et les religieux de Cantimpré se mirent en mesure de construire, en remplacement de la chapelle qui datait de 1602, une église dont la consécration fut faite prochainement.

L'abbé de Cantimpré voulant faire exécuter dans son entier le décret de l'archevêque de Cambrai, à l'égard des religieux dissidents de Bellinghe, leur fit signifier l'ordre de rentrer dans la mère-abbaye; mais ceux-ci avaient agi de leur côté. Dès 1720, plusieurs avaient travaillé sourdement, en transférant au comte de Hainaut les droits du roi de France sur le monastère de Cantimpré,

---

(1) Dupont, Hist. de Cambrai, 2e part. p. 113.

à faire ériger le prieuré de Bellinghe en abbaye. Ainsi, le siége abbatial de Cantimpré étant devenu vacant, les religieux de Bellinghe obtinrent du ministre de Bruxelles, une défense de se rendre à Cambrai pour procéder à l'élection. Néanmoins, on passa outre, et l'élection se fit sans eux, dans le refuge de Cambrai.

Les choses allaient ainsi : les religieux de Bellinghe redoublaient d'activité et de démarches, tandis que ceux de Cambrai se reposaient avec confiance sur l'édit royal qui assurait leur position. Mais quelle ne fut point la surprise de ces derniers lorsqu'une lettre de cachet du même roi Louis XV, signifiée à l'abbé de Cantimpré le 11 novembre 1770, lui défendit de recevoir désormais des novices, et d'admettre à la profession religieuse ceux qui pouvaient être dans le monastère.

Justement effrayée de cet ordre, dont l'exécution amenait évidemment la suppression de l'abbaye, la communauté de Cantimpré se décida à adresser au monarque, une très-humble supplique dans laquelle elle fit valoir l'ancienneté de ses droits remontant à près de six siècles. Le Roi, non seulement rapporta sa lettre de cachet, mais rendit même, sous la date du 3 juillet 1763, des lettres patentes qui accordaient aux religieux de Cantimpré tout ce qu'ils demandaient, et la fixation définitive à Cambrai, du titre et chef-lieu de leur abbaye.

Suivent ces lettres patentes :

« Louis, par la grace de Dieu, roi de France et de Navarre : A nos amés et féaux conseillers les gens tenant notre cour et parlement de Flandres séant à Douai, Salut. Nos chers et bien amés l'abbé de l'abbaye de Cantimpré, ordre de St Augustin, diocèse de Cambrai, et son coadjuteur, nous ont fait exposer que l'église et les bâtiments de cette abbaye qui étaient autrefois situés aux portes de Cambrai, dans un terrain dépendant de l'Artois, furent détruits vers 1580 pour servir à l'agrandissement des fortifications de cette place, et qu'alors l'abbé et ses religieux se retirèrent dans une maison de refuge qui leur appartenait et qui leur appartient encore dans l'intérieur de la même ville : Mais que comme ils ne purent s'y arranger convenablement, ils se déterminèrent à prendre pour asile le prieuré de Bellinghe, attaché, dès le treizième siècle, à leur abbaye, et situé dans le baillage de Mons; ce qu'ils firent du consentement de l'archevêque de Cambrai, dont le diocèse comprenait également et le prieuré et le chef-lieu de l'abbaye : Que les différentes révolutions qu'éprouvèrent les Pays-Bas, ont fait continuer très-longtemps cet établissement, qui n'a cependant jamais été que provisoire, d'autant que le titre de l'abbaye a toujours été censé résider en Artois, et que nous sommes en pleine possession d'y nommer : Que ce ne fut qu'en 1738 que l'abbé actuel, l'un des exposans, voulut effectuer le projet qu'avait formé son prédécesseur, de ramener la communauté dans le refuge de Cambrai : Que la justice de ce projet n'empêcha pas le plus grand nombre des religieux d'y faire naître des difficultés, dans le dessein de rester à Bellinghe : Sur quoi nous aurions ordonné par un arrêt de notre conseil du 14 octobre 1746, qu'en attendant que l'abbaye de Cantimpré pût être rétablie dans la partie de l'Artois étant du diocèse de Cambrai, où elle était anciennement située, l'abbé de cette abbaye serait et demeurerait autorisé à continuer sa résidence à Cambrai, dans la maison destinée à cet effet, avec les religieux qui se trouvaient avec lui : Comme aussi qu'il pourrait y faire venir, ainsi qu'il le jugerait à propos, les autres religieux de ladite abbaye restés dans le prieuré de Bellinghe, à la charge toutefois par lui d'y laisser le nombre de religieux nécessaires pour la desserte des fondations attachées audit prieuré : Que l'abbé n'a rien eu tant à cœur que de se conformer à l'esprit de cet arrêt, et de remplir les motifs qui l'ont déterminé ; mais que le peu d'étendue de la maison qui servait de refuge à son abbaye, et les embarras qu'il a d'ailleurs essuyé en voulant former un autre établissement dans le village de Sailly, lui ont fait reconnaître que le moyen le plus propre à la consommation du projet dont il s'agit, serait que nous voulussions bien permettre aux exposants d'échanger la maison de refuge de l'abbaye, avec une autre maison que l'abbé de St André du Câteau possède sous la même dénomination de refuge dans la ville de Cambrai : Que cette maison, actuellement occupée par un négociant, comprend un bâtiment spacieux, avec cour et jardin, et qu'on en pourrait, par la suite, agrandir l'enceinte, en y joignant par acquisition quelques maisons de peu de valeur qui la touchent : Qu'en cet état les exposants ne pouvaient que recourir à nous, dans la confiance que nous voudrions bien, par une suite de la protection dont ils ont éprouvé les effets, assurer le succès des mesures qu'ils prennent pour le rétablissement de leur communauté, sur un pied stable et digne de son institution : Sur lesquelles représentations et conclusions prises en conséquence, nous aurions statué par arrêt rendu en notre conseil d'Etat, nous y étant, le trente septembre mil sept cent cinquante-neuf, et ordonné que, pour l'exécution d'icelui, toutes lettres patentes nécessaires seraient expédiées, lesquelles les exposants nous ont très-humblement supplié de vouloir bien leur accorder.

« A CES CAUSES, de l'avis de notre conseil qui a vu ledit arrêt, dont expédition est ci-attachée sous le contre-scel de notre chancellerie, nous avons, conformément à icelui, ordonné, et par ces présentes, signées de notre main, ordonnons que le titre et chef-lieu de ladite abbaye de Cantimpré demeureront fixés et établis à Cambrai, où de tout temps elle a eu son lieu de refuge: Permettons aux exposants de faire l'échange dudit refuge, avec les bâtiments, cours, jardins et dépendances qui composent celui de l'abbaye de St. André du Câteau, dans la même ville; à l'effet de quoi, nous avons autorisé et validé, autorisons et validons dès-à-présent tous actes et contrats qui seront passés pour raison dudit échange : Relevons et dispensons les exposants, et tous autres, de la rigueur des réglements qui pourraient être à ce contraire.

« SI VOUS MANDONS que ces présentes vous ayez à faire enregistrer, et du contenu en icelles jouir et user les exposants, exécuter et faire exécuter selon leur forme et teneur, nonobstant toutes choses à ce contraire, auxquelles nous avons expressément dérogé et dérogeons par cesdites présentes pour ce regard seulement, et sans tirer à conséquence : CAR TEL EST NOTRE PLAISIR.

« Donné à Compiègne le cinquième jour de juillet, l'an de grâce mil sept cent soixante-cinq, et de notre règne le cinquantième. »

*Signé*, LOUIS.

*Et plus bas :* Par le roi.

*Signé*, LE DUC DE CHOISEUL.

L'ordre et la tranquillité commencèrent à renaître dans le monastère de Cantimpré; peu à peu s'étaient éteintes les dissidences de Bellinghe. Tout semblait promettre à la communauté qui avait repris son extension, un avenir pour longtemps assuré, lorsque la révolution française éclata; les religieux furent donc encore une fois dispersés et contraints de s'expatrier pour avoir la vie sauve.

Les diverses constructions du cloître situé dans la rue dite des Récollets, servent aujourd'hui de collége communal. Plusieurs usines et habitations particulières ont été élevées sur les terrains qui en dépendaient.

Parmi les moines de Cantimpré, on n'en rencontre qu'un seul qui se soit fait un nom comme écrivain : Thomas de Cantimpré fait abbé en 1251, et précédemment coadjuteur de l'évêque Nicolas de Fontaines. Les ouvrages qu'on lui doit sont : une vie de Ste. Christine, une vie de Ste. Lugarde et un traité intitulé : *Le bien universel ou des Abeilles*. « Ce n'est pas une petite gloire » au fausbourg de Cantimpré, de Cambray, — dit Carpentier (1)

(1) Hist. de Cambrai, part. II, chap. XIII.

» dans sa prétentieuse faconde, — d'avoir donné la naissance et » le nom à ce grand Thomas de Cantimpré suffragant de l'évêque » de Cambray, qui sçavoit accorder les maximes du monde avec » celles du ciel ; sa piété envers Dieu, son respect envers ses su- » périeurs, sa prudence en conversant avec ses égaux, sa charité » à l'endroit de ses inférieurs, et ses écrits pleins de zèle et de » doctrine mériteroient autant de tableaux qu'il y a d'hommes au » monde, autant de vœux que de belles ames, et autant de tem- » ples qu'il y a de citez, pour y considérer et chanter dignement » ses mérites. »

N'omettons point de relater que le célèbre chroniqueur Froissart, sur la fin de sa vie, se fixa quelque temps dans l'abbaye de Cantimpré, auprès de son ami et collaborateur Jehan le Tartier prieur de ce monastère, et auquel on doit aussi une chronique dont une copie existe à la bibliothèque de Lille (1).

---

*Chronologie des abbés de Cantimpré avec les dates de leurs élections.*

Jean de Cantimpré, vers 1180 ; Matthieu, en 1207 ; Thomas, en 1251 ; Nicolas, en 1263 ; Augustin d'Aula, en 1264 ; Jean d'Artois, en 1279 ; Pierre de Walincourt, en 1290 ; Jean de Lissie, 1301 ; Anselme, en 1326 ; Jean de Maubeuge, en 1340 ; Gilles de Thorenbais, en 1358 ; Philippe de Raisne, en 1379 ; Matthieu-le-Grand, en 1392 ; Jean du Quesnoy, en 1410 ; Nicolas de Cesalles, en 1426 ; Augustin de Sémeries, en 1432 ; Jean Coquelet, en 1439 ; Jean de Bourlon, en 1443 ; Jean de Brughen, en 1451 ; Philippe le Tellier, en. .. ; Michel-Grégoire Meurt, en 1481 ; Michel de Conchy, en. . . . ; Guillaume de St. Guislain,

(1) A. Le Glay, Archives générales du Nord, à Lille, 1843, p. 70.

en. . . .; Bertrand Fournier, en 1504 ; Nicodeme Lenglet, en 1518 ; Charles de Bourgogne, en 1543; Michel Truye, en 1570; Jean Denimay, en 1583 ; Bon Champion, en 1590 ; Nicolas Deheunin, en 1605 ; Josse Sermet, en 1609 ; Nicolas Bernier, en 1633 ; François Potier, en 1636; Pierre Rymbout, en 1657 ; André Lefebvre, en 1669 ; Pierre Marolois, en 1679 ; Joseph Locoge, en 1681 ; Augustin Deglarges, en 1687 ; André Cardon, en 1707 ; Augustin de la Motte (non confirmé), en 1720 ; Ildephonse Dufour, en. . . .; Ildephonse Deglarges, en 1768

# ÉGLISE COLLÉGIALE

DE

# SAINTE-CROIX.

On ne connaît ni les noms des fondateurs de l'église de Ste-Croix, ni l'époque de sa première érection ; mais il est constant qu'elle existait déjà en 879, date de la mort de Jean le Bel, 18e évêque de Cambrai et d'Arras, qui y choisit sa sépulture (1).

Balderic (2) nous a conservé l'inscription suivante, placée sur la tombe de Jean le Bel qui, avant sa promotion au siége épiscopal de Cambrai, avait été chantre à la cour du roi Lothaire.

(1) Mémoire sur l'église et le chapitre de Ste-Croix, par l'abbé Tranchant, Ms. de la bib. comm. de Cambrai, no 1018, partie côtée *a*.

(2) Chronicon Cameracense et Atrebatense, lib. I, cap. XLIX.

6

*Regum magnifica fueram nutritus in aula,*
*In qua Cantoris nomine functus eram.*
*Non propriis meritis, sola pietate tonantis,*
*Antistes ista factus in urbe fui.*
*Quam, præstante Deo, monui contemnere semper*
*Illecebras mundi, gaudia vera sequi.*
*Nunc autem facto carnisque animæque dirempto,*
*Septima post sexta sabbata perficio.*
*Donec in adventu Christi sua membra resumat*
*Spiritus, octava jam radiante die.*
*Qui legis hunc titulum, frater, subsiste parumper,*
*Et dic æternam promerear requiem.*

*Traduction de MM. Petit et Faverot.* — « J'ai été élevé à la cour splendide des rois, où j'ai rempli les fonctions de chantre. C'est moins à mes propres mérites qu'à la clémence du maître du tonnerre, que je dois d'avoir été évêque de cette ville à laquelle, grâce à Dieu, j'ai toujours appris à mépriser les délices du monde, et à ne se livrer qu'aux véritables joies. Maintenant que mon âme est séparée de mon corps, après les six jours de travail, j'accomplis dans la tombe le septième jour qui est celui du repos, jusqu'à ce que brille le huitième, et que mon âme reprenne son corps à l'avènement de J.-C. — Toi, qui lis cette inscription, frère, arrête-toi quelques instants et prie afin que j'obtienne un repos éternel. »

Nous voyons qu'au temps de l'évêque Gérard, vers 1030, l'église de Ste-Croix menaçant ruine, une partie de l'édifice s'étant même écroulée, ce prélat fit lever le corps de Jean le Bel, et qu'il l'inhuma ensuite dans l'église cathédrale nouvellement rebâtie. Le tombeau du saint était en grande vénération, et on lui attribuait le pouvoir merveilleux de guérir diverses maladies, notamment la paralysie et les fièvres.

L'église de Ste-Croix ne fut reconstruite que sous l'épiscopat de Liébert, en 1060, par la munificence d'un noble et riche habitant de Cambrai, nommé Ellebaud le Rouge, descendant des comtes de Vermandois, qui la dota onze années après, d'une collégiale composée de douze prébendes auxquelles il affecta ***toutes les terres, alleux et censes*** qu'il possédait, tant dans le Cambrésis que dans les provinces environnantes. Il donna en même temps aux religieux un très-vaste bâtiment, nommé le (1) *petit palais* ou *le temple* situé non loin de l'église, et un peu plus bas que l'hôpital St-Julien. Les chanoines de Ste-Croix en conservèrent la jouissance jusqu'au 22 avril 1446, époque à laquelle ils durent le céder en arrentement perpétuel au chapitre de la cathédrale, afin de tirer leur communauté de l'état de gêne où elle se trouvait. Ils arrentèrent également dans le même but, une partie vacante de terrain dépendant de leur église et qui fut alors incorporée dans l'hôpital St-Julien.

Voici le texte du diplôme d'Ellebaud le Rouge rapporté par Carpentier (1), et dont l'authenticité a été quelquefois mise en doute; néanmoins il est vrai de dire que l'on s'est contenté de nier, mais sans preuves, l'existence de cette charte, comme de beaucoup d'autres données par ce laborieux généalogiste, à l'appui de son histoire de Cambrai.

*Charta fundationis canonicorum sanctæ crucis Cameraci.*

*Ego* Elleboldus Ruber, *do in perpetuum in honore sanctæ crucis palatium meum cum hæreditate in Cameraco, et terras, alodia et mansa mea in pago cameracum et circa. XII ministris, qui Deo famulaturi assidue preces fundent pro consultu animæ meæ*, Odonis, *patris mei et majorum meorum Viromandiæ comitum.*

*Hec approbarunt fratres mei*, Odo, Farinus, Soiherus, Rufus *et* Isaac, Lictardus, *Sororis meæ* Adæ *maritus, item* Johannes, Alma-

Charte d'établissement des chanoines de Sainte-Croix à Cambrai.

Moi *Ellebaud le Rouge*, je donne à toujours, en l'honneur de la sainte-croix, mon palais à Cambrai, avec droit de succession, et mes terres, alleux et manses, pour l'établissement de douze prêtres qui se consacrant sans cesse à Dieu, prieront pour le salut de mon âme, de celle de mon père *Odon* et de mes ancêtres les comtes de Vermandois.

Ceci est approuvé par mes frères *Odon*, *Farin*, *Soiher*, *Rufin* et *Isaac*, par *Liétard* le mari d'*Ada* ma sœur, et par *Jehan*, *Alma-*

(1) *Le petit palais* d'Ellebaud le Rouge, situé rue du Temple, est actuellement la maison n° 7.

(1) Mirœus a donné aussi cette charte dans son recueil diplomatique, 1er sup. chap. XXIX.

ricus, Hugo *et* Balduinus, *nepotes mei.*

*Hœc autem ne sevitiâ temporum pereant œreâ laminâ incidi feci et sigillis nostris roboravimus anno christi M. LXXI, ecclesiam regente D. Lieberto episcopo cognato meo.*

ric, *Hugue et Bauduin* mes neveux.

Et pour que ces actes ne périssent par l'injure des temps, je les ai fait graver sur une plaque d'airain revêtue de nos sceaux, l'an du christ M. LXXI, sous le gouvernement ecclésiastique de Liébert mon parent.

Ellebaud le Rouge, mourut la même année, et reçut la sépulture dans l'église qu'il avait si libéralement dotée. Le corps placé d'abord au *costé senestre* de l'édifice, fut, près de deux siècles plus tard, (le 24 mars 1233), translaté dans le chœur, et l'on grava en lettres d'or, sur un marbre noir qui recouvrait la tombe, l'inscription suivante :

*Chi gist* Ellebaud le Rouge,
*fondateur de ceste Eglise,*
*qui trespassa l'an M. LXXI.*

Au-dessus de cette épitaphe, dans le fond d'une arcade, se voyait une peinture représentant le bienfaiteur et sa femme, le premier à genoux et offrant à l'évêque Liébert, le vaisseau de l'église de Ste-Croix. Au bas du sujet on trouvait les lignes suivantes :

*Eleboldus Ruber civis dudum veneratus*
*Ejus sponte rei cedens, hos canonicatus*
*Ecclesiamque fundavit, Dâs Dominatus*
*Quos firmavit ei Libertus presul ancatus,*
*Mille monadi cum septuaginta vocatus,*
*Subditur huic lapidi cœli sit in arce locatus.*

« Un Bourgeois preux de grant renon,
« Ellebaud le Rouge at a non,
« Qui servi Dieu de boin affaire,
« Fist jadis ceste eglise faire,
« Prébendes douze y ordonna
« Tant de ses biens et don donna
« Faisant tant que tout ce li bers,
« Confirma lors prelas Libers
« Lan M. soissante et XI à point,
« Chi gist, en cieulx soit sen lieu point. »

En 1159, l'évêque Nicolas, après avoir ordonné quelques embellissements intérieurs dans l'église de Ste-Croix, lui confirme sa fondation et la maintient dans les diverses concessions que lui avaient octroyées ses prédécesseurs au siége de Cambrai. Il ratifie, en outre, en 1177, la donation faite au chapitre, de plusieurs dîmes et redevances annuelles. Toutes ces possessions lui sont de nouveau confirmées par le pape Lucius III, en 1181.

Voici la description que fait de l'église Ste-Croix, l'abbé Tranchant (1), dans son mémoire manuscrit que nous avons précédemment cité.

« L'église qui se voit présentement, la même qu'Ellebaud le Rouge fit rebâtir, n'a rien de remarquable que par son antiquité.

» Les deux autels qui sont aux côtés des chœurs furent dédiés en 1227, le 22 octobre, par Godefroi de Fontaines évêque de Cambrai, mais ils ne furent pas consacrés à cause d'une reconstruction de l'église. Par un accord fait entre les chanoines et les paroissiens, l'autel de la paroisse étant alors à l'entrée du chœur, afin qu'elle devînt libre cette entrée, on fit faire les deux autels susdits....

» Il s'y trouve quelques épitaphes du commencement de la seconde moitié du XV$^{e}$ siècle. On y remarque la figure des chanoines de cette collégiale vêtus de soutane rouge, ce qui fait suppo-

---

(1) TRANCHANT (François-Dominique) né à Cambrai vers l'an 1722 et fait chapelain de la métropole en 1749. Ami des lettres, et très laborieux compilateur, on lui doit onze manuscrits conservés à la bibliothèque communale de Cambrai, la plupart relatifs à l'histoire ecclésiastique de cet évêché, et dont on trouve la liste au chapitre XII des Recherches sur l'Église de Cambrai, par M. Le Glay. L'abbé Tranchant fut, en 1794, une des victimes de Joseph Lebon Arrêté le 9 mai et jeté dans la prison des *Anglaises*, ce vertueux ecclésiastique fut, cinq jours après, condamné à mort par le tribunal révolutionnaire, comme détenteur d'*écrits fanatiques*.

ser que ces religieux ont porté le même costume que ceux de Notre-Dame et de St.-Géry.

» La grande nef de l'église fut lambrissée en 1460 et les bas-côtés en 1465.

» La croisée n'est pas lambrissée.

» Le côté gauche est à l'usage des chanoines et des paroissiens. C'est là que sont les fonds baptismaux. Il y a aussi une petite chapelle dédiée à la vierge.

» Le côte droit est entièrement réservé aux chanoines qui y ont leur chapitre et leur sacristie.

» Les religieux de Ste-Croix avaient ci-devant un petit clocher situé près du chœur, et tenant d'une part à la sacristie. Il y avait quatre petites cloches que l'on sonnait aux deux fêtes de la Sainte-Croix, et lorsque des chanoines ou chapelains de cette église venaient à décéder ; hors ce cas, on ne sonnait pas les cloches. Le clocher fut démoli en 1750....

» En 1759, on commença à réparer le chœur, on fit un autel à la romaine, des stales, un pavement de marbre et une très-belle grille de fer. »

Au nord de l'église était le cimetière de la paroisse, abandonné dès l'an 1264, comme trop au centre de la ville. On en établit alors un autre à St.-Fiacre, tout contre la partie méridionale du rempart, et qui prit le nom d'*Atrium des haysettes* (cimetière des haies). L'ancien cimetière de Ste-Croix, bien que l'on n'y fit plus aucune inhumation, resta en terrain vague jusqu'en 1789, époque à laquelle il fut cédé à la ville qui le fit démolir et paver de grès l'année suivante.

Le chapitre de Ste-Croix, composé de douze prébendes instituées par Ellebaud le Rouge en l'an 1071, était dirigé par l'un des titulaires qui était en même temps trésorier ; mais ce chapitre était subalaire de l'église de Notre-Dame, c'est à dire qu'il était réputé ne faire qu'un même clergé avec celui de la mère-église. Il y avait en outre huit ou dix chapellenies ou bénéfices dont le nombre s'élevait très anciennement à douze; mais quatre de ces chapellenies avaient été supprimées par une bulle du pape Eugène IV qui affecta leur revenu à l'entretien de deux vicaires et de deux enfants-de-chœur. Les huit chapelles restantes étaient placées sous les invocations suivantes :

La bienheureuse vierge Marie,

St.-Pierre et St.-Paul,

St.-André,

St.-Nicolas I,

St.-Nicolas II,

St.-Nicolas III,

Ste.-Elisabeth,

Ste.-Catherine.

Le chapitre de Ste.-Croix, avons-nous dit, était subalaire de celui de la métropole; voici un acte qui définit la nature de cette sujétion :

« A tous chiaus ki ches presentes lettres verront et orront, li Prevos, li Diens et tous li Capitles del Eglise nostre Dame de Cambray, salut en nostre Signeur.

» Savoir faisons a tous, que li Capitles et les personnes del église de sainte Crois de Cambray sunt de no juridiction, de nos cuer, et summes tous un capitles, et tous li bien de leur Eglise sunt incorporetez aveuc les nos : et goent et doivent goir pasiulement li Capitles et les personnes del Eglise de Sainte-Crois devant ditte, en tous chas et tout lius, de autelle et consanlaule frankise, exemption, liberté et grasche, que nous les personnes et li bien de no eglise. Pour coy nous prions a tous que ledit Capitle, les personnes et les biens appartenans a icheli église, on laisse goir pasiulement d'autelles franchises, exemptions, libertés et grasches, que nous, les personnes et li bien de no eglise goent, et que contre che nuls empecchemens ne leur soit mis, ne fais; et se fait ou mis a esté pour le tans passé, qu'il soit rappelés et mis en estat deu.

» En tesmoing dequels choses, nous avons ches presentes lettres seellées dou seel a causes de no devant ditte eglise, qui furent faites en lan de grasce Notre Signeur, mil CCC et vint et sis, le samedy devant la conversion St.-Pol, ou mois de janvier. »

En raison de cette dépendance, le trésorier de Ste-Croix était tenu, comme représentant la communauté, de prêter hommage et serment de fidélité à l'église métropolitaine. L'hommage se fit d'abord entre les mains du prévôt, comme on le voit par une bulle du pape Clément IV, datée de l'an 1265, mais plus tard il fut prêté directement au chapitre. Le trésorier de Ste-Croix, aussitôt sa nomination, était donc tenu de paraître à genoux, les mains jointes, devant le grand-ministre qui recevait le serment voulu.

Nous citerons encore textuellement le manuscrit de l'abbé Tranchant:

« Le chapitre de Ste-Croix n'a d'autre doyen que celui de la métropole, lequel remplit les fonctions curales vis-à-vis de tous les membres dudit chapitre, leur administre les derniers sacremens, lève les corps quand ils sont passés de cette vie à l'autre, les conduit jusqu'à la porte de l'église et les remet à celui qui doit les enterrer.

» Quant meurt un chanoine ou chapelain dans cette collégiale, le grand-ministre avec le secrétaire, va apposer le scellé sur les effets du défunt, et retient les clefs des armoires et appartemens jusqu'à la levée dudit scellé.

» Le testament est apporté en premier lieu et ouvert dans le chapitre de la métropole qui l'admet, établit des exécuteurs testamentaires s'il n'y en a point de nommés, remplace les refusans, reçoit leurs sermens, et après, en renvoie l'exécution au chapitre de Ste-Croix.

» Le chapitre métropolitain perçoit un droit à chaque chanoine ou chapelain de ladite collégiale de Ste-Croix qui meurt *intestat*, savoir : pour un chanoine, quatre sterlings d'or, chaque sterling de la valeur de vingt gros de Flandre ; pour un chapelain deux sterlings de la même valeur, comme appert du concordat fait et passé le 21 du mois de juin 1469.

» Lorsqu'il survient des dissentions qui sont de nature à occasionner des procédures, c'est le même chapitre qui en connait.

» Le chapitre de la métropole en qualité de supérieur de celui de Ste-Croix, va aux deux fêtes de Ste-Croix, les 3 may et 14 septembre, célébrer en ladite église les premières vespres et lesdits jours la messe. Le chapitre de Ste-Croix est tenu d'envoyer la veille de ces deux fêtes, ou le jour précédent, l'un de ses chanoines prier un dignitaire ou à son défaut, un chanoine de la métropole, de venir officier.

» Le chapitre de Ste-Croix doit recevoir à l'entrée de son église celui de la métropole et le conduire processionnellement dans le chœur ; c'est ce dernier qui célèbre tout l'office, et trois chanoines de Ste-Croix sont tenus d'y chanter le premier graduel. Après la messe, le sacristain présente en forme d'hommage, au nom du chapitre, une paire de gants blancs au prêtre officiant.

» Le chapitre de Ste-Croix, comme subalaire du chapitre métropolitain, est obligé d'assister aux offices de la métropole, aux grandes solennités de l'année, et aux processions du premier dimanche de chaque mois. Ses membres y remplissent quelques fonctions inférieures, telles que de chanter des graduels, des versets, etc., et reçoivent des distributions manuelles. Ces jours là, le chapitre de Ste-Croix laisse son église sans office excepté les secondes vêpres, et cette assistance lui tient lieu de résidence, tellement qu'un chanoine de Ste-Croix assistant à une office de la métropole les jours accoutumés, après ses trois mois de vacances, ne devient pas forain.

» Nonobstant les titres qui prouvent la juridiction du chapitre métropolitain sur les sujets et chanoines de la collégiale de Ste-Croix, ce petit chapitre a tenté, en divers temps, de secouer cette supériorité ou d'en diminuer l'étendue ; mais ce fut toujours sans aucun effet, et les chanoines de Ste-Croix, ont été contraints de la reconnaître et de s'y soumettre, comme appert des titres et concordats faits et passés par lesdits chanoines Néanmoins, ils firent un dernier effort dans ces derniers temps, au sujet d'un changement d'aumuse ci-après rapporté.

» Le chapitre de Ste Croix délibéra le 25 juin 1759, de porter l'aumuse herminée, et la porta pour la première fois le 22 juillet de la même année, à l'exception de deux de ses chanoines MM. Cochelin, trésorier, et Trigault, qui ne la prirent que quelque temps après leurs autres confrères ; ils vinrent aux offices de l'assomption, dans le chœur de l'église métropolitaine et assistèrent de même à la procession solennelle qui se fait le même jour, conformément au vœu du roi Louis XIII (1).

---

(1) Voici la lettre du roi qui ordonne au chapitre métropolitain de célébrer avec un éclat inusité, la fête de l'Assomption. La procession de Cambrai, qui selon Pierre Prud'homme eut lieu pour la première fois en 1220, et qui se célébrait le lundi de la Trinité, fut dès lors fixée audit jour de l'Assomption, pour des deux fêtes n'en faire qu'une seule plus belle et plus splendide.

« Mons. l'archevêque de Cambray, » Le feu Roi mon très-honoré seigneur et père, de glorieuse mémoire, avoit par sa déclaration du mois de février de l'année 1638, et pour les grandes et importantes considérations y contenues, mis sous la protection de la très-sainte vierge, son royaume, et lui avoit consacré sa personne, son état, sa couronne et ses sujets ; et pour marque éternelle de cette consécration, il auroit entre autres choses ordonné que, le jour de l'Assomption de chaque année, il seroit fait à l'issue des vêpres, une procession solennelle en toutes les églises tant métropolitaines et épiscopales qu'autres de son royaume, à laquelle les officiers des cours de parlements et des

» Le chapitre métropolitain ne leur a rien fait dire dans le moment, pour éviter tout scandale durant la célébration de l'office et en présence d'une aussi grande affluence de peuple, mais le lendemain il prit la délibération que contient l'acte ci-dessous :

» *Die jovis 16ª Augusti 1759*
*Alterâ assumptionis B. M. Virginis*
*in capitulo generali*
*Domini deliberarunt pro ut sequitur.*

« Plusieurs chanoines de Ste-Croix ayant paru dans cette église, étant même entrés dans le chœur et ayant pris leur séance ordinaire avec des aumuses blanches et mouchetées en façon d'hermine, aux premières vespres et à la procession de la fête de l'assomption, MMgrs n'ont pu qu'être extrêmement surpris de cette nouveauté, et ont ordonné que le grand-ministre de ladite église, serait évoqué pour se rendre en l'assemblée capitulaire de demain, et que leur grand-ministre lui témoignerait l'étonnement où ont été MMgrs. de ladite nouveauté, qu'ils désapprouvent fort ; qu'ils ont délibéré d'expliquer audit grand-

---

autres compagnies supérieures, et les autres principaux officiers des corps de villes assisteroient.

« Et voulant pour les mêmes considérations, que cette déclaration soit gardée et observée dans tous les pays et lieux que j'ai depuis conquis ou qui m'ont été cédés, je vous fais cette lettre pour vous dire que mon intention est que doresnavant et tous les ans, le jour de l'Assomption de la Vierge, vous ayez à faire garder et observer ce qui est prescrit par ladite déclaration, et à faire faire une procession dans votre église et en toutes les autres de votre diocèse. Que vous conviiez les officiers de compagnies de judicature et les corps de villes d'y assister, et excitiez par votre zèle, la dévotion d'un chacun en cette occasion, pour attirer du ciel de nouvelles bénédictions sur mon règne et sur mon état.

« A quoy m'assurant que vous satisferez, je prie Dieu qu'il vous ait, Mons. l'archevêque de Cambray, en sa sainte et digne garde.

« Escrit à Versailles, le 6 août 1682.

Signé LOUIS.

Et plus bas, LE TELLIER.

ministre, que leur intention est qu'aucun des chanoines ses confrères ne porte doresnavant pareille aumuse, et qu'ils leur enjoignent de reprendre leurs anciennes, et que dans le cas où ils ne déférereraient point à cette injonction, il y sera pourvu ainsi que de droit; et MMgrs ont ordonné que la présente délibération soit lue en son entier audit sieur grand-ministre de Ste-Croix, et qu'il lui en soit délivré copie sur-le-champ pour la communiquer à sesdits confrères. »

« *Die veneris* 17ª *augusti* 1759. Je Sébastien-Joseph *Rousseau*, prêtre secrétaire du chapitre métropolitain de Cambrai, ai fait rapport à mesdits seigneurs capitulairement assemblés, que, conformément à l'ordre contenu dans l'acte de délibération du jour d'hier, je me suis transporté cejourd'huy vers les huit heures et demie du matin, chez M. Gruau l'aîné, chanoine de Ste.-Croix, ex-grand-ministre du chapitre de la même église, (M. Cottiau, grand-ministre actuel, étant absent) auquel ex-grand-ministre j'ai dit que mesdits seigneurs du chapitre demandaient qu'il se rendît aujourd'huy en l'assemblée capitulaire, pour lui communiquer leurs intentions. A quoi mondit sieur ex-grand-ministre a répondu d'abord, qu'il faisait les fonctions de grand ministre lorsqu'il se trouvait dans son chapitre, mais qu'ayant chez lui des étrangers, il ne pouvait y aller et que l'ancien chanoine qui s'y trouverait ferait les fonctions. Et lui demandant ensuite quelle réponse précise il voulait donner sur ce que je venais de lui dire, il répondit *qu'il l'avait bien entendu.*

» Le procès des aumuses fut intenté et poursuivi avec vigueur au parlement de Flandres.

» Quatre années s'écoulèrent ainsi, lorsqu'autres difficultés et débats s'émeurent entre lesdits chanoines de Ste -Croix et le chapitre métropolitain. Ce fut au sujet des fêtes de l'invention et de l'exaltation de Sainte-Croix, les 3 mai et 14 septembre, auxquelles solemnités le chapitre de la métropole va processionnellement en l'église de Ste.-Croix, chanter les premières vespres, et le jour y célébrer la grande messe....

» La métropole, pendant ces difficultés pour les aumuses, semblait affecter aux fêtes de Sainte-Croix, de députer un des jeunes chanoines pour célébrer.... Les chanoines de Ste.-Croix ne voyaient pas de bon œil ce changement... Ils prirent la résolution de ne plus députer un de leurs confrères pour aller inviter, la veille ou avant veille des deux fêtes de la Sainte-Croix, un dignitaire ou un chanoine de la métropole.... Ces chanoines prétendirent même que l'assistance de la métropole aux offices des deux fêtes sus-nommées, n'était qu'une société précaire et de confraternité volontaire, de même que leur assistance aux offices de la métropole aux grandes solemnités; et telle que les chanoines de St.-Géri et les religieux de St.-Aubert la pratiquaient anciennement.

» Ainsi s'émeut un nouveau procès. La métropole se pourvut en complainte contre ledit chapitre de Ste.-Croix. Le parlement par un arrêt du 22 janvier 1765, déclara la métropole non recevable ni fondée....

» Les chanoines de Ste.-Croix, encouragés par cet arrêt, crurent d'aller plus avant: ils délibérèrent de ne plus assister aux offices de la métropole.... et la résolution fut prise de ne pas y aller le 2 février 1765, jour de la purification. En conséquence, ils donnèrent ordre au curé de la paroisse de Ste.-Croix qui est située dans leur collégiale, d'avancer sa messe, de la chanter à huit heures ou même avant s'il lui plaisait.

» Le chapitre de Ste.-Croix fit donc l'office dans son église le jour de la purification de la vierge et y bénit les cierges.

» Le chapitre métropolitain se croyant lézé en ses droits honorifiques.... se pourvu de rechef en complainte contre lesdits de Ste.-Croix, et y fut admis, ce qui forma un autre procès.

» Durant ces contestations, arriva la fête de l'invention de la Ste-Croix (3 mai 1765). Le chapitre de Ste.-Croix fit signifier dès le 29 avril, à celui de la métropole, qu'il était résolu de faire l'office par lui-même. La métropole n'alla pas ce jour là à Ste.-Croix.

» Toutes ces discussions eussent été terminées assez amiablement entre les parties contestantes, et la métropole en fit en quelque sorte la proposition dès l'année 1764, au mois de juillet, mais le chapitre de Ste.-Croix qui espérait gain de cause, ne voulut y entendre ou plutôt récusa.

» Enfin après bien des débats, le parlement rendit un arrêt le 18 mai 1765, par lequel il maintient le chapitre métropolitain dans la possession des droits honorifiques dùs à icelui, par le chapitre de Ste.-Croix ; ordonne aux chanoines de Ste.-Croix de s'y conformer et les condamne à tous dépens.

» En conséquence, le chapitre de Ste.-Croix rentra en ses devoirs envers la mère église et assista à l'office de la métropole, le jour de la Pentecoste de ladite année.

» Cette sentence mit fin à la difficulté des aumuses qui avait été l'occasion des autres qui s'étaient ensuivies Le chapitre de Ste.-Croix fut obligé de reconnaître la supériorité et la juridiction de l'église métropolitaine. Les chanoines qui avaient pris l'aumuse herminée sans l'agrément du chapitre métropolitain, n'eurent d'autre ressource pour s'y maintenir, que dans la clémence et dans les bonnes grâces du chapitre métropolitain. Leur supplique fut admise, à la condition que lesdits chanoines de Ste.-Croix seraient tenus de payer les frais et dépens du procès. »

Ici nous perdons de vue la suite des différends entre le chapitre de la métropole et celui de Ste-Croix ; différends sur lesquels nous nous serions moins arrêté, s'il ne nous avaient fait connaître diverses particularités intéressantes pour l'histoire. Mais en supposant qu'après sa soumission envers la mère-église, la collégiale de Ste Croix jouit de quelque tranquillité, cela ne put être pour un bien grand laps de temps, car la révolution française s'annonçait,

93 arriva, l'église, comme tant d'autres, fut supprimée et ses ministres contraints de chercher un refuge à l'étranger.

Suivant un projet formé en 1727, portant délimitation de toutes les paroisses de la ville, celle de Ste-Croix fut ainsi déterminée :

» La paroisse de Ste-Croix s'étendra dans la rue de l'Epée jusques à la maison de M. Jean-Baptiste de Francqueville (aujourd'hui maison n° 15 ) exclusivement, et le warescaix vis-à-vis (1) et tout ce qui était cy-devant de St-Nicolas, tant dans la rue de St.-Fiacre que le Quétivier et rue des Cygnes. En remontant vers la rue de l'Ecole, elle sera bornée par la brasserie de l'Ecu-d'or exclusivement, et celle de St.-Adrien inclusivement, aussi long temps que l'entrée principale sera dans ladite rue de l'Ecole. Elle aura toute la rue de l'Ecole, la rue Tavel jusques et exclus le puits et la maison qui y fait face, toute la rue des Clefs, celle des Pourceaux, (de la Caille), de l'Arbre-d'Or et des Fromages, à l'exception des coins de la place qui seront à St.-Martin. Elle aura encore toutes les demeures qui tiennent à l'abbaye de St.-Aubert, toute la rue de St -Jérôme, celle d'Inchy, et, descendant l'archevêché par la rue des Fetriers, toute la rue de Cantimpré jusques à la rivière. »

L'emplacement de l'église de Sainte-Croix est aujourd'hui occupé par la rue qui forme le prolongement de la rue St.-Julien. L'ancien cimetière a été converti en une jolie petite place triangulaire plantée d'arbres et nommée *place Ste.-Croix*. Le nouveau cimetière des *Haysettes* ou de *St.-Fiacre*, a été supprimé aussi ; une maison et un beau jardin l'ont remplacé. Il était situé entre la rue des Sottes et l'impasse des Miracles.

---

(1) Ce terrain vague aliéné depuis lors, a été incorporé dans la maison n° 8.

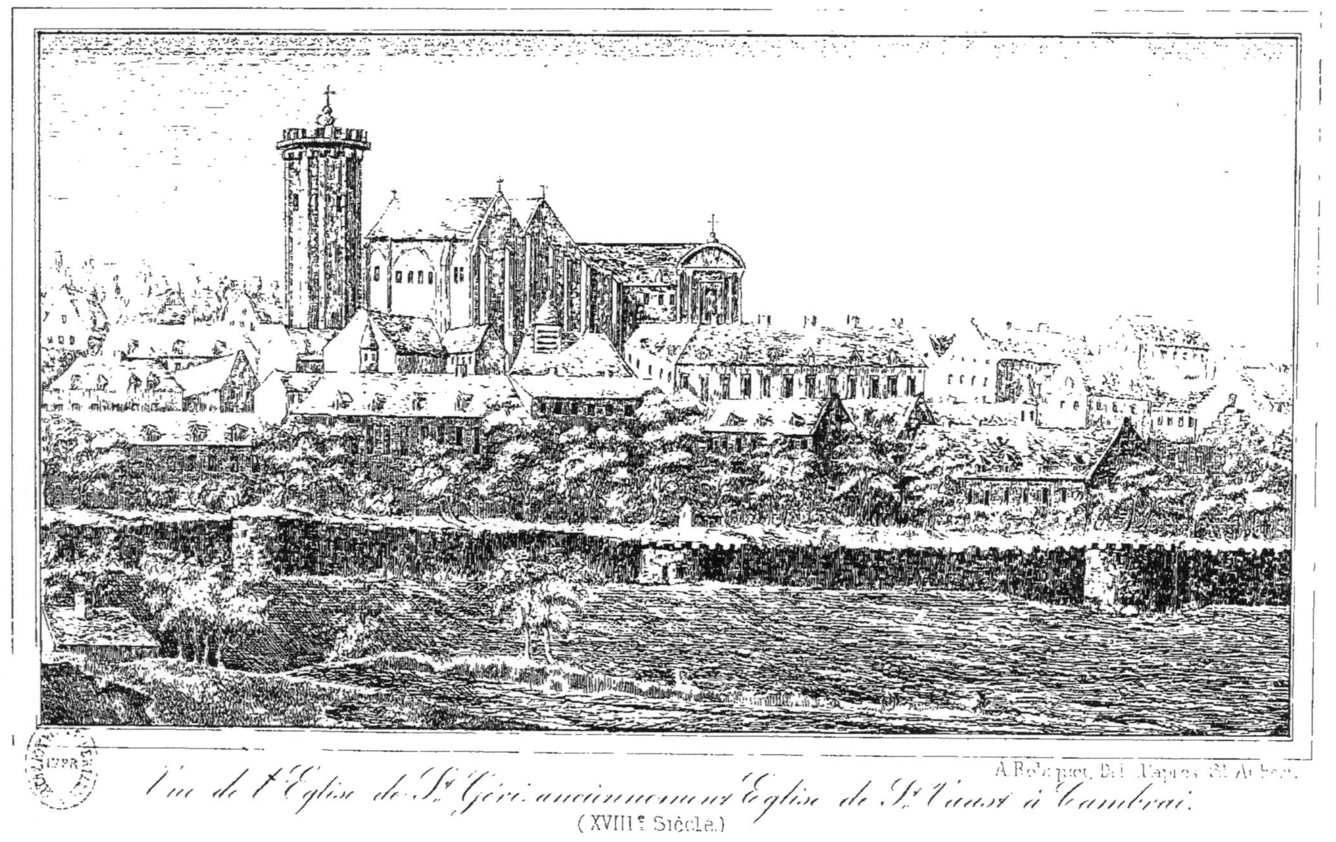

A. Bolasquet, Del. d'après St Aubert.

Vue de l'Eglise de St Géri, anciennement Eglise de St Vaast à Cambrai.

(XVIIIe Siècle.)

# ÉGLISE

DE

# SAINT-VAAST.

L'on n'est pas d'accord sur l'origine de l'église de St.-Vaast. Les uns (1) en font remonter la fondation au VII$^{e}$ siècle, tandis que les autres (2) l'attribuent à Ellebaud-le-Rouge, en l'an 1070.

Mais si l'on s'en rapporte à un manuscrit du XIII$^{e}$ siècle, con-

(1) L'église de St.-Vaast est la plus ancienne des paroisses. Elle fut érigée du temps de l'évêque St.-Aubert. — Carpentier, Hist. de Cambrai, part. II, chap. XV.

(2) Julien Deligne, ms. n°. 658, art. 13, et Chron. de Cambrai, Ms. n° 884, p. 27.

cernant la chronologie des évêques de Cambrai, et qui faisait autrefois partie de la bibliothèque du chapitre métropolitain (1), nous devons croire qu'Ellebaud-le-Rouge ne fit que rétablir l'église qui existait avant lui. On lit dans ce manuscrit les mots suivants à l'occasion de l'évêque Liébert : « leglise de St.-Vaast « chelis Erlebaus *rapilla* et *reedifia* par laide et conseil du boin « evesque »

L'église de St.-Vaast, dit Carpentier, était jadis gouvernée par les trésoriers des chanoines de St.-Aubert, patron de cette église. « Elle était ornée de très-magnifiques tombeaux de la première « noblesse du Cambresis. »

En 1545, les chanoines de St.-Géri ayant dû abandonner leur monastère et leur église du *Mont-des-Bœufs,* sur l'emplacement desquels l'empereur Charles-Quint faisait élever une citadelle, se retirèrent dans l'église de St.-Vaast, située dans la rue actuelle de St.-Géri et non loin de la porte du Malle ou de Notre-Dame. Le chapitre de cette dernière église, dépossédé à son tour, fit construire dans un lieu peu éloigné de son ancien temple, et situé rue des Waranches, aujourd'hui grand'rue St.-Vaast, une nouvelle église commencée en 1624.

Le clergé de St.-Vaast offrait apparemment peu de ressources pécuniaires, car nous voyons que les travaux de constructions, commencés des deniers de l'archevêque Vander-Burch, furent interrompus plusieurs années faute d'argent (2), et ne purent être repris qu'en 1647, au moyen de sommes qu'une personne pieuse, Mlle Lacherez, affecta à l'achèvement de l'église. La consécration en fut faite le 20 mai 1653, par l'archevêque Gaspar Nemius.

La nouvelle église de St.-Vaast conserva longtemps au fronton de son portail, en souvenir de la libéralité de Vander-Burch,

---

(1) Ms. sur vélin in-4°, f° 62, cité dans le ms. de la bib. comm. de Cambrai, n. 1018.

(2) Ms. n. 884, p 270.

les armoiries de cet archevêque avec sa légende : UNITAS LIBERTATIS ARX.

La paroisse de St.-Vaast était fort étendue dans les premiers temps, elle comprenait, dit encore Carpentier, « plus de la moitié « de la ville et les deux grands fauxbourgs de Selles et du Malle, « et tout ce qui estoit enfermé dans le *chasteau* dit *Mets Barbé* « ou *Mansum de St.-Aubert*. » Mais ses limites furent de beaucoup restreintes, à en juger par le projet du 12 juillet 1727, ainsi conçu :

« La paroisse de St.-Vaast sera bornée par celles de Ste-Croix, de Ste-Elisabeth et de St George. Elle comprendra par conséquent la rue de la porte Notre-Dame, depuis le coin du cul-de-sac et la maison y faisant face, descendant par la rue de Ste.-Agnès (aujourd'hui grande rue Vander-Burch), enfermant l'hôtel St.-Pol, toutes les rues des Capucins et de la porte de Selles, y compris cette dernière rue qui va au petit pont et borne la paroisse de Ste.-Elisabeth, la grand'rue St-Vaast et tout ce qui est hors des limites de la paroisse de St.-Géri. »

L'église de St.-Vaast fut détruite à la révolution de 1789 ; quelques bâtiments et jardins ont remplacé ses diverses constructions dont il ne reste d'autre vestige que les murs du chœur, lesquels forment la séparation des héritages n^os 7 et 9, situés Petite rue St. Vaast.

# ÉGLISE

DE

# SAINTE-ELISABETH.

'ÉGLISE paroissiale de Ste.-Elisabeth ne fut d'abord qu'une simple chapelle élevée par un habitant de la ville, en considération de la grande étendue de la paroisse St.-Vaast, et en faveur du quartier le plus éloigné de l'église. Le fondateur, dont nous ignorons le nom, affecta diverses rentes à l'église de St.-Vaast, à charge par son clergé, de célébrer chaque jour la messe dans la chapelle de Ste-Elisabeth.

Plus tard, cette chapelle ayant été jugée insuffisante à cause de l'accroissement de la population, Guillaume Midis, 9$^{e}$ abbé de

St.-Aubert, fit élever, en 1240 (1), sur l'emplacement de la chapelle, une église qui fut érigée en paroisse en conservant le nom de Ste.-Elisabeth.

Après plusieurs siècles d'existence, le nouveau temple menaçant ruine de toutes parts, dut être entièrement réédifié. Il fut donc rétabli en 1458, par les soins de Thomas Blentin, chanoine régulier de St.-Aubert ; et une femme de cette paroisse, du nom de Marguerite, fit relever le portail.

Le clocher de cette église fut en partie détruit par un ouragan survenu le 28 mars 1581. Les cloches furent brisées, et par leur chute occasionnèrent de nouveaux dégâts au monument (2).

A propos d'une image de Notre-Dame de Hal, appelée aussi Notre-Dame de Haut, et qui était conservée comme relique dans l'église de Ste.-Elisabeth, Julien Deligne (3) nous rapporte ce fait singulier :

« Comme les hérétiques avoient assiégé icelle ville, un d'iceux
« disoit qu'il couperoit le nez à ceste image, mais en disant cela,
« une balle fut tirée de la ville, laquelle coupa le nez à cet héré-
« tique ; dequoy confus, s'en alla hors du pays. »

Délimitation de la paroisse de Ste.-Elisabeth, suivant le projet du 12 juillet 1727.

« Elle aura contre Ste.-Croix la rue du Trou-d'Enfer (rue

---

(1 et 3) Ms. nº 658, art. 13 et 15.

(2) « Le 28 de mars dudit an (1581), au jour de la bonne Pâque, se « leva un vent, sur les dix heures du matin, si impétueux. et dura « jusqu'à trois heures après-diner, que les cloches de l'église parois- « siale de Ste.-Elisabeth furent abattues, et autres grands dommages « faits tant à Cambrai qu'ailleurs. » — Mémorial de plusieurs choses remarquables arrivées tant à Cambrai qu'aux lieux circonvoisins, ms. nº 670.

Ste.-Barbe), celle de Ste.-Elisabeth jusques au petit marché (rue des Feutriers) inclus, les deux coins du costé de l'église et tout le Marché au Poisson, toute la rue de St.-Eloy jusques au pont, et la petite rue vis-à-vis, et tout ce qui appartenoit ci-devant à Ste.-Croix et à St.-Vaast, du costé du magasin et des casernes. »

L'église de Ste.-Elisabeth, située dans la rue qui porte ce nom, a été détruite en 93 ; son emplacement était entre la rue Ste.-Barbe et l'hospice-général.

# ÉGLISE

DE

# Ste-MARIE-MADELAINE.

L'ÉGLISE de la Madeleine était déjà paroissiale sous l'épiscopat de Liébert, ainsi qu'il résulte de la charte octroyée par cet évêque en 1064, portant fondation de l'abbaye du Saint-Sépulcre (1). Ce titre place l'église de la Madeleine à la collation des religieux du St.-Sépulcre.

L'église de la Madeleine fut reconstruite en 1414 (2), date que portait anciennement la croisée du chœur. Le clocher réédifié en

(1) V. Eglise et abbaye du St.-Sépulcre.

(2) Ms. n. 658, art. 14.

1525 et 1526, possédait sept cloches qui furent bénites le premier dimanche de novembre 1527.

Ce clocher ayant été frappé plusieurs fois par la foudre, on le jugea trop aigu et l'on prit le parti de le baisser de quelques toises le 11 juillet 1552. Plusieurs historiens (1) s'accordent à dire que le clocher de la Madeleine ne fut ainsi réduit que par ordre du gouverneur de la ville, et pour empêcher que du sommet l'œil ne put plonger dans la citadelle.

Il est constant que, par mesure de sûreté, l'on fit abattre à la même époque, les combles des portes Robert, de Selles, et du St.-Sépulcre, par la crainte que les Français ne vinssent mettre le siége devant Cambrai. Ils se présentèrent en effet l'année suivante, et commencèrent à établir le blocus le 7 septembre 1553.

A l'occasion d'un autre blocus de Cambrai formé par l'armée française, le 24 juin 1649, et en action de grâces de la délivrance de cette ville par l'archiduc Léopold et le comte de Fuensaldagne, gouverneur des Pays-Bas, le 2 juillet suivant, les paroissiens de la Madeleine offrirent à la chapelle de la Vierge, de l'église métropolitaine, une belle lampe d'argent portant cette inscription chronographique (2) :

pLebs b. MagDaLenæ hostIbVs ab Vrbe
fVgatIs VIrgInI pVerperæ
fIXIs genIbVs gratIas agebat.

Cette lampe fut comprise dans les diverses argenteries ouvragées fournies en 1759 par le chapitre métropolitain pour les besoins de la guerre.

---

(1) Carpentier, Hist. de Cambrai, partie II. chap. XV ; Mémoires chron. à la date de 1728, et ms. n. 884, p. 127.

(2) A. Le Glay. Recherches sur l'église métrop. p. 32.

Le projet de division de la ville entre les diverses paroisses, formé le 12 juillet 1727, établissait ainsi les limites de la paroisse de la Madeleine :

« Elle s'étendra dans la rue de Scache-Beuvons jusques au puits et la maison de Mlle Bougenière exclusivement. Dans la rue aux Bances, jusqu'à la maison du sieur Guilbert ou de Mlle de Chauny, et celle qui y fait face aussi exclusivement. Dans la rue des Lombards, jusques aux limites de la paroisse de St.-Nicolas Dans la rue des Juifs, jusques à l'issue de la maison du sieur Mallet et la maison qui y fait face inclusivement. Dans la rue de l'Ange, jusques aux maisons des sieurs Delbarre et Mouginot exclusivement. Dans la rue des Trois-Pigeons, jusques au coin occupé par le sieur Robert-Boileux et la maison de la veuve Débosse exclusivement. Dans la rue des Carmes, elle aura ses limites ordinaires, c'est-à dire toutes les maisons qui sont de Ste.-Croix. Dans la rue des Bouchers, elle aura encore celles qui sont de St.-Géry, de même que dans la rue de la porte Robert, sur l'Esplanade et dans la rue de St.-Jean, aussi bien que les maisons de St.-George dans ladite rue de St.-Jean.

L'église de la Madeleine venait d'être reconstruite et était à peine achevée lorsqu'on y porta le marteau révolutionnaire. Son emplacement était circonscrit par les rues de la Madeleine, des Rôtisseurs et du Petit Séminaire.

Tout récemment, en avril 1843, des déblaiements de terre ayant été faits pour des travaux de constructions dans une des propriétés aboutissant à la rue de la Madeleine, on découvrit un *tumulus* d'ossements humains et une partie des pierres de taille provenant de la démolition de l'église.

# ÉGLISE

DE

# SAINT-GEORGES.

ETTE église avait déjà titre de paroisse sous l'épiscopat du bienheureux Liébert, qui, fondant en 1064, l'abbaye du St.-Sépulcre à Cambrai, remit à la collation des religieux de ce monastère, entre autres églises, celle de Saint-Georges avec tous ses revenus.

Ce monument, réédifié en 1439, n'eut son clocher terminé qu'en 1453. Les deux chapelles latérales qui existaient au niveau du chœur avaient été élevées en 1539 ; elles furent consacrées de nouveau en 1602, par l'archevêque Guillaume de Berghes.

L'église de Saint-Georges fut frappée de la foudre le 11 août 1598. Nous laisserons parler le chroniqueur (1) :

« Environ les onze heures devant midy, se fit une tempeste et » un orage si terrible, qu'il sembloit l'air estre tout en feu d'es- « claires et de tonnerre, lequel tomba sur l'église Saint George, « où il y avoit plusieurs garçons qui tiroient la corde pour sonner « la cloche bénite ; entre lesquels il y en eut deux de tués et trois « de blessés et entonnés. Chose pitoïable à voir, cela fut déchi- « rer, comme avec ongles, le portail de ladite église laquelle était « toute remplie de fumée ensouffrée. »

Une bulle du Pape Grégoire XV, érigea en 1623, dans l'église paroissiale de St.-Georges, une confrérie en l'honneur de Saint-Joseph. Une grande solennité avait lieu à ce sujet, tous les ans, le dimanche dans l'octave de l'Assomption au matin. Dans l'après-midi une autre cérémonie avait encore lieu dans la même église et qui consistait dans une procession générale du clergé, à laquelle assistaient en corps les pères Capucins, en souvenir de ce qu'à leur arrivée à Cambrai en 1612, ces religieux avaient été, pendant trois mois, hébergés et nourris par le curé de St.-Georges, M. Charles Lotrichez, natif de la ville de Landrecies.

La paroisse de St.-Georges devait être ainsi délimitée, suivant le projet formé le 12 juillet 1727 :

« Elle s'étendra dans la rue de St.-Georges jusques à la maison après celle de Mme de Baralle, la maison qui y fait face et joint la clôture de l'abbaye de St.-Sépulcre inclusivement. Dans la rue des Pochonnez, jusques au coin de la rue des Anges, en la maison qui fait coude vis à-vis, aussi inclusivement. Dans la grande rue aux Bances, jusques à la maison du Sr. Guilbert d'un costé et celle qui y fait face de l'autre inclusivement. Sur l'Esplanade, jusques au coin de la brasserie de Saint-Arnould exclusivement. »

---

(1) Chron. de Cambrai. ms. N° 884, p. 239.

L'église de St.-Georges a été rasée. Son emplacement et le cimetière attenant, devenus d'abord une place banale couverte d'arbres très-régulièrement alignés, sont actuellement occupés par une maison particulière, et un joli jardin compris entre l'allée des Soupirs, les rues des Soupirs, de St. Georges, et du Curé.

A. R. Del.

S.t Martin. S.t Sépulcre. S.t Nicolas.

Vue au XVII Siècle.

# ÉGLISE

DE

# SAINT-NICOLAS.

Le cimetière de Saint-Nicolas, et probablement son église, existaient dès le XI^e^ siècle, si l'on s'en rapporte à la légende suivante que nous ont léguée les historiens de l'époque, au sujet d'une grande et belle croix appelée la *Croix de l'amen*, que l'on voyait dans ce cimetière vers l'an 1060 (1). Nous rendons cette légende dans toute sa naïveté :

« Il vivait (l'évêque Liébert) en grande saincteté et austérité,
» portant tousjours la haire sur sa chair, laquelle même il ne

(1) Gazet, Hist. ecc. des Pays-Bas, p. 22.

» quitta ny pour la vieillesse ny pour aucune maladie. Il mangeait
» du pain d'orge le plus souvent, et beuvoit eau sans qu'on s'en
» apperceust, et en tout temps il avait une table attourée de pau-
» vres, aussi furnie de viandes que la sienne.

» Il avoit aussi de coustume d'aller à pieds nuds la nuict par les
» églises de la ville, avec quelques clercs et familiers, priant
» Dieu pour son peuple. De façon qu'il advint une fois en la nuict
» durant le vendredy sainct, qu'estant au cimetière de Sainct-
» Nicolas, à Cambray, après avoir recommandé à Dieu les ames
» desquelles les corps gisayent en ce lieu, disant : *Animæ om-*
» *nium fidelium requiescant in pace*, fut ouy en l'air intelli-
» giblement cette voix, *Amen ;* de quoy ceux de sa compagnie
» furent fort esmerveillez ; mais il leur pria de ne le point ré-
» veler, auquel lieu fut depuis dressée une grande croix qu'on a
» appelée la *croix de l'amen.* »

L'église paroissiale de St.-Nicolas fut réédifiée en 1482, et son achèvement eut lieu en 1490, par les soins de l'évêque Henri de Berghes. La construction du clocher, commencée en 1534, fut alors abandonnée (1) ; on ne la reprit que plus tard. L'église fut encore rebâtie en 1710 ; les travaux s'ouvrirent le 3 décembre.

Durant le congrès qui eut lieu à Cambrai en 1722 et qui n'amena d'autres résultats que des bals, des repas, et des réjouissances sans nombre pendant les trois années de résidence des plénipotentiaires, le secrétaire d'ambassade du roi d'Espagne, nommé don Penil, étant venu à mourir, fut inhumé dans le chœur de l'église St.-Nicolas. L'enterrement, disent les contemporains, se fit avec beaucoup de pompe et plusieurs cérémonies inconnues dans ce pays (2).

En 1786, l'église Saint-Nicolas fut témoin d'une scène de

---

(1) Ms nº 658, art. 11.

(2) Mémoires chronologiques.

désordre occasionnée par la création d'un service de corbillards, et la défense faite par le magistrat de porter dorénavant les morts à bras, ainsi que la coutume en existait dans ce pays depuis un temps immémorial. Dès le 26 avril, on avait voulu mettre à exécution l'arrêté municipal, mais le peuple avait formellement refusé de s'y soumettre et chassé le conducteur avec son corbillard.

Et deux jours après, tandis qu'on célébrait dans l'église St.-Nicolas le service d'un habitant du faubourg St.-Sépulcre, le corbillard reparaît entouré de sergents de ville et de six soldats armés de leur fusil ; ils s'emparent du portail. Une foule compacte force l'entrée et envahit l'église en poussant des cris affreux. Les prêtres effrayés interrompent le service funèbre et s'enfuient, emportant avec eux les vases sacrés. En ce moment le prevôt entre accompagné de quatre échevins, et se met en devoir de dresser procès-verbal des scènes scandaleuses qui viennent de se passer. A leur vue, l'irritation du peuple redouble, des cris de rage se font entendre, et ne s'appaisent qu'à l'instant où les magistrats prennent le parti de se retirer, emmenant avec eux et la force armée et les sergents de ville. Le peuple s'empare du corps et le transporte au cimetière.

Le 29, tandis qu'on célèbre dans la même paroisse le service d'un maître d'école nommé Lagouge, un détachement de 150 hommes armés paraît dans l'église ; mais des femmes s'emparent hardiment du cercueil et l'emportent à la vue des soldats étonnés. Elles se rendent ensuite dans l'église de la Madeleine, où se disait un autre service funèbre, et enlèvent encore la bière.

Enfin, les magistrats reconnaissant l'inutilité de leurs efforts pour introduire une innovation si peu agréable aux Cambrésiens, révoquèrent leur ordonnance et supprimèrent définitivement les corbillards.

La paroisse Saint Nicolas fut ainsi délimitée dans le projet formé le 12 juillet 1727.

« Elle sera bornée dans la rue St.-George par les limites de la paroisse de ce nom, et aura toutes les maisons en revenant depuis celle de Mme de Baralle, tant dans ladite rue St.-George que dans celle des Scache-Beuvons, jusques au puits de la rue des Anges inclus, et toute ladite rue des Anges jusques aux limites de St.-George, avec la maison de Mlle Bougenière ; et descendant tout ce qui est de la Madeleine, tant dans la rue des Ligniers que dans la rue des Lombards, jusqu'au wareschaix donnant issue à la maison de M. Lieven et autres, et de la maison qui y fait face exclusivement.

« Dans la rue des Ligniers, elle sera bornée par la maison qui fait le coin de la rue des Juifs, occupée par une épicière, et la maison dite le *Cheval-Blanc* inclusivement. Dans la rue des Jesuites, par le coin de la rue de l'Aiguille faisant face aux classes, et par celui de la rue de l'Epée, occupé par Géry Denis, sculpteur, exclusivement.

« Il lui demeure toute la rue Bolé et du Quétivier, jusques au cimetière St.-Fiacre, et la maison de la chapelle St.-Maur, occupée par le sieur de Wasme. »

L'église St.-Nicolas, actuellement détruite, était située entre la rue et la place St.-Nicolas, la rue des Liniers et la place St.-Sépulcre.

# ÉGLISE DE St-MARTIN,

ACTUELLEMENT

## LE BEFFROI.

UIVANT Julien Deligne et Carpentier (1), l'église paroissiale de Saint-Martin aurait été, dès le commencement du VIIe siècle, une abbaye de religieuses chargées de garder le corps de Ste Maxellende, massacrée au village de Caudry (2), le 13 novembre 670, par un jeune seigneur de Solesmes, nommé Harduin, dont elle repoussait les instances. Les restes de

---

(1) Ms. de la bibl. comm. de Cambrai, no 658, art. 12, et Hist. de Cambrai, part. II, chap. XV.

(2) Caudry, *Calderiacum :* grand village du canton de Clary, situé à droite de la route de Cambrai au Câteau, à 14 kilomètres de la pre-

déposés plus tard, vers l'an 980, par les soins de l'évêque
la victime, d'abord confiés à l'église de Saint-Souplet, furent

---

mière ville et 9 kilomètres et demi de la seconde. Ce lieu, fort ancien assurément, possédait déjà, au VIIe siècle, une église dédiée à Saint-Vaast, et bâtie par ordre de Saint-Vindicien, évêque de Cambrai et d'Arras. On y conserve la châsse de Sainte-Maxellende, fille du seigneur de Caudry, monument fort remarquable du XVe siècle, provenant de l'abbaye de Saint-André, du Câteau. L'histoire lamentable et miraculeuse de cette vierge, massacrée par son amant, est ainsi rapportée par Balderic :

« A cette époque (année 670), une jeune fille du territoire de Cambrai, issue de parents illustres, se trouvait exposée aux instances d'un jeune homme de famille distinguée, mais d'un cœur pervers, qui voulait se l'attacher par les liens du mariage. Ni l'or, ni les diamants, ni aucun genre de séduction ne put ébranler la rigide vertu de la jeune vierge, qui, contrairement à ce que faisaient les femmes de haut rang, refusa de s'unir à un homme puissant, et d'écouter les conseils de sa famille. En proie à un amour sans espoir, le jeune homme épie l'occasion où il pourra trouver la jeune fille seule chez elle : il s'associe d'infâmes compagnons, qui entourent la maison, l'envahissent, et font des recherches de tous côtés. Ils arrivent enfin à l'endroit où se tenait cachée la jeune vierge ; ils l'entraînent avec violence jusqu'au lieu où se trouve aujourd'hui l'église construite en l'honneur de tous les saints, principalement de Saint-Vaast et de cette sainte fille. Alors, cet exécrable bourreau, grinçant des dents, tire son épée du fourreau et en perce la jeune vierge. A peine ce sang si pur a-t-il coulé, que l'assassin est subitement frappé de cécité : châtiment digne de son crime ! Elle fut ensevelie dans la basilique des B. apôtres Pierre et Paul et de Saint-Sulpiciers, qu'on avait construite dans le village nommé Saint-Souplet.

« Trois années s'étaient écoulées depuis ce martyre, lorsqu'une femme de condition élevée, Amaltrude, inspirée par le ciel, alla trouver Saint-Vindicien, évêque de Cambrai, et l'engagea à rapporter en cérémonie, avec ses clercs et le peuple voisin, le corps de Sainte-Maxellende au lieu de son martyre ; le seigneur, disait-elle, avait résolu d'illustrer cet endroit par des prodiges et des miracles. Le B. Pontife se dispose sur-le-champ à remplir cette mission. Harduin, meurtrier de la sainte, accablé de misère et de honte, vivait encore dans les ténèbres de la cécité. A peine a-t-il appris que le corps sacré de Maxellende doit être ramené au lieu fatal, que, confessant et con-

Rothard (1), dans une chapelle de l'église métropolitaine de Cambrai. Ils furent transportés ensuite, en l'an 1023, avec le corps de Saint-Sare, prêtre de Cambrai, dans l'abbaye de Saint-André, fondée cinq années auparavant dans le faubourg du Câteau, par l'évêque Gérard de Florines.

Ce même évêque affecta à l'entretien de ladite abbaye les revenus de l'église de Saint-Martin avec divers biens, entr'autres un *four*, ou *brasserie bannale*, situé à Cambrai. La donation fut confirmée par un diplôme de l'empereur Conrad III, de l'an 1033 (2).

L'église de Saint-Martin fut plusieurs fois incendiée : d'abord vers l'an 700 (3), époque présumée de son érection en paroisse ; puis à diverses autres dates moins éloignées. Julien de Ligne nous a conservé les millésimes de ses reconstructions : la partie qui donnait sur la rue de Noyon fut rebâtie en 1488, et la partie opposée en 1504. Le jeu d'orgues, fait en 1514, avait coûté 520 livres tournois. Le Dieu de pitié qui se voyait dans le cimetière, avait été établi en 1517. Il fut brisé par des hérétiques, le 12 février 1531. Deux des coupables arrêtés le lendemain, furent condamnés à mort. L'un eut la tête tranchée, devant la maison de Rome, sur la Grand'Place ; l'autre, conduit sur les lieux du crime, fut tenaillé de fer rouge. Ramené ensuite sur la Grand'-

---

damnant son crime, il se fait conduire vers le corps, et se prosterne devant le cercueil. Dès que les porteurs sont arrivés près de lui, il retrouve l'usage de la vue, va trouver l'évêque et lui raconte ce qui vient d'arriver. A l'occasion de ce miracle, le prélat harangue le peuple, et fait inhumer le corps de Sainte-Maxellende dans l'église dont nous avons parlé. » — Traduction de MM. Faverot et Petit, liv. Ier, chap. XXIII et XXIV.

(1) Ms. n° 884, p. 44. Chon. de Cambrai, depuis sa fondation jusqu'en 1519. Cet ouvrage assez recherché est attribué à Adam Gelicq, né à Cambrai, dans le XVe siècle, et à Paul Gelicq, son père.

(2) Ms. n° 907, p. 5.

(3) Chron. de Balderic, liv. III, chap. XLIV et Mirœus, t. 1, p. 55.

Place, il eut le poing coupé ; enfin, on l'étrangla, et son corps fut abandonné à la voirie (1).

Louis XI qui portait, comme l'on sait, une dévotion particulière à Saint-Martin, vint à Cambrai et donna, au mois de juin de l'an 1477, à l'église dédiée à ce saint, 383 livres tournois, et l'année suivante 220 livres, avec un calice d'argent. « Loüis, dit Carpentier (2), qui venoit de faire une treve marchande pour un » an avec Maximilian d'Austriche, passoit son temps en pelerinages à diverses Nostres-Dames, et faisoit d'excessives donations aux églises, afin qu'on priast Dieu pour la santé de son » corps. Il se rendit deux fois à Cambray pour ce sujet, et y » séjourna assez long-temps. La cause estoit qu'il couroit lors » par la France une dangeureuse et mortelle maladie, qui s'en » prenoit indifferemment aux grands et aux petits, bien qu'elle » ne fust pas contagieuse. C'estoit une espece de fievre chaude » et frenetique, qui s'allumoit tout à coup dans le cerveau, et le » brusloit avec de si atroces douleurs, que les uns s'en cassoient » la teste contre les murailles, les autres se precipitoient dans des » puits, ou se tuoient à force de courir çà et là. On en attribuoit » la cause à quelque maligne influence des astres, et à la corruption qu'avoit engendrée dans les corps la mauvaise nourriture de l'année précédente, en laquelle plusieurs provinces » n'avoient vescu que de racines et d'herbes. Ces morts si soudaines et si violentes donnoient d'estranges frayeurs à nostre » Louys ; il s'imaginoit qu'on ne l'abordoit qu'avec des poignards, » et que tous ceux qu'il voyoit, estoient des archers de la mort. » Il avoit fait venir de Calabre François de Paule pour le supplier » de luy allonger la vie. Puis n'en pouvant rien obtenir il avoit » fait chercher par-tout des reliques pour opposer leur intercession à la mort. On luy en apporte de divers saints et de divers lieux, de Toulouse, de Flandre, d'Amiens, d'Espagne, » d'Allemagne, de Rome, de Reims, de Paris ; et il s'en couvre

(1) Nos notes historiques sur les communes de l'arrondissement de Cambrai, t. 1. p. 117.

(2) Hist. de Cambrai, part. 1re, chap. X.

» tout, depuis la teste jusques aux pieds. Les plus sages s'estonnoient merveilleusement de le voir paré et agencé d'une si estrange sorte. Mais qui eust pû s'abstenir de rire, quand on entendoit publier ces édits, qui ordonnoient des prieres publiques pour empescher le vent de bize, à cause qu'il le trouvoit incommode ? Cent bigots et bigottes alloient et venoient sans cesse pour luy rapporter de cent sortes de vœux, d'images, et de pains bénits, etc »

En 1447, on adossa à l'église de Saint-Martin, un clocher auquel on adjoignit plus tard quatre tourelles qui furent achevées le 24 novembre 1474. La flèche, formée en torse, présentait, disent les contemporains, un aspect singulier mais agréable à l'œil. Plusieurs des clochetons furent abattus pendant un terrible ouragan survenu le 26 juillet 1528, vers les quatre heures du soir. Cette bourasque renversa en même temps le clocher de Saint-François, celui de Saint-Jean et le petit clocher de Saint-Géri. Les vitraux de toutes les églises de la ville éprouvèrent aussi un grand dommage (1).

Le clocher de Saint-Martin fut démoli par mesure de sûreté jusqu'au milieu de sa base, les 27 et 28 août 1595, durant le siége qu'eut à soutenir la ville, cernée par les espagnols (2).

Rétabli les années suivantes, mais à ce qu'il parait, d'une manière incomplète ou défectueuse, on dut le démonter encore dans sa partie supérieure en 1732, parce qu'il menaçait de s'écrouler (3). La reconstruction fut achevée en 1736 et mit ce clocher,

---

(1) Ms. n° 884, p. 85.

(2) « Le samedi au matin, on abattit la pointe de la tour de *Gallus* où était le guet de la citadelle ; cette pointe était de plomb ainsi que le comble. Plusieurs personnes dirent que c'était une pure folie ou plutôt une nouvelle preuve d'avarice de M^me^ Balagny, qui vendait ce plomb à son profit. » — Ms. n° 1017.

(3) Le Magistrat de cette ville de Cambrai avait fait démolir, vers le mois de septembre de l'an 1732, ce qui restait de la flèche ancienne

devenu le beffroi de la ville, dans les proportions où il se trouve de nos jours. La cloche qui sert à répéter les heures, et vulgairement nommée *cloche du roi* ou *de la ville*, date de 1563 ; cassée le 4 mars 1563, en frappant les cinq heures du matin, elle fut refondue le 20 octobre dans la grange de l'hôtel St.-Pol (1) et replacée dans la tour le 26 du même mois. Elle pèse 11,235 livres et demie, et le battant 244 livres.

Nous y avons lu les inscriptions suivantes :

« Jay esté fondve et icy mize povr servir a sonner le Ghvet. Et
» ma faict maistre Jan Serre dedens Cambray, et ses filz Jacqve
» Serre, Pierre Serre.

» Lan MDLXIII au temps de R^e monsievr Maximilien de Berghes,
» premier archevesque de ceste cité de Cambray, par la charge
» de Mess. Prevost et Eschevins et qvatre hommes de ceste dite
» cité. »

Dans la partie inférieure du clocher, aux premiers abat-vents, se trouvent deux autres cloches, la cloche de retraite qui sert aussi à annoncer la demi-heure, et la cloche du chapitre métro-

---

et les galeries du clocher de l'église de Saint-Martin, parce qu'il en était tombé plusieurs pierres, et que le reste menaçoit ruine. Enfin, le 10 d'avril 1736, on commença à réparer le clocher tel qu'il se voit aujourd'hui : il fut achevé sans aucun malheur vers la Toussaint de la même année, on n'épargna rien pour lui donner une belle figure. Ceux cependant qui ont vu la flèche ancienne peuvent dire avec vérité que celui-ci est inférieur en beauté au premier. » — Mém. chron. à la date de 1736.

(1) L'hôtel de Saint-Pol fut construit vers le milieu du XV^e siècle par Loys de Luxembourg, comte de Saint-Pol, lequel fut, comme traître, exécuté en place de Grève le 19 décembre 1475. Cet immense bâtiment, aujourd'hui divisé en trois habitations, était autrefois une résidence royale, vendue moyennant 3,000 livres tournois, par Henri IV à un sieur Jehan de Béthencourt. En cet hôtel fut conclue, en 1529, la *paix des Dames*, par Louise de Savoie et Marguerite d'Autriche.

politain. Cette dernière, presqu'égale en force à la cloche de la ville, a été fondue en 1830. Elle porte deux inscriptions :

« Le 25 octobre 1830, 1re année du règne de Louis-Philippe Ier,
» roi des Français, MM. Louis de Belmas étant évêque de Cam-
» brai, de Villiers du Terrage, conseiller d'Etat, préfet du Nord,
» E. de Grouchy, sous-préfet, de Baralle, architecte du dé-
» partement, la cloche de la cathédrale a été fondue par Drouot
» frères. »

*Ad laudes Dei omnipotentis tuente*
*Beatâ Dei genitrice Mariâ Cameracensis*
*Diœcesis patronâ, ad usus capituli cathedra*
*Campanam hanc recudi curavit R. R. Ludovicus Belmas*
*Dictœ ecclesiœ antistes anno episcopâtus sui* 29.
*Reparatœ verò Salutis* 1830. »

Traduction : « A la gloire du Dieu tout-puissant, sous la protection de la bienheureuse Marie mère de Dieu, patrone du diocèse de Cambrai, pour l'usage du chapitre cathédral, cette cloche fut refondue par les soins du révérendissime Louis Belmas, pontife de ladite église, l'an 29 de son épiscopat, et 1830 du salut. »

La hauteur totale du beffroi, prise du pavé extérieur jusqu'au-dessus de la boule placée au sommet, est exactement de 61 mètres. On compte 214 marches à partir du sol jusqu'au logement de *Gallus* (coq, symbole de la vigilance) : ainsi se nomme depuis un temps immémorial, le guetteur chargé de répéter l'heure, le jour, à son de cloche, et la nuit, au moyen d'une trompe ou cornet, d'avertir de l'approche des troupes et de sonner l'alarme en cas d'incendie (1).

---

(1) Un tintement précipité de douze coups annonce un feu de cheminée. Pour un incendie de maison, l'on donne quinze à vingt coups, répétés à différentes reprises, jusqu'à ce que des secours suffisants soient organisés.

Après le dernier coup de la cloche d'alarme, le guetteur fait une pose et frappe, à des intervalles égaux et moins fréquents, *un* coup pour

L'usage d'annoncer les heures de nuit au beffroi au moyen d'une trompe ou cornet, est fort ancien. Cet usage, dont nous aurons à rechercher l'origine, nous amène tout naturellement à parler de l'institution du beffroi à Cambrai.

Parmi les privilèges dont s'énorgueillissaient nos ancêtres, le moins estimé n'était pas celui du droit de beffroi. De même que ses cloches se faisaient entendre ou pour appeler les magistrats aux assemblées, ou pour annoncer les réjouissances publiques, elles s'agitaient aussi parfois pour ameuter le peuple et le pousser à l'insurrection. C'est à cette dernière cause qu'il faut attribuer la destruction du beffroi à différentes époques à Cambrai. Ainsi, vers l'an 1095 (1), une révolte du peuple contre les chanoines ayant éclaté, et la voix sinistre du tocsin ayant jeté le premier signal de l'insurrection, l'autorité ecclésiastique obtint, après l'émeute appaisée, une justice exemplaire, à savoir : que le beffroi serait détruit, l'horloge de la ville démontée et qu'en outre deux rues, principalement habitées par la populace, seraient dépavées (2).

Le beffroi fut rétabli en 1207, malgré la défense de l'empereur Othon, faite trois années auparavant, mais la démolition en fut

---

indiquer la porte St.-Sépulcre, *deux* pour la porte Notre-Dame, *trois* pour la porte de Selles, et *quatre* pour la porte Cantimpré.

Si le feu signalé est *extrà muros*, l'alarme donnée par la grosse cloche, est répétée par une cloche moins forte. Si le feu éclate au sein de la ville, le guetteur en indique la direction au moyen d'un porte-voix, et arbore un drapeau rouge à la lucarne correspondante de la tour. La nuit, ce drapeau est remplacé par un fanal.

(1) Il est hors de doute qu'un beffroi existait à Cambrai dès la fin du XIe siècle, mais nous ignorons quel a été son emplacement. Nous avons vu que le beffroi actuel ne remonte pas au-delà du XVe siècle.

(2) « En ce temps (Manassé évêque), pour le grande dissention et haine du peuple de Cambrai contre les chanoines, fut ordonné par jugement que le belfroy seroit abattu et le rue de le Poterie et le rue du Quétivier (de *quétif, chétif*, quartier du bas peuple) descauchées et l'orloge et le cadran défais. » — Ms. n° 884, p. 34.

bientôt ordonnée par l'empereur Frédéric II qui, en 1226, obtint un décret de la Diète impériale, lequel annulait en même temps tous les privilèges de la commune (1).

Le Magistrat, privé du beffroi et de ses cloches, se trouva alors forcé d'employer un nouveau moyen pour annoncer les cérémonies civiles. Les sergents de ville firent donc entendre des trompes ou cornets du haut de la *bretèque* (2). Pour l'ouverture des marchés on fit usage d'une grosse *escalette*. A la grande foire de la ville, qui se nommait *la hirchare,* quand l'heure était venue de retraire les marchandises, les sergents de ville sonnaient de la trompe. Enfin, depuis le XIIIe siècle jusqu'en 1476, époque où Cambrai fut livré aux troupes de Louis XI, les échevins entretenaient, dans un lieu élevé, un homme chargé de faire le guet, et d'annoncer avec une trompe et un porte-voix, l'arrivée des troupes ou de tout autre nombreux rassemblement vers la ville.

Sous la domination des Français, le beffroi ayant été rétabli, l'usage des cloches fut aussi rendu au Magistrat ; mais on jugea convenable de ne pas supprimer entièrement les trompes et cornets qui avaient pour eux une si longue suite d'années, et il fut décidé que la demi-heure continuerait d'être annoncée par ce moyen pendant la nuit.

Dans les premières années du XIXe siècle, M. le préfet du Nord, Pommereul, jugea à propos de supprimer les gages des guetteurs. Cette mesure allarma les habitants de Cambrai. La réclamation qu'ils adressèrent à ce sujet n'ayant pas été accueillie, ils assurèrent la rétribution habituelle des guetteurs par une *souscription volontaire*, et *Gallus* fut ainsi rétabli sur son siége antique.

---

(1) Aubert le Mire, *Opera diplomatica,* t. IV, p. 540.

(2) La *bretèque* était une espèce de tribune soutenue par six piliers de grés adaptés à la façade de l'hôtel-de-ville, pour faire des proclamations. Construite au XIVe siècle, la bretèque fut supprimée en 1787.

Aujourd'hui, le service du guet est redevenu charge communale ; elle figure au budget de la ville pour une somme de mille francs, gages des quatre guetteurs commissionnés.

Délimitation de la paroisse de St.-Martin, suivant le projet du 12 juillet 1727 :

« La paroisse de St.-Martin sera bornée par celle de la Magdeleine dans les rues des Trois-Pigeons, de l'Ange, des Rôtisseurs et des Juifs. Par celle de St.-Nicolas, dans les rues des Ligniers, de Noyon et des Jésuites. Par celle de Ste.-Croix dans les rues de l'Epée, de St.-Adrien, de Tavel, de l'Arbre-d'Or et des Fromages. Par celle de St.-Géry dans la rue des Viéziers (de la Prison).

» Elle aura donc dans la rue de Noyon, jusques et inclus le puits et la maison de M. Dehoves, toute la rue de l'Aiguille et la rue de l'Epée, jusques et inclus le Warescaix et la maison de M. de Franqueville. Toute la rue des Croisettes et de St.-Adrien jusques et exclus la brasserie de l'Ecu-d'Or et celle de St.-Adrien, aussi long-temps que l'entrée principale sera dans la rue de l'Ecole. Toute la rue de St.-Martin, et dans la rue Tavel jusques et inclus le puits et la maison qui y fait face. Toutes les maisons qui font face à la Grand'Place, et les petites rues du marché aux Poulets. La rue des Viéziers comme cy-devant. Le rang du puits d'Echange et depuis la maison du sieur Delbarre, tout le rang de Ste.-Barbe, la rue des Balances, et la rue des Rôtisseurs jusques et inclus l'école des Pauvres et le puits qui est vis à-vis. Dans la rue des Ligniers jusques et inclus la maison du sieur Mairesse, et dans la rue des Juifs jusques à l'issue de la maison du sieur Mallet et celle qui y fait face exclusivement. »

L'emplacement de l'église paroissiale de St.-Martin, détruite à la révolution de 1789, est occupé maintenant par diverses habitations particulières. Le cimetière, d'abord converti en guinguette, nommée le *Colysée*, sert actuellement de cour à une auberge. Le clocher a été conservé comme beffroi de la ville.

# ÉGLISE

DE

# SAINT-GENGULPHE.

L'ÉGLISE de St.-Gengulphe était une grande chapelle adossée à la métropole (1) du côté du palais, et qui fut fondée vers la fin du XI$^{e}$ siècle, sous l'épiscopat de Gérard II, par le doyen Hugo de Villa, depuis retiré dans l'abbaye d'Anchin où il mourut en 1093 (2). Cette chapelle avait titre de paroisse et le

(1) « Elle est bâtie (St-Gengulphe) sous les toicts de la mère-église et à icelle sont sujets, quant au spirituel, tous les officiers et domestiques des chanoines. » — Carpentier, hist. de Cambrai, II$^{e}$ partie, chap. XV.

(2) Inhumé dans ce monastère, on mit cette inscription sur sa tombe :

même évêque Gérard la consacra le 31 décembre 1079, en même temps que l'église métropolitaine dont ce prélat venait d'ordonner la restauration.

L'église de St-Gengulphe partagea le sort de la métropole, dans le terrible incendie de 1148, qui la dévasta totalement ainsi que les autres monuments compris dans l'*enceinte du Palais*. Elle fut rétablie les années suivantes avec le corps principal de l'édifice.

Le 10 octobre 1605, l'archevêque Guillaume de Berghes annexe aux revenus de la cure de St.-Gengulphe, les dotations attachées à la chapelle de St.-Jean l'évangéliste. Ses plus beaux revenus consistaient alors en biens situés à Paillencourt, Thun-l'Evêque, Eswars, Bantigny, Estrun, Hem-Lenglet, Masnières, Caudry, etc. (1).

Nous trouvons dans un recueil de pièces sur l'histoire de l'église et de la ville de Cambrai, recueillies par l'abbé Tranchant (2), le titre suivant concernant la fondation, en 1516, d'une lanterne ardente placée sous le portique de St.-Gengulphe.

« Sachent tous... que pardevant honnourable homme Colart Foullon mayeur de la ville de Fontaine-notre-Dame (3) et en

*Hic est sepultum corpus Hugonis, Decani Sanctæ Mariæ Cameracensis, qui construxit claustrum cum porticu ejusdem ecclesiæ, capellamque Sancti Gengulphi. Insuper, ut cætera taceamus, multis annis à carne abstinuit, super plumam non jacuit, nisi fortè in hoc monasterio jussu abbatis. Hic construxit claustrum, porticum elemosynarium, capellamque beatæ Mariæ et multa alia beneficia fratribus contulit. Hic, in festivitate omnium sanctorum, postquàm missam celebrasset, gravi infirmitate percussus, monachus effectus, obiit in bonâ confessione et verâ fide, anno Domini MXCIII, sexto idus novembris.*

(1) A. Le Glay, *Recherches sur l'église métrop.* p. 161.

(2) Ms. de la bib. comm. de Cambrai, n° 886, p. 541.

(3) Fontaine-notre-Dame, grand et beau village dépendant du canton de Cambrai-ouest, traversé dans sa plus grande dimension par la route

présence des eschievins dudit lieu ... comparurent personnellement honnourables personnes Jehan de Louverval et demiselle Marie des Healmes sa femme conjoins citoiens de Cambray, lesquels recognurent que pour l'affection et bonne dévotion qu'ils avaient et ont a l'entretenement de la lanterne de verre et lumiere faite et par eux assise du consentement de mesdits seigneurs (du chapitre de Cambrai) en la grande allée de ladite église de Cambray, sous la chapelle de Mgr. de St.-Gigoufle leur patron, ils avaient et ont donné à l'office de la fabrique de ladite église, le nombre de six mencaudées et demie de terre main ferme, en deux pièces, ou terroir dudit Fontaines-Nostre-Dame.... s'en desaisirent, devestirent et desheriterent.... Ce fut fait et passé le quatrieme jour du mois de febvrier, l'an mil cinq cent et seize. »

Auprès de la lanterne se voyait l'inscription suivante gravée sur une plaque de cuivre :

---

de Bapaume, à cinq kilomètres de Cambrai, son chef-lieu d'arrondissement. Situé à mi-côte de l'éminence du bois de Bourlon, ce village devrait son nom à des fontaines qui y jaillissent sur des points culminants, tandis que sur d'autres points de cette même localité, l'on ne trouve l'eau qu'à une profondeur de 40 mètres. Il fut surnommé de *Notre-Dame*, vers 980, époque où l'évêque Rothard acquit tout son territoire au profit de l'église métropolitaine de Cambrai, comme on le sait, dédiée à la Vierge.

Il y existe des souterrains assez vastes, et dont une entrée se voyait encore dans le cimetière vers 1827. L'on pouvait autrefois les parcourir dans une partie de leur étendue, mais plusieurs éboulements survenus rendraient dangereux d'y pénétrer aujourd'hui. Leur direction est au nord, c'est-à-dire vers le village de Raillencourt.

Dans la partie du territoire de Fontaine-notre-Dame, vers Proville, se voyait anciennement l'abbaye de Prémy, de l'ordre des chanoinesses régulières de St.-Augustin, fondée vers 1185 et détruite en 1580. La belle vallée y attenante a conservé le nom de Prémy. Nous traiterons en son lieu l'histoire de cette abbaye.

Pendant la révolution de 1789, Fontaine-notre-Dame prit le nom de *Fontaine-la-montagne*.

« Cette lanterne est fondée à perpétuité pour être allumée depuis le commencement de matines et tenebres qui se chantent du jour, jusques à l'heure que on clos l'église, et pareillement depuis la nuit de St.-Remy jusques au jour de l'annonciation de notre Dame includ, depuis le IIe cap. de matines jusques au jour, et ce à la charge de la fabrique »

Le clergé de St.-Gengulphe eut à soutenir divers procès intentés par les autres clergés de la ville, au sujet de droits de paroisses. Ces contestations, long-temps agitées, ne cessèrent qu'en vertu d'un concordat passé entre toutes les paroisses et dont la teneur suit :

« Du vingt-sept d'aoust mil sept cent-douze, pardevant les notaires royaux résidents à Cambray, soussignés, furent présents le sieur Adrien-Philippe de Wandremander, prestre curé de la paroisse de St.-Vaast ; le sieur François-Joseph de Baralle, prestre curé de St.-Nicolas ; le sieur Jacques Seulin, prestre curé de St.-Martin ; le sieur Claude Dumont, prestre curé de Ste.-Marie Magdeleine ; le sieur Florice Roget, prestre et curé de Ste.-Croix ; le sieur Jacques-Philippe Deswet, prestre curé de St.-Géry ; le sieur Jérôme Descamps, prestre et curé de Ste.-Elisabeth ; et le sieur Jean Marchand, prestre et cure de St.-Georges, en cette ville de Cambray, d'une part ; et le sieur François de Thuin, aussi prestre et curé de St.-Gengulphe audit Cambray, d'autre part ; *lesquels comparants* pour terminer entre eux les procès qu'ils ont tant au parlement de Flandres, qu'à l'officialité de cette ville, au sujet des paroissiens respectifs de la paroisse de St.-Gengulphe et des autres paroisses de la ville, et pour prévenir autant qu'ils le peuvent toutes ultérieures matières de contestations en ce regard, sont convenus des points et articles suivants.

« Les premiers comparants ont reconnu, comme par le présent acte ils reconnaissent que leur charge pastorale ne s'étend point sur les maisons canonicales de Notre-Dame, non plus que sur celles des enfants de chœur, du cloqueman et autres petites places tenantes à l'église. Les parties entendent par ces mots, maisons canonicales de Notre-Dame, *les maisons seulement* du chapitre qui peuvent être optées par les chanoines de cette église. Ils ont pareillement reconnu et reconnaissent que la tour, le four et la cave du chapitre ne sont point sous leurs charges ;

« Et quant aux officiers, suppôts et serviteurs de ladite église, qui par leur qualité ou à cause de leurs ministères et employs, en quelque endroit de la ville qu'ils demeurent, sont tous respectivement ou sous la charge de M. le doyen de Notre-Dame, ou sous la charge du curé de St.-Gengulphe.

» Pour mettre les parties hors de toutes difficultés à cet égard, il a été convenu de désigner en la manière et sous les modifications suivantes, toutes les personnes que lesdits sieurs premiers comparants devront tenir pour exempts de leurs paroisses, quoique demeurants soubz les districts et comportements d'icelles, et qui seront les seules personnes que l'on pourra prétendre estre de la paroisse de St.-Gengulphe ou de la juridiction de M. le doyen de Notre-Dame.

» 1° Les chapelains et vicaires bénéficiers habitués de Ste.-Croix, aussi avec leurs parents nourris gratis, et leurs domestiques à leurs pain et service ;

» 2° Les chanoines, chapelains et vicaires bénéficiers habitués de Ste.-Croix, aussi avec leurs parents nourris gratis et leurs domestiques à leurs pain et service ;

» 3° Le bailly général, tant en cette qualité que comme prevost séculier, et les quatre francs servants du chapitre, leurs femmes et enfants, parents nourris gratis et domestiques à leurs gages ;

» 4° Pour ce qui regarde les vicaires non-bénéficiaires de la métropole, les chantres du chœur et autres y rendant service en habit ecclésiastique, à qui le mariage est permis, et généralement tous les autres officiers, suppôts et serviteurs de l'église, savoir : le promoteur, le procureur d'office, les quatre batonniers et deux sergents du chapitre, le mesureur, le cirier, le charpentier ; le masson et couvreur de thuilles, le couvreur d'ardoises, le plombier, le vitrier, le receveur, le pintre, le ferronnier, le messager, les deux valets dormants au clocher, et le chasse-chiens ; il n'y aura qu'eux, leurs femmes et leurs enfants qui seront désormais de la paroisse de St.-Gengulphe, et non leurs vefves, autres parents ny domestiques, lesquels tout aussi bien que les commensaux et étrangers de familles reprises en ce traité, mesme les parents qui ne seront pas nourris aux dépens de ceux avec qui ils habitent, seront des paroisses respectives des lieux de leurs demeures.

» Parmy quoy, tout procès finit, sans répétition d'émoluments perçus jusques à ce jour, et tous dépens compensés, sans ceux que l'incident ausquels le second comparant se trouve condamné, les parties s'étant au surplus réciproquement chargées de faire approuver et confirmer le présent accord par qui il appartiendra.

» Tous lesquels articles, les parties respectivement comparantes ont acceptés, et ont promis tant pour eux que pour leurs successeurs, entretenir et accomplir de point en point sans y contrevenir, par leurs foy et serment, et soubz l'obligation de leurs biens présents et advenir, sur soixante sols tournois de peine, etc.

» Passé audit Cambray, les jours, mois, an et par-devant que dessus.

Suivent les signatures des comparants désignés au principe.

« Signé A. Goubez et A. Queulain, notaires royaux.

« Leu, approuvé et confirmé en chapitre, le vingt-neuf d'aoust mil sept cent-douze, à charge néanmoins et ce non autrement, que les chanoines de Notre-Dame, qui demeureraient sur le district des paroisses des premiers comparants, seront toujours, et ceux de leurs familles, des paroisses de M. le doyen et du curé de St.-Gengulphe.

« Par ordonnances,

« Signé A. Wilmeau, secrétaire. »

L'église de St.-Gengulphe, ne fut pas plus épargnée que la métropole, pendant la tourmente révolutionnaire. Vendue avec la mère-eglise en 1796, comme domaine national à un sieur Blanquart, négociant à St.-Quentin, elle fut démolie, et il n'en resta bientôt plus d'autres traces qu'un amas de ruines, témoins accusateurs d'une époque déplorable.

# COLLÉGE ET ÉGLISE

# DES JÉSUITES

AUJOURD'HUI DEVENU

## LE GRAND SÉMINAIRE.

Les Jésuites (1) furent appelés à Cambrai en octobre 1562, par l'archevêque Maximilien de Berghes, et acquirent, grâce à la munificence des magistrats municipaux de cette époque, l'hôtel

(1) « Cette société de Jésus fut instituée par le bienheureux « père *Ignace de Loyola*, en l'an 1540. Elle fut approuvée par « le S. Siége apostolique et par le Concile de Trente, en la « session 25, chap. 16, célébrée au mois de décembre de l'an 1563.

« Dieu par sa bonté suscita icelle société lorsque Martin Luther eut « semé sa meschante hérésie, et que Henri roy d'Angleterre, 8e de « ce nom, s'estoit retiré de l'Eglise catholique.

« Au reste, icelle société est éparse en 25 provinces de la chres-

de Jacques d'Anneux (1), sur l'emplacement duquel ils bâtirent leurs écoles. Les classes où ils enseignaient la religion et les belles lettres, furent ouvertes en mai 1564.

Ils eurent d'abord une église provisoire que leur fit construire, en 1575, un chanoine de la métropole, nommé Antoine Carrez. Cette église fut placée sous l'invocation de Saint-Michel, par l'archevêque Louis de Berlaymont, le lundi de Pâques, 23 avril 1576.

Forcés de quitter Cambrai en 1580, sur l'ordre qui leur en fut signifié par le baron d'Inchy, gouverneur de la ville, les pères Jésuites se retirèrent à Douai et à Valenciennes ; ils y furent assez bien reçus, notamment dans cette dernière ville, dont les habitants s'empressèrent de les recueillir (2). Le duc d'Anjou, frère du roi Henri III, donna alors aux *Orphelins* de la ville, les diverses rentes dont jouissait l'établissement des Jésuites, à charge pourtant « que si ceux de la compagnie de Jésus veulent revenir « demeurer en ladite ville, ils rentrent sans contredit en posses- » sion des dites rentes » (3).

---

« tienneté ; elle a 16 maisons professes, 295 colléges, dont 25 maisons « de probation et 67 résidences. En l'an 1600 fut trouvé qu'en toute « la société estoient 8,519 pères, lesquels ont faict et font grands « fruits en la chrestienté, même aux terres trouvées aux Indes Orien- « tales et Occidentales en l'an 1492, par Christophe Colomb. » — Julien Deligne, ms. n° 658 art. 21.

(1) La famille d'Anneux, l'une des anciennes du Cambrésis, était originaire du village dont elle portait le nom. Ce lieu est situé sur la gauche de la route de Cambrai à Bapaume, à 8 kil. de la première ville et 22 de la seconde. Parmi les membres de la famille d'Anneux, les historiens mentionnent particulièrement un Enguerrand, neveu de Renier de Trith, châtelain de Valenciennes, qui, en 1096, assista comme croisé au tournoi d'Anchin ; puis vers 1650, un Philippe d'Anneux, notamment cité comme un guerrier sage, valeureux, et que le roi, en reconnaissance de ses bons services, éleva au commandement de la ville d'Avesnes.

(2) Archives du Nord, nouv. série, t. IV. p. 168,

(3) Dupont, histoire de Cambrai.

Les Jésuites revinrent en effet à Cambrai quatre années après, c'est-à-dire aussitôt la reddition de cette place aux troupes Espagnoles, en 1595. Ils obtinrent ensuite des états, en 1604, une somme de 1,500 florins, pour les réparations les plus urgentes à faire à leur demeure.

Ces religieux élevèrent bientôt de nouvelles classes : commencées le 26 avril 1606, elles furent seulement terminées en 1614, comme le témoigne l'inscription suivante, sur marbre noir incrusté dans un mur extérieur de la façade :

D. O. M.
SOCIETATIS JESV
SCHOLÆ
PIA CAMERACENSIVM
ORDINVM
IMPENSA
FORMANDÆ JVVENTUTIS
EXTRUCTA
CIↃ ICↃ XIIII.

L'archevêque Vander-Burch vint aussi puissamment en aide aux pères jésuites, en leur donnant d'abord de son vivant 30 mille florins, qu'ils employèrent à bâtir le plus beau quartier de leur maison. Ce vénérable prélat leur léga, en outre, par son testament, une autre somme considérable pour construire une église, qui fut achevée en 1692 (1), comme nous l'apprend ce chronogramme que l'on voyait anciennement au fronton de l'édifice :

REGINÆ ANGELORVM EXTRVXIT
VAN DER BVR CH.

Charles de St.-Albin, archevêque de Cambrai, dota, en 1744, le collége des Jésuites, d'une bibliothèque dont l'entrée était pu-

(1) « L'église des R. P. Jésuites fut achevée en cette année ; c'est leur deuxième église depuis qu'ils furent introduits dans cette ville. M. Carrez, chanoine de Notre-Dame, fut le fondateur de leur première église. Monseigneur de Vander-Burch leur donna une grosse somme d'argent pour bâtir celle-ci. » — Mém. chronologiques.

blique. La plupart des livres qui la formaient, recueillis à la révolution, sont venus former, avec les autres débris des bibliothèques particulières des établissements religieux supprimés en 1791, le riche dépôt littéraire de la ville.

En 1793, la maison des Jésuites, vendue comme domaine national, fut transformée par Joseph Lebon en tribunal révolutionnaire. Les dortoirs servirent de salle d'instruction et l'église de prison pour les prévenus et les condamnés. Plus tard, les bâtiments furent appropriés à un hôtel de poste, et l'église servit de magasin à fourrage, jusqu'à l'époque, encore récente, où Mgr. Belmas, alors évêque de Cambrai, ayant fait l'acquisition de cette belle propriété, y transféra le séminaire diocésain. L'église, la même qui fut achevée en 1692, a été restaurée avec un soin remarquable, par M. Huidier, sculpteur lillois ; elle a été rendue au culte le 4 novembre 1838, sous l'invocation de St.-Charles.

M. Carion, rendant compte de l'heureuse restauration de ce beau morceau d'architecture, en fait la description suivante :

« L'église qui porte la date de 1692, sans avoir l'aspect mystique de nos cathédrales du moyen-âge, est cependant d'un style grave et sévère, qui ne rappelle en rien la coquetterie déplacée des temples du siècle de Louis XV. Le caractère religieux a laissé partout ici son empreinte. Les voûtes reposent sur deux rangs de cinq belles colonnes, plus deux demi-colonnes, d'ordre composite, en pierre bleue, et correspondant à autant de pilastres du même ordre. Au-dessus des colonnes, de chaque côté de la nef, sont sculptés des bas reliefs en forme de médaillons, représentant, à gauche, en faisant face au chœur : *Jésus-Christ, saint Géry, saint Ignace de Loyola, saint François Borgia, saint Stanislas Kostka* et le bienheureux *Jean Goto,* missionnaire jésuite, martyrisé au Japon. A droite : la *sainte Vierge, saint Aubert, saint François-Xavier, saint Louis de Gonzague*, le *B. Paul Miki* et le *B. Jacques Ghiasi,* missionnaires-jésuites qui reçurent aussi la palme du martyre au Japon...

« Le chœur est d'une grande richesse de sculpture : le cintre est rempli de caissons où l'on voit des fruits et des végétaux allégoriques, tels que des épis de blé, des ceps de vignes, pour rappeler les espèces du saint sacrifice.

« Le chœur est éclairé par quatre grandes croisées ; et les arrêtes de la voûte reposent sur des cariatides, représentant des Séraphins. La calotte, toute ciselée comme une dentelle d'arabesques, est divisée en cinq compartiments. Dans celui du milieu sont sculptées les armes de Vander Burch, archevêque et duc du Cambrésis. Son manteau ducal est supporté par un ange. Dans les quatre autres écussons de son blason, on lit : *Schoore, Burch, Diacetto, Rinck.*

« A gauche et [à droite, dans le chœur, on aperçoit deux petits portails : l'un conduit à la sacristie, l'autre aux caveaux qui servaient de sépultures aux pères Jésuites. »

Près du chœur sont deux chapelles latérales dédiées, l'une à la sainte Vierge, patronne de Cambrai, l'autre à saint Vincent, fondateur des missions. Elles étaient anciennement consacrées à saint Ignace et à saint François-Xavier. Ces chapelles sont aussi revêtues de sculptures, d'arabesques et de figures symboliques d'un beau travail. Dans la première de ces chapelles on lit l'inscription suivante :

S. S.
DEIPARÆ
CAMERACENSI
PATRONÆ
SACRUM.

Et dans la seconde cette autre inscription :

S.
VINCENTIO
CONGREGAT.
MISSIONIS
FUNDATORI.

L'on voyait autrefois dans une grande ovale formant cadre dans la chapelle de saint Ignace, un magnifique tableau représentant ce fondateur de la Société de Jésus, foudroyant l'erreur et le vice. Cette belle composition est actuellement la propriété de M. St.-Aubert, peintre cambrésien, qui l'a restaurée avec soin et talent, au point d'avoir transformé une toile tombant en lambeaux, en un tableau paré des plus riches effets de couleurs et de lumière.

L'église des Jésuites possédait encore divers tableaux d'Arnoud Dué, peintre Flamand, posés en 1705 et années suivantes. Il y en avait aussi d'un autre peintre nommé Wampe, datés de 1714. Ces toiles, qui ne sont point sans mérite, ornent, de nos jours, l'église de St.-Géri.

Mgr. Giraud, archevêque de ce diocèse, poursuivant avec zèle l'œuvre de restauration du monument, fait élever aujourd'hui, dans le prolongement de l'église, et parallèlement au principal corps de l'édifice, une vaste construction avec façade et portail.

L'ancien établissement des Jésuites est limité par les rues des Ecoles, de St.-Fiacre, de la Vierge Marie, et du grand séminaire.

ÉGLISES PARTICULIÈRES.

# ÉGLISE DE S[T]-ÉLOI.

Cette église fut érigée vers l'an 1287, par les frères Jean et Jacques de Marly (1), chanoines de la métropole, qui firent en outre donation à cette dernière église, de leur hôtel *de Marly*, voisin de la porte St.-Jean ou de Selles.

(1) « Marly *et* Marlis portoit *d'or à la croix ancrée de sable* selon Gélic. Aucuns disent *d'argent à la croix de gueulle*. Cette famille s'est rendue considérable à Valenciennes et à Cambray avant l'an 1160. » — Carpentier, de l'Estat et de la Noblesse du Cambrésis, p. 765.

L'église de St.-Eloi était du ressort de la paroisse Ste.-Croix ; il y avait un cimetière auprès.

Il ne reste aujourd'hui de ses anciennes constructions qu'une partie des murs d'enceinte et les fenêtres. La rue qui y menait a conservé le nom de St.-Éloi.

# ÉGLISE

DE

# SAINT-FIACRE.

'Église de St.-Fiacre fut bâtie en remplacement d'une chapelle en bois fondée par Robert de Coucy, chanoine de Notre-Dame Elle fut achevée en 1463 (1), et sa consécration eut lieu fin de septembre, par un suffragant de l'évêque Jean de Bourgogne. La cloche fut bénite le 19 décembre suivant.

Le portail de l'église fut reconstruit en 1530. L'année suivante on renouvela la clôture du chœur, l'on y mit un beau crucifix et une image de St.-Fiacre, à qui le peuple portait grande dévotion.

---

(1) Ms n° 658 art. 18.

Le cimetière qui servit plus tard à la sépulture des pestiférés, remontait à l'an 1264 (1). Il avait été établi par le chapitre de Ste.-Croix, en remplacement du cimetière attenant à son église, et qui fut supprimé comme trop au centre de la population. Le nouveau cimetière qui touchait à la partie méridionale des remparts de la ville, fut appelé *Atrium des Haysettes* (2) ; il fut clos de murailles en 1591.

Ce cimetière était divisé en trois parties : celle où se trouvait l'église, était destinée à l'inhumation des individus pauvres, décédés dans l'hôpital St.-Julien ; l'autre était pour ceux de la ville, notamment de la paroisse Ste.-Croix ; et la troisième enfin, pour les pauvres de la paroisse St.-Nicolas.

L'église de St.-Fiacre, aujourd'hui détruite, dépendait de la paroisse St.-Nicolas, et était située dans la rue qui a conservé le nom de St-Fiacre. C'est maintenant un beau jardin, et quelques maisons comprises entre le rempart, la rue des Sottes et l'impasse des Miracles.

(1) Ms. n° 1018, partie cotée K.

(2) V. Eglise collégiale de Ste.-Croix.

# ÉGLISE

DE

# LA CITADELLE.

La première pierre de cette église fut posée le 11 mars 1599, par un archidiacre et vicaire-général de la métropole, nommé Valérien Duflos, et en présence de don Sanche Martin de Leva, gouverneur de la citadelle. Ce dernier mourut le 31 janvier 1601 (1) et fut inhumé dans l'église seulement achevée trois mois après, par les soins du successeur

(1) « Le dernier de janvier 1601, alla de vie à trépas don Sanchos Martinos de Leva, notre gouverneur, et le jour de la chandeleur suivant fut mis son corps en terre en la neuve église de la citadelle ; il fut porté par six religieux de l'ordre de St.-François aux Récollets, etc. » — Ms. n° 884, p. 242.

11

au commandement de la forteresse, don Juan Pelegrin. La consécration en fut faite par l'archevêque Guillaume de Berghes, le 28 avril de la même année 1601. Il y avait dans cette église cinq autels, savoir : autel de St.-Jacques, apôtre, patron d'Espagne ; autel de Notre-Dame, patronne du diocèse de Cambrai, autels de St.-Géri et de St.-François, et enfin un dernier autel dédié à Ste.-Barbe, patronne des canonniers.

L'église de la citadelle était située au point culminant du *Mont des Bœufs*, et un peu en arrière (1) de la place occupée par la collégiale de St.-Géri, démolie en 1544. — La nef existe encore ; elle sert de magasin d'artillerie.

Ces dernières années, en août 1840, diverses appropriations faites dans ce dépôt d'armes, ont mis à découvert plusieurs pierres tumulaires recouvrant la sépulture d'anciens gouverneurs de la citadelle. Nous y avons vainement cherché celle de don Sanche Martin de Leva ; toutes les inscriptions étaient postérieures de plus d'un siècle à l'époque de son inhumation. On y lisait :

Icy repose messire Charle de
Larivière Sr. Dufresne,
Chevalier de l'ordre
Militaire de Saint-Lovis qvi
Après avoir servi 75 ans pendant
Lequel temps il s'est trouvé
A plusievrs siéges et batailles,
Commandé vne compagnie
De six cents
Gentils hommes
Entretenvs povr le service
De sa Majesté
Dans cette citadelle
Dont il a esté gouvernevr
L'espace de 23 ans, décédé
Le 3 de jvin 1720.
Reqviescat in pace.

(1) Ms. n° 658, art. 16.

D.O.M.
Icy repose le corps
De messire Robert de Laforcade
Chevalier de l'ordre militaire
De Saint Lovis
Gouvernevr de la citadelle
De Cambrai, bienfaitevr de
Ceste église et des pauvres
Qvi est décédé le 11 novembre
1734,
Agé de quatre vingt nevf ans.
REQVIESCAT IN PACE.

---

Icy gyst sovbs cette tombe messire
Anthoine de la Caille chevalier
Seig. du Tillevl en Normandie
Leqvel ayant passé environ 66 ans
Av service dv Roy dans diverses
Charges et employs avec honnevr
Et distinction, avrait estés
Estropiés d'vne qvisse et recevs
Diverses avtres blessvres dans
De grandes occasions est enfin
Mort gobvernevr de cette
Citadelle aagé de 84 ans, le 4e
Jovr de l'année 1697. Passant
Qvi lirés cecy priés Diev povr son ame.
La Damlle sa légataire
Vniverselle a donné par sa piettė
Vne croix, vn encensoir et navette
Et vne lampe tovt d'argent avec d'avtres
Ornemens marqvés avx armes dv défvnt
Icy emprinte.

COUVENTS D'HOMMES.

# COUVENT DE S^T-FRANÇOIS

OCCUPÉ

## D'ABORD PAR LES CORDELIERS

## PUIS PAR LES RÉCOLLETS.

Les Cordeliers vinrent s'établir en 1262, au faubourg de Saint-Sauveur, entre la porte de Cantimpré et la porte de Selles, dans un petit ermitage que leur avait fait construire un homme de noble extraction, nommé Jean de Hertaing, seigneur du Flos (1). Ces religieux ayant acheté, en 1266, plusieurs héritages situés rue des Moulins (rue de

(1) « *Du Flos*. Portoit *échiqueté d'or et de gueulle au chef de vair*. » Cette s^rie se void à Marcoing, qui semble avoir donné le nom à une

Prémy), dépendant de la paroisse Ste.-Croix, ils y transportèrent leur résidence. L'entrée du cloître était primitivement rue des Moulins ; en 1411, une nouvelle issue fut pratiquée sur la rue opposée, c'est-à-dire devant la *croix d'Entrepont*, ou rue actuelle des Récollets.

La nef de l'église des cordeliers, que l'évêque Gui de Collemédic avait consacrée, en 1303, sous la dédicace de la Sainte-Croix, de tous les saints, et particulièrement de saint François, fut renversée par un ouragan, le 8 octobre 1328. Réédifiée par les soins des religieux, cette église eut la toiture du chœur enlevée par la foudre, le 22 juin 1503 (1). Le même sinistre atteignit le clocher qui eut encore plus à souffrir à quelque temps de là ; il fut, dans l'espace de quatre années, deux fois abattu par les grands vents, en 1524 et en 1528, le 26 juillet (2).

---

» très-illustre famille, veu qu'elle s'allia dès l'an 1201 avec celles de » Marcoing et de Crevecœur, puis avec celles de Cantaing, de Choi-» seul, de Hertaing, de Heilly, de Waencourt, de Haccart, de Goe-» gnies, de Monstrelet, etc. Les cordeliers de Cambray reconnoissent » pour un de leurs premiers fondateurs *Jean du Flos* dit Hertain, che-» valier, etc. » — Carpentier, de l'estat et de la noblesse du Cambrésis, p. 566.

*Le Flos* est aujourd'hui une belle ferme, propriété de la maison de Notre-Dame, fondée par Vander-Burch en 1631. Plus de 88 hectares de terre forment l'exploitation tenue jadis par un même occupeur. Ces terres maintenant divisées produisent à l'établissement propriétaire un revenu annuel de près de 10,000 francs.

(1) « Audit an (1503) le XXIIe jour de juing, par la foudre du ciel, » tonnerre et autre chose, fut le cloché des cordeliers de Cambray » fort déchiré et le chœur fort découvert. Le saint Jehan emprés, le » crucifix fut emporté et assis enmy la nef sans estre endommagié. » Et ladite tonnerre emporta trois grosses pierres du cloché Notre-» Dame de Cambray. Et fut par un samedy que on chantait *Salve*. Et » tous les chantres s'enfuirent, et plusieurs autres, pour le grant ter-» reur du feu que on voioit en l'église, et après ils revinrent chanter » *Salve*. » — Ms. n° 884, p. 70.

(2) « En l'an 1528, environ St.-Jacques et St.-Christophe, un orage

Le grand portail de l'église, commencé vers l'an 1409, par l'évêque Pierre d'Ailly, fut achevé trois années après par les soins du successeur Jean de Lens. L'église possédait cinq autels ; elle était entourée d'un cimetière qui fut consacré, ainsi que son Dieu de Pitié, le 2 octobre 1524.

Dans cette même église fut enterré notre célèbre Enguerrand de Monstrelet (1), prevôt de Cambrai et bailli de Walincourt, auteur de chroniques fort estimées sur l'histoire de France, depuis 1400 jusqu'à 1453. L'on fixe le jour de sa mort au 15 juillet 1453, et celui de son inhumation au 20 du même mois.

---

» se leva autour de Cambray si terrible que on cuidoit que le monde » dût finir, il y cheyt des pierres du ciel aussi grosses qu'éteuf, les- » quelles pierres firent tant de mal aux biens de la terre, que tout fut » gatté autour de Cambray, quatre lieues à la ronde; et se rompit » tant de verrières tant à Nostre-Dame, St.-Géry et en toutes les » églises et maisons, que c'étoit pitié à voir. Abatti le clocher de » St.-François, des Fratres, celuy de St.-Jehan et le petit clocher de » St.-Géry, deux petites tourelles de St.-Martin. Et se fit tant d'eau » que plusieurs maisons furent pleines. Et fit ladite tempeste tant de » dommage ens es maisons es jardinages, que on ne le sçavoit nom- » brer. Et che temps advint environ les quatre heures du soir. » — Ms. Id. p. 85.

(1) Monstrelet demeurait dans la ville de Cambrai lorsqu'il composa son histoire; il y passa même le reste de sa vie. C'est ce qui a fait dire à tort à plusieurs écrivains que cet illustre chroniqueur était né à Cambrai. L'un d'eux, La Croix du Maine, a poussé la méprise jusqu'à dire : Enguerrand de Monstrelet, gentilhomme natif de *Cambrai en Picardie*. Le fait est que Cambrai ne peut revendiquer cette naissance qui appartient à un petit village de la Picardie (1390 à 1395).

Monstrelet avait été pourvu, en 1436, de l'office de lieutenant de Gavenier de Cambrai. Il fut bailli du chapitre de cette ville et prêta serment de fidélité, en cette qualité, le 20 juin 1436. Il posséda cette charge jusqu'au commencement de janvier 1440, qu'on lui donna un successeur.

La considération qu'il s'était acquise lui mérita, en 1444, la dignité

Nous laisserons parler un contemporain, religieux de l'abbaye de St.-Aubert (1) :

« Le XX jour de jullet lan XIIII C LIII, honorable homs et » nobles Engherrans de Monstrelet, Escuiers, Prevost de Cambray et Baillis de Wallaincourt, trespassa et elisy se sépulture » as Cordelois de Cambray, et fu là portez en I portatoire en» veloppez d'une natte, vestus en habit de Cordelois, le visage au » nud ; et y heult VI flambiaux et iiij chirons de iij quarte cha» cun autour de le biere, ou il y avoit un linceul estendu o (avec) » un habit de Cordelois et heult loffice de le tresorie, le quart de » ledite chire et li curez de cheens le quart des offrandes et ny » heult nient de drap. Il fut ne de bas et fu uns biens honnestes » homs et paisibbes et croniqua de son tems des gherres de » France et dArtois de Picardie et dEngleterre et de Fland. De » ceulx de Gand contre Mons le Ducs Phelippe et trepassa XV ou » XVJ jours avant que le pays fust faicte qui se fist en le fin de » jullet lan xiiij C. I iij. Loez en soit Dieux et benis. »

Le 11 avril 1533, le chapitre des cordeliers tint une assemblée à Cambrai. Plus de trois cents religieux de cet ordre s'y réunirent. Ils allèrent en procession visiter les abbayes de St.-Aubert et du St.-Sépulcre ; puis, à l'église de Notre-Dame où ils chantèrent l'office divin. A la suite, il y eut un dîner à St.-François, auquel assistèrent l'archevêque de Cambrai, les quatre-vicaires, le prévôt, les échevins, les quatre-hommes et plusieurs bourgeois de distinction. Le nombre des convives fut évalué à six cents.

---

de prévôt de la ville de Cambrai, pour laquelle il prêta le serment ordinaire le 9 novembre ; et le 12 mars de l'année suivante, il fut pourvu de celle de bailli de Walincourt. Il les conserva l'une et l'autre jusqu'à sa mort. — V. Mémoires sur la vie et les chroniques d'Enguerrand de Monstrelet, par M. Dacier. Edit. des chroniques, 1829, t. 1er.

(1) Mémorial de Jean-le-Robert, fol. 129.

En l'an 1601, les récollets venant remplacer les cordeliers à Cambrai, prennent possession du cloître de St.-François, dont ils font reconstruire les bâtiments. L'église, après d'importantes réparations, est inaugurée de nouveau par l'archevêque Vander-Burch, le 2 décembre 1617 « Le départ des cordeliers, dit une » chronique, occasionna plusieurs murmures, principalement de » ceux qui les affectionnaient pour les fréquentes hantises qu'ils » y avoient, car le vin et la bierre s'y vendoient comme dans une » taverne, à cause que l'on n'y payoit point de maltote ; outre » cela, le service et le chant qu'ils faisoient à l'église étoient fort » agréables au peuple, mais la bonne vie et exemple desdits ré- » collets, a appaisé tous les murmures. » (1).

L'église des récollets, quoique retirée au culte, est toujours debout, mais dans un état pitoyable et prête à fondre de vétusté. Le mur principal, construit en pierres calcaires blanches, tendres, et où était jadis le grand portail, surplombe de manière à faire craindre une chûte prochaine. La partie latérale de l'édifice, qui regarde le Nord, est encore plus malade, si l'on en juge par les nombreuses lézardes qui se montrent dans toute son étendue.

La nef, dont le plafond est à jour sur plusieurs points, est soutenue par six fortes pilastres et deux demi-pilastres liées entr'elles par huit ogives dont deux plus élevées, établies à ce que l'on doit supposer, pour consolider les combles, dans une des restaurations dont nous avons précédemment parlé.

A la naissance du plafond se font remarquer des figurines sculptées dans la charpente. Un jubé formé de quatre colonnes en grès existe adossé à la principale porte d'entrée, actuellement close de maçonnerie. On trouve aussi entre les parois intérieures de l'ancien temple, plusieurs pierres sépulcrales qui n'offrent rien d'intéressant, et quelques bas-reliefs fort mutilés.

---

(1) Ms. n° 884, p. 242.

Plusieurs bâtiments formant dépendance du cloître se voient encore ainsi que les jardins que traverse une dérivation de l'Escaut, appelée de *Prémy*.

L'emplacement renferme, le magasin au fourrage, et divers jardins compris entre la rue de Prémy et celle des Récollets.

# COUVENT

# DES CAPUCINS.

SUR la recommandation d'Alexandre Farnesse, duc de Parme, les pères capucins ayant obtenu, en 1585 (1), l'autorisation de venir résider à Cambrai, ils s'y rendirent l'année suivante ; mais aucun logement n'ayant été préparé pour les recevoir à leur arrivée, ils furent recueillis durant trois mois au presbytère de St.-Georges. C'est en commémoration de cette généreuse hospitalité que ces religieux assistaient en corps à une procession qui se faisait annuellement dans l'église de St.-Georges, et en l'honneur de St.-Joseph (2).

(1) Dupont, hist. de Cambrai, partie I, p. 112.

(2) V. Eglise paroissiale de St.-Georges.

Les pères capucins s'étant enfin procuré une demeure, ils obtinrent, en 1611 (1), du magistrat de la ville, la permission d'en agrandir le jardin avec une partie de wareschaix qui leur fut cédé. Ils s'occupèrent dès lors de la construction d'une église qui fut consacrée par l'archevêque François Buisseret, le 26 avril 1615, année même de la mort de ce prélat.

Le magistrat de la ville encourageait les prédications des pères capucins, car nous voyons que le capucin-prédicateur avait droit, pendant les *avents* et le *carême*, à un demi-lot de vin qui devait lui être fourni par le fermier de la cité.

L'emplacement du couvent des capucins est aujourd'hui une maison particulière située dans la rue du même nom, anciennement appelée *Anvers'rue*.

(1) Ms. nº 902, fº 120.

# COUVENT

# DES CARMES.

Les carmes déchaussés vinrent à Cambrai en 1653 ou 1655 (1) et y furent admis sur les instances du comte de Salazar, alors gouverneur de la ville au nom du roi d'Espagne. Ils établirent d'abord leur résidence rue des Liniers, puis rue des Scachebeuvons, aujourd'hui rue du Petit-Séminaire, et en dernier lieu rue Grand'Cauchie, de nos jours rue des Carmes, où ils transformèrent bientôt un bâtiment déjà existant en une église petite et modeste. Mais les quêtes produc-

(1) 1655 suivant le Ms n° 884, p. 337, et 1653 suivant les Mém. chronologiques et Carpentier, part. II, chap. XV.

tives que ces religieux firent dans la ville, jointes aux libéralités particulières d'un sieur Fiévez, riche habitant de Cambrai, leur permit, à quelque temps de là, d'élever un nouveau temple plus vaste, plus somptueux, et qui fut achevé en 1730. La bénédiction en eut lieu le 8 octobre de la même année, sous le patronat de St.-Joseph, par le provincial de la communauté des Carmes ; mais comme cette consécration avait été faite sans l'autorisation préalable de l'archevêque, ce qui constituait une grave atteinte à l'autorité du chef de l'église, elle dut être fermée par suite d'interdit lancé le 9 avril 1732.

Les pères carmes s'étant décidés à faire leur soumission à l'archevêque, une nouvelle bénédiction du temple fut ordonnée et vint le rendre au culte, le 23 juin 1734, veille de la Fête-Dieu.

L'église des carmes n'existe plus. Son emplacement et les diverses constructions du couvent ont été appropriées à une magnifique brasserie, limitée par le rempart, la rue des Bouchers et la rue des Carmes.

## COUVENT

# DES DOMICAINS.

Les dominicains furent reçus dans cette ville, sous l'épiscopat de Godefroy de Fontaine (1219-1237). Après avoir très-long temps logé à l'évêché, puis à l'abbaye de St.-Aubert, ils établirent leur demeure près de l'hôpital St.-Jean, et ensuite vers l'église de Ste.-Elisabeth.

Leur couvent ayant été démoli pour être incorporé dans l'hôpital général de la Charité, créé par lettres-patentes de juin 1752, les pères dominicains reçurent en dédommagement la chapelle de St.-Pierre en Bèvres, située rue Cantimpré.

Ces religieux furent dispersés à la révolution.

## COUVENTS DE FEMMES.

# ABBAYE

DE

# NOTRE-DAME DE PRÉMY*

CETTE communauté de femmes de l'ordre des chanoinesses régulières de St.-Augustin, de l'institut de St.-Victor, de Paris, fut d'abord

* « L'abbé Jean, homme lettré et selon Dieu, se plaisait à chanter les louanges du Très-Haut, et réunissait dans un pré, non loin des murs de Cambrai, plusieurs néophytes, qui, nourris de la lecture des pieux anachorètes de la Thébaïde, aspiraient à quitter le monde pour se vouer aux austérités du cloître. Jean avait déjà jeté les fondements de l'abbaye qu'il créa, lorsqu'un jour sa sœur,

établie en 1185 (1), sous l'épiscopat de Roger de Wavrin, dans une dépendance (2) de l'abbaye de Cantimpré, elle-même tout récemment formée à cinq cents pas environ des murs de la ville.

A la sollicitation d'Ivette, prieure élue par la communauté, les religieuses de Prémy obtinrent bientôt l'érection de leur pieuse association, en abbaye ; on leur donna un terrain fort vaste, en dehors du monastère de Cantimpré (3), situé dans une partie des

---

aussi pieuse que lui et fort attachée à son frère, lui demanda où il allait. — *Canter-in-pré*, répondit Jean, et *my*, dit la sœur, où irai-je? — *Près my,* — peu après l'abbaye de *Cantimpré* fut érigée, et quelques années ensuite, celle de *Prémy,* située tout près de là ». — Madame Clément-Hémery, Notice sur les communautés de femmes, 1824.

(1) « L'abbaye de Notre-Dame de Prémy, fut fondée quelques an- » nées après celle de Cantimpré (1180) » — Ms. de la bib. comm. de Cambrai, n° 905, cahier coté 9.

(2) « Quelques filles pieuses entendant la vie sainte de l'abbé de » Cantimpré (Jean), supplièrent l'évêque de leur donner quelque place » pour y servir Dieu. Il leur assigna *un lieu en ladite abbaye* et leur » fit faire un oratoire ou chapelle particulière pour célébrer le service » divin ; et les religieux chantoient la messe et leur administroient les » sacrements. » — Ms. *idem*.

« L'évêque Roger, sur la demande de quelques filles pieuses, leur » fit approprier un local *au milieu* de l'abbaye de Cantimpré. » — Ms. n° 638, art. 5.

(3) Carpentier attribue la séparation des dames de Prémy d'avec les religieux de Cantimpré, aux désordres intolérables qui seraient résultés d'une presque cohabitation : « Ces dames après avoir receu » la benediction de Jean d'Antoing evesque de Cambray, se soumirent » à la direction des religieux de Cantimpré, qui employerent tous leurs » soins à leur bastir une eglise, avec un cloistre voisin de leur abbaye ; » mais comme l'amitié des vertueuses dames est à craindre et les » temoignages des affections mutuelles qu'un sexe rend à un autre, » sont extremement capables d'attiser l'amour, ces religieux qui » estoient en leur embon-point, et en pleine vigueur des fonctions de » la vie intellectuelle, pour s'estre approchez trop près de ce sexe, » ont pris des affections de feu et de flammes, qui sont coulez comme » de petits serpens dans leur cœur, et ont fourragé leurs vertus. Je ne

marais de Proville et dépendant de la paroisse de Fontaine-Notre-Dame. Suivent les lettres données à cette occasion par l'évêque Jean d'Anthoing, sous la date d'octobre 1192 :

*Joannes II d'Antoing episcopus Cameracensis, anno incarnationis dominicæ MCXCII mense octobri, assentiente capitulo ecclesiæ suæ cathedralis, concessit ecclesiæ de Cantimprato quandam portionem marisci de Proville (quæ nunc est monasterii monacharum de Premiaco) per litteras datas in capitulo, ipso Joanne episcopo presente quarum narrativa talis est.*

*Scimus quoniam in ministerium ecclesiæ Dei vocati sumus, non tam ut aliis nos gaudeamus præesse, quam ut studeamus prodesse universis, ea propter considerantes et læto animo amplectentes religionem et sanctam conversationem abbatis et fratrum pauperis ecclesiæ sanctæ Mariæ de pratis quam venerabilis prædecessor noster dominus Rogerus episcopus in abba-*

Jean II d'Antoing, évêque de Cambrai ;

L'an de l'incarnation MCXCII, au mois d'octobre, du consentement du chapitre de son église cathédrale, a donné à l'église de Cantimpré, certaine portion du marais de Proville (maintenant le monastère des religieuses de Prémy), par lettres données dans le chapitre, en présence même de l'évêque Jean et dont la narration est ainsi :

Nous savons que nous avons été appelés au ministère de l'église de Dieu, moins pour nous flatter de notre prééminence sur les autres que pour être utiles à tous.

Par cette raison, considérant et embrassant avec joie la religion et la sainte règle de l'abbé et des frères de la pauvre église de Ste.-Marie-des-Prés, que notre vénérable prédécesseur messire Roger évêque, a érigée en abbaye, nous aussi nous

---

» veux pas salir la blancheur de ma plume des désordres que les re-
» gistres des cours cambrésiennes ont remarqué sur ce sujet, etc....
» L'evesque Jean voyant que ces deux abbayes avoient abandonné
» toutes les mesures et les justesses de la bienséance, pour ouvrir
» leur cœur à toutes les atteintes de la concupiscence, trouva bon de
» les séparer et de délivrer ces dames de la jurisdiction et du com-
» mandement des abbés de Cantimpré l'an 1214. Depuis lors on re-
» marque qu'elles ont vescu dans une pureté trés profonde. » —
Hist. de Cambrai, part. II, chap. XIV.

» Plus tard, en 1195, une église et une maison furent bâties en fa-
» veur des béguines, en un lieu *plus oultre* de l'abbaye de Cantimpré,
» parceque les religieuses ne doivent point demeurer avec les reli-
» gieux, de quoy St.-Jean Chrisostôme a composé un bon livre intitulé :
» *Quod regulares fœminæ viris ne cohabitent.* » — Ms. n° 658,
» art. 5.

| | |
|---|---|
| *tiam construxit, ipsam et nos bonis temporalibus volumus adjuvare quatenus spiritualibus ejus beneficiis adjuti œterna prœmia mereamur invenire, etc.* | voulons la secourir en biens temporels, puissions-nous ainsi, aidés de ses bienfaits spirituels, mériter les récompenses éternelles, etc. |

L'année suivante, le chapitre de la cathédrale abandonna, au bénéfice des religieuses de Prémy, toutes les oblations qu'on pourrait leur faire. Cette détermination amena le pasteur du village de Fontaine-Notre-Dame, à renoncer, en faveur de ces mêmes religieuses, moyennant une rente annuelle de trois sous cambraisiens, payable à la Noël, à tous les droits qu'il avait sur cette dépendance de sa cure. Cette concession fut confirmée par lettres du même évêque Jean d'Anthoing, délibérées en son conseil de chapitre, le 18 janvier 1194.

La nouvelle église de Prémy fut dédiée à Dieu sous le patronat de Notre-Dame et de St.-Jean l'évangéliste.

La prieure Ivette ayant, par esprit d'humilité, résigné ses pouvoirs, on la remplaça par une abbesse nommée Euphémie, sœur de l'abbé Jean.

Jean III de Béthune, 48e évêque de Cambrai, sépara les religieuses de Prémy, de la juridiction spirituelle et temporelle de l'abbaye de Cantimpré. L'acte de scission fut dressé au mois d'août 1214, en présence des dénommés ci-après : Barthélémy de Graincourt, abbé de St.-Aubert ; Jean de Fontaine, abbé du St.-Sépulcre ; Gérard, archidiacre de Valenciennes ; Jean, trésorier ; Jacques Yvan, prêtre-chanoine de Notre-Dame ; Guillaume, chanoine de St.-Géri ; Gilles et Guillaume, chanoines de St.-Aubert ; et enfin, Lambert, moine du St.-Sépulcre.

Le même évêque ratifia, en 1215, l'érection de la communauté en abbaye, sous le titre de Notre-Dame de Prémy, et autorisa les religieuses à choisir leur abbesse, à la condition qu'elles la présenteraient à l'évêque pour recevoir la bénédiction, suivant l'usage de l'église.

En 1217, le pape Honorius III, prend la communauté de Prémy sous la protection du saint siége, par une bulle donnée à Florentine le 6 août, l'an deuxième de son pontificat. Le même pape, par une autre bulle rendue à Aletrio le 15 mai 1222, exempte cette abbaye de la dîme des bestiaux et de celle de culture, pour les terres exploitées dans la maison. Ces lettres pontificales portent en outre, qu'en cas d'un interdit général, les religieuses pourront faire célébrer l'office divin dans leur église, sans cependant sonner les cloches, sauf les droits ordinaires de l'évêque.

L'abbaye de Prémy était le chef-lieu d'une congrégation considérable, dans laquelle l'abbesse de St.-Etienne de Rheims tenait la seconde place. Il y avait encore dans cette dernière localité, de même que dans le Cambrésis et autres provinces des Pays-Bas, un grand nombre de monastères qui ressortissaient à cette association dite des Victorines, ordre de St.-Augustin.

La maison de Prémy subsista jusqu'en 1581, époque où elle fut ruinée en même temps que l'abbaye de Cantimpré et l'église paroissiale de St.-Sauveur, par les troupes du baron d'Inchy. Un mémorial d'une religieuse contemporaine relate ainsi l'évènement :

« Le X$^{e}$ de janvier MDLXXXI, notre maison du grand Prémy, de la ville, fut démolie par M. d'Inchy étant alors en guerre. Elle contenoit une lieue de circuit environ ; les murailles d'alentour étaient si larges et si épaisses qu'un charriot auroit roulé dessus. L'église étoit estimée pour une des plus belles des Pays-Bas. Il y avoit des *accinthes* et elle étoit grande et spacieuse ; il y avoit sept chapelles. Ce fut grand dommage, mais voilà ce que c'est du monde. Les matériaux furent pris pour les fortifications de la citadelle. Il y avoit quelquefois plus de cent charriots chargés de matériaux ; les pauvres religieuses les voyoient avec grande douleur. Enfin elles se sont retirées de divers côtés, comme il est dit plus au long aux chroniques de la ville, au Petit Prémy, mais il était si petit qu'il ne pouvoit guère contenir de religieuses. Six d'elles allèrent à Marquette où elles furent trois semaines. Elles étoient si pauvres, après avoir perdu leur maison et tout ce qu'il y avoit dedans, qu'elles ne pouvoient même acheter du blé, qu se vendoit alors quinze à seize florins.

» L'abbesse de ce temps là étoit madame Jacqueline d'Anneux, vertueuse religieuse. Tout son refuge étoit au Saint-Sacrement, devant lequel elle se prosternoit tous les jours, une heure avant de se coucher. Pendant les trois mois que les dames furent dans ce petit refuge, dame Françoise Bigan mourut, et fut enterrée en l'église qui appartint ensuite aux jésuites. Cette religieuse a écrit plusieurs beaux livres auxquels nous chantons l'office divin. Enfin, Dieu, par sa bonté, ayant eu pitié de nous, inspira l'archevêque et messieurs de la ville, qui nous mirent avec les religieuses de St.-Lazare, par lettres du 24 mars 1581 (1). On parloit de nous y laisser, et d'y laisser finir ces religieuses à cause qu'il y avoit fort peu de Ladres et que la fondation n'étoit pas employée.

» On nous donna une partie de l'église, où nous faisions l'office divin, une partie du dortoir, leur réfectoire et cuisine. Nos religieuses y souffrirent beaucoup ; elles leur étoient très fâcheuses et difficiles. Elles y furent quinze ans, et on y fit cinq professes, dame Marguerite Viben, dame Françoise Delcourt, dame Louise

---

(1) *Ex actis capituli Cameracensis die veneris 24 martii 1581.*

*Attentis demolitione monasterii de Premiaco et exiguitate et incommoditate domûs quam inhabitant abbatissa et dominæ ejusdem monasterii in hâc civitate, attentis etiam consensu dominæ et religiosarum sancti Lazari, placet dominis ut præfatæ de Premiaco cohabitent cum præfatis religiosis sancti Lazari, ibique suis jungantur officiis diurnis et nocturnis, idque per modum provisionis donec eisdem religiosis de Premiaco de alio loco commodiori per temporis opportunitatem provideatur.*

Extrait des actes du chapitre de Cambrai, du vendredi 24 mars 1581.

Vu la démolition du monastere de Prémy, l'exiguité et l'incommodité de la maison qu'habitent l'abbesse et les dames de ce même monastère dans cette ville ; vu aussi le consentement de la dame supérieure et des religieuses de St.-Lazare, il plaît aux dames supérieures que les susdites dames de Prémy demeurent chez les susdites religieuses de St-Lazare, et qu'elles y célèbrent leurs offices de jour et de nuit ; et cela provisoirement, jusqu'à ce que, selon l'opportunité du temps, il soit procuré à ces mêmes religieuses de Prémy, un autre lieu plus commode.

de Sart, dame Jeanne Coppart, et dame Catherine Lefebvre, et deux sœurs de labour.

« Quand elles mouroient, on les enterroient à St.-Eloi, et tout le couvent y alloit faire l'enterrement processionnellement avec les manteaux. Il est mort neuf ou dix religieuses et trois sœurs de labour; on faisoit leur service à St.-Lazare.

» Au bout de quinze ans et trois mois, Dieu eut encore pitié de nous; car après toutes les incommodités et afflictions que nous éprouvâmes, on se résolut d'acheter la maison où nous sommes présentement, laquelle appartenoit autrefois aux *Fratres* qu'on dit être les religieux de St.-Jérôme, et depuis aux Guillemins, qui l'ont possédée environ vingt ans. Enfin elle devint la propriété du chapitre de Notre-Dame, qui y faisoit tenir école pour enseigner. Mais en ces temps de guerre, elle étoit occupée par des gens de village pleins d'ordures et de vilenies. Nous fîmes donc échange avec le chapitre, pour des terres, et nous demeurâmes paisibles en la possession de cette maison.

» La ville ayant été rendue aux Espagnols à la saint Rémi 1595, nous sommes venues ici l'an 1596, justement cent ans après la réforme de notre maison, au commencement du mois de juillet, et nous fîmes l'office divin à notre dédicace. »

Les dames de Prémy ayant donc obtenu par échange consenti avec le chapitre métropolitain, le 30 avril 1596, de six mencaudées de terre, contre l'ancienne demeure des Fratres ou Hyéronimites, dite maison des bons enfants Cappet (1), elles y firent

(1) « La maison en laquelle les dames de Prémy demeurent maintenant depuis 1596 appartenoit aux bons enfants nommés Cappet. Jacques de Croy, évêque de Cambrai en l'an 1509 la donna aux Frères de Gand, de l'ordre de St.-Jérôme, qui y tenoient école de latin. Ces frères la cédèrent aux religieux de Walincourt en l'an 1554. Depuis, messieurs du clergé l'ont acheté d'iceux religieux en l'an 1575 pour y ériger un séminaire, mais ce séminaire a été édifié à Douay. Alors messieurs du chapitre métropolitain la donnèrent en échange auxdites dames de Prémy. » — Ms. n° 905, cahier 9.

bâtir en 1612, une église moins exigue que celle alors existante. Les deux autels latéraux en furent bénis par l'archevêque Vander-Burch, le 25 août 1617. Cette église dura jusqu'en 1762, époque où on la démonta pour en élever une autre plus vaste, plus spacieuse.

Pendant cette démolition, on trouva, dans le chœur, près de la stalle de l'abbesse, le tombeau du bienheureux Jean, premier abbé de Cantimpré, fondateur de ce monastère et de celui de Prémy. Ce tombeau avait été apporté de l'ancien cloître hors de la ville. Rétabli dans la nouvelle église, l'on y plaça un marbre noir avec cette inscription :

D. O. M.

Sous ce marbre reposent les cendres précieuses du bienheureux Jean, fondateur des abbayes de Prémy et de Cantimpré dont il fut le premier abbé, mort en odeur de sainteté en 1207. On a eu le bonheur de trouver les ossements de ce digne prélat, dans un cercueil de pierre, lorsqu'on creusoit les fondemens de la nouvelle église, l'an 1762.

*Mirabilis Deus in sanctis suis.*

La première pierre de l'église fut posée le 25 mai 1762, par Albert Dainville de Millancourt, évêque d'Amicles, suffragant de l'archevêque de Cambrai. Chacune des religieuses vint aussi y apporter sa pierre. L'édifice fut achevé en 1764, mais les embellissements et les travaux intérieurs n'ayant été menés à fin que quatre années après, il fut béni le 24 juillet 1768 et consacré le 20 août 1788. On y remarquait la table d'autel, en marbre, et qui était fort belle ainsi que la grille du chœur.

Le quartier abbatial, le dortoir et l'appartement des dames furent terminés partie en 1700, partie en 1736. Il est présumable que Fénelon contribua de ses deniers à la restauration de ce monastère, car l'on y voyait les armoiries du vénérable archevêque, placées au-dessus d'une arcade qui menait à l'église.

Les dames de Prémy n'ont pas toujours observé la clôture. Une abbesse de cette maison fut bénite à St.-Aubert, en 1438, par Hugues Tournet, cordelier de Cambrai, évêque d'Agno. Toute la communauté assista à cette pieuse cérémonie, à la suite de laquelle on alla dîner en corps chez le chantre de l'église cathédrale. Les dames de Ste.-Elisabeth du Quesnoy, furent, dit-on, cause de la réforme de celles de Prémy, en l'an 1513. Avant cette époque, elles pouvaient aller en ville.

L'abbesse de Prémy était à la nomination de l'archevêque qui était supérieur de la maison. Cette prérogative fut confirmée par lettres-patentes accordées par le roi Louis XV, le 13 septembre 1766.

Parmi les bienfaiteurs de ce monastère, dont Carpentier nous offre une liste comprenant plus de trois cents noms, on cite, comme leur ayant fait les plus riches donations, les familles d'Oisy, de Coucy, de Montmirail, d'Iwuy, de Luxembourg, de Cantaing, de Marcoing et de Marquion.

La dernière maison de Prémy était située dans la rue de ce nom; c'était un vaste emplacement traversé par l'*Escautin*, et limité par ladite rue de Prémy, le rempart méridional de la ville, et la rue militaire servant de débouché au magasin à poudre. C'est aujourd'hui une belle manufacture d'étoffes en laine, dites cachemires.

### CHRONOLOGIE DES ABBESSES DE PRÉMY.

Euphémie, sœur de l'abbé Jean; Ivette, Elisabeth, Mathilde de Beaumetz, Béatrix, Basilie, Agnès de Beaumetz, Jeanne de Cantaing, Marie de Fontaine, Marie de Sombref, Béatrix Moullard, Marie de Baschœs, Gillette de Blécourt, Elisabeth Duchemin, Béatrix, Catherine du Mur, Jeanne de Valenciennes, Marie de Gastine, Jeanne Coulmont, Relinde de..., Marie de la Motte, Jeanne de Starchies, Jeanne de Thouars, Jeanne Godin, Antoinette Legrand, Marguerite Géolle, Jeanne Stuet, Jacqueline d'Anneux, décédée en mai 1602; Marie du Mont-St-Eloi, décédée le 8 mars 1617; Pétronille l'Ausmonier, Françoise Balique, Marie Blondel, décédée en mai 1670; Anne-Marie d'Anthoing, décédée le 30 septembre 1670 ; Marguerite Bernard, décédée en mai 1672 ; Marie-Claire Sarre, décédée le 23 avril 1691 ; Madeleine Hutin, décédée le 13 décembre 1699 ; Marie-Angélique Bourdon, décédée en 1741 ; Angélique Gran, décédée en 1752 ; Agnès Bernard, décédée le 28 août 1778 ; Pacifique de Becourt, faite abbesse le 3 septembre 1778 et décédée le 5 octobre 1791 ; Eléonore Watiau, élue en 1791 et morte en émigration

# LE BÉGUINAGE.

Le Béguinage était un vaste enclos formé de petites maisons avec chapelle et hôpital, habité par des femmes, veuves la plupart, et qui, sans avoir fait d'autres vœux que celui de chasteté et d'obéissance à une supérieure qu'elles choisissaient elles-mêmes, professaient la règle de St.-Augustin. Elles étaient vêtues de noir, ayant pour coiffure *un petit couvre-chef et sur iceluy un grand voile noir bénist à l'émission de leur vœu* (1).

---

(1) Extrait des constitutions de la maison des béguines, par l'archevêque Gaspar Nemius, 1664 :

Art. 15. Toutes les filles auront pour vestement une robbe de drap

La demeure des béguines avait été fondée vers l'an 1233, au faubourg de Cantimpré, paroisse de St.-Sauveur, en un lieu dépendant de l'Artois (1) et sous l'épiscopat de Godefroi de Fontaines (2), par Isabelle de Flesquières (3), qui devint *maîtresse* de la communauté. A sa mort, survenue en 1264, Isabelle de Flesquières fut inhumée dans la chapelle et l'on plaça au-dessus de sa tombe, une peinture avec inscription rappelant les principales donations de la bienfaitrice (4).

Au mois de janvier 1235, l'évêque Godefroi de Fontaines, reconnaissant l'insuffisance du logement des béguines, dont le nombre allait toujours croissant, en permit l'agrandissement avec adjonction d'un hôpital. Il prit en même temps la communauté sous sa protection spéciale, lui donna la possession de tout ce qui était compris dans l'enclos du béguinage, et ajouta une certaine rente à son avoir.

Trois années après (juillet 1238), les béguines obtinrent de

---

noir, simple néantmoins et sans aucun ornement ; de laquelle elles seront couvertes jusques en terre, mais nullement traisnante ; le surplus de leur vestement, sera aussi noir, sans ornement, comme dessus.

Art. 16. Leur coiffure sera un petit couvre-chef, et sur iceluy un grand voile noir, bénist à l'émission de leur vœu.

Art. 17. Leur chaussure sera telle qu'on n'y puisse remarquer aucune vanité ou curiosité, non plus qu'au reste de tout leur vestement.

(1) C'est à raison de sa situation sur la province d'Artois, que le béguinage de Cambrai dépendait de la juridiction du gouverneur d'Arras, lequel avait droit de nomination à la place de maîtresse ou supérieure de la communauté. Le territoire d'Artois s'étendait jusqu'aux approches du faubourg de Cantimpré, y compris la maison qui a conservé le nom de *Comte d'Artois.*

(2) Ms. de la bibliothèque comm. de Cambrai, n° 905.

(3) Flesquières, village du canton de Marcoing, formant la limite du département du Nord contre celui du Pas-de-Calais. Il est situé à 4 kilomètres O. de Marcoing et 10 S-O. de Cambrai.

(4) Ms. N° 905.

l'évêque Gui de Laon et des échevins de la ville, une nouvelle extension de leur demeure ; et, par lettres du mois de janvier **1244**, le même évêque fit don à leur hôpital, de **400** livres parisis, à charge d'une rente viagère de 20 livres, en faveur de la superieure Elisabeth de Flesquières, qui s'était volontairement dépouillée de tout ce qu'elle possédait. Suivant d'autres lettres du 8 juin **1245**, il donna encore aux dames béguines, neuf muids de terre situés à Niergnies (1), qu'il avait achetés de Grohet, seigneur de ce village et pair du Cambrésis Néanmoins il réserva de ce fief, en faveur du chapitre métropolitain, le droit de *haute* et de *basse justice* (2).

Le béguinage de Cantimpré fut plusieurs fois placé sous la protection des souverains pontifes. Grégoire IX rendit une bulle à cette intention le **5** juin **1239** ; Innocent IV en promulgua une autre le **13** juillet **1245** ; et Urbain IV fit de même le **15** mai **1263**. Saint-Louis, roi de France, crut devoir confirmer, par lettres de février **1255**, les diverses acquisitions de biens faites jusqu'alors par la dame supérieure Isabelle de Flesquières.

En **1244**, l'évêque Gui de Laon, informé que les béguines non seulement de Cambrai, mais de tout le diocèse, menaient une vie peu exemplaire, « et se laissaient même aller au péché de la » chair, par le mauvais conseil de certains ecclésiastiques et » laïcs, » se décida à en référer au pape Innocent IV, qui par un mandement apostolique rendu le 6 mai **1243**, donna pouvoir à l'archidiacre de Hainaut, et à l'écolâtre de l'église de Cambrai, « qu'en maintenant les béguines de cette ville, ils aient à » admonester celles qui auraient été séduites à ces actions illicites

---

(1) Niergnies, ancienne pairie du Cambrésis et aujourd'hui village du canton *Est* de Cambrai, situé à un demi kilomètre, à droite de la route de Cambrai à Guise, et à 3 kilomètres et demi S-E. de cette première ville.

(2) On sait que les justices seigneuriales étaient communément de trois sortes : la haute, la moyenne et la basse. Il y en avait même une quatrième peu usitée, appelée justice foncière et censière.

» par ces hommes pervers ; et d'ordonner à ces derniers de » désister de leurs séductions sous peine de censures ecclésias- » tiques. » (1)

Au mois de juin 1260, Nicolas de Fontaines, successeur de Gui de Laon à l'évêché de Cambrai, voulant aider aussi à maintenir l'ordre dans le béguinage de Cantimpré, donna aux sœurs de nouveaux statuts dans lesquels il établit en principe, *qu'aucun homme ne pourra demeurer dans leur enclos*.

Carpentier dit que le béguinage avait été fondé en faveur de pauvres veuves, mais qu'on leur substitua des filles « parce » qu'elles ne pûrent pas tenir toutes leurs passions ensevelies » dans les tombeaux de leurs marys. En effet, — dit-il, — » la reputation de la chasteté est un lis extremement delicat en » la personne des femmes ; c'est une tres-belle fleur, mais il ne » faut qu'une petite haleine et un peu de mauvais air pour la » corrompre... » Puis il ajoute : « Ces filles eurent d'abord » quelque sentiment de leur honneur, mais à la fin elles devinrent » comme les vierges vestales, qui faisaient mine d'entretenir la » virginité dans le luxe et dans les délices... » (2).

Le désordre n'était point particulier aux béguines du diocèse de Cambrai ; il s'étendait dans leurs communautés d'Allemagne qu'une censure sévère du conseil de Vienne vint atteindre l'an 1312

Les béguines de Cambrai et de ce diocèse, tentèrent néanmoins leur justification près de la cour de Rome. Elles obtinrent même une sorte de réhabilitation ; car le pape Jean XXII, reconnaissant « qu'il serait indigne et contraire à la raison de frapper de la » même censure les innocentes et les coupables, » manda à l'évêque Pierre de Mirepoix, par un bref donné à Avignon le

(1) Ms. n° 905, cahier 13.

(2) De l'Estat ecclés. de Cambrai et du Cambrésis, part. II, chap. XV.

31 décembre 1520, de vouloir bien prendre de nouvelles informations ; et que s'il trouve ces communautés exemptes des erreurs à elles imputées, il l'engage à les protéger efficacément dans leurs biens et dans leurs personnes, tout en les engageant « à persévérer dans la pratique des bonnes mœurs et à croître de » vertus en vertus. »

En 1480, pendant les guerres de Louis XI et de l'empereur Maximilien, le béguinage de Cantimpré fut ruiné et les sœurs dispersées. Elles ne rentrèrent en possession de leur maison qu'en 1482, et après de nombreuses réparations qu'elles y firent, aidées par plusieurs personnes charitables et par le chapitre métropolitain (1)

A la reprise des hostilités entre François I^er et Charles-Quint, en 1519, le béguinage fut encore envahi par les troupes des deux camps. Il fut de rechef saccagé au mois d'octobre 1521, par les Français qui dévastèrent les faubourgs de Cambrai. Enfin, en 1580, durant le blocus de la ville par les Espagnols commandés par le prince de Parme, cet établissement fut complètement détruit avec l'église de Saint-Sauveur et les abbayes de Cantimpré et de Prémy.

Les béguines se rassemblèrent en 1587, dans une maison située sur la paroisse St.-Vaast, tenante à la partie méridionale de l église Elles y firent construire une petite chapelle qui fut agrandie en 1599 et terminée le 11 juin 1602, jour où elle fut dédiée sous le vocable de Ste.-Ursule et des onze mille vierges, par l'archevêque Guillaume de Berghes. A dater de cette époque on ne reçut plus que des filles dans le béguinage de Cambrai.

Cette chapelle dura peu de temps ; nous voyons que l'on se mit bientôt en mesure de la reconstruire, et que Vander-Burch en posa la première pierre le 21 avril 1621. Il en fit la consécration le 26 juin 1625.

Le 16 juillet 1664, l'archevêque Gaspar Nemius entreprit la

(1) Acte capitulaire du 15 mars 1485.

reconstitution de la communauté des béguines, et lui donna de nouveaux statuts. « Depuis lors, dit Carpentier, quoy qu'elles » ne facent pas encor les trois vœux solennels, elles s'estudient » de conserver la pureté de l'ame, par une tres-loüable morti- » fication de la chair, et tiennent le pied ferme dans l'exercice » des vertus. »

Les béguines, alors au nombre de vingt, furent définitivement dispersées en 1793. Leur avoir consistait à cette époque, en 438 mencaudées de terres disséminées sur le territoire de Cambrai et autres environnants, et en une rente annuelle de 185 mencauds, 4 pintes de blé, assise sur les moulins de Selles, propriété de l'archevêché.

Le dernier béguinage était situé grande rue St-Vaast, vers l'angle formé par cette rue avec celle de Vander-Burch.

# COUVENT

DES

# CLAIRISSES.

Les sœurs clairisses furent établies à Cambrai de 1490 à 1494, par l'évêque Henri de Berghes, qui sur sa demande formée le 7 octobre 1490, obtint pour ces religieuses, la maison dite le ***bregier***, située vis-à vis le pont à Laubelen (actuellement le marché au poisson) et qu'il acquit de ses deniers, moyennant quatre cents couronnes communes. Cette institution fut autorisée par une bulle apostolique du pape Innocent VIII.

En 1494, le cloître étant achevé, le prélat fit venir pour en prendre possession, seize religieuses, dont trois de Gand, trois de

Bruges, quatre d'Amiens, trois d'Hesdin et trois d'Arras. Rassemblées dans cette dernière ville, elles furent conduites à Cambrai dans un chariot couvert, « et étoit leur pater directeur ; » et entrèrent par la porte de Cantimpré le 20 de juillet. Le » clergé séculier et régulier, et les paroisses avec les croix » allèrent processionnellement au-devant jusqu'à ladite porte, » et les conduisirent jusqu'à leur cloître. L'une d'elles, nommée » Louise Bemont, fut abbesse première. »

Marguerite d'Autriche, fille de l'empereur Maximilien Ier, qui était venue en cette ville avec l'archiduc Philippe, l'an 1493, donna aux sœurs clairisses de Cambrai, une somme de deux mille écus, comme frais de premier établissement.

On leur fit construire une église qui fut dédiée par l'évêque Henri de Berghes, le 22 février de l'an 1495 ; mais le premier office n'y fut célébré qu'à dater du 1er mai suivant.

Plus tard, l'archevêque Vander-Burch, dans le partage de ses nombreux bienfaits, n'oublia pas la maison des clairisses ; il fit bâtir la sacristie, et par son testament du 16 décembre 1643, il légua au sœurs une somme de trois cents florins.

La dernière demeure des clairisses fut élevée aux frais des Etats du Cambrésis et de la ville : commencée au mois de juin 1738, elle fut achevée en 1743. Les religieuses en prirent solennellement possession le 30 juin de la même année, présidées par l'archevêque Charles de St.-Albin, qui leur fit don, à cette occasion, d'une rente viagère de cinquante écus (1). La chapelle ne fut achevée qu'en 1751, et la consécration en eut lieu le 17 juillet 1753, par un évêque étranger nommé Leblanc, à ce délégué par l'archevêque de Cambrai. Elle fut dédiée en l'honneur de Dieu, de la Sainte Vierge et de St.-Antoine de Padoue.

---

(1) Mémoires chronologiques, à la date de 1743.

Ces religieuses, de l'ordre de Ste.-Claire, dites *sœurs grises*, étaient gouvernées par une abbesse et dirigées par les pères récollets. Elles gardaient, aux termes de leurs statuts, une abstinence rigide, une clôture étroite, un silence rigoureux, et allaient toujours nus-pieds.

Après la révolution, les clarisses revinrent habiter Cambrai. Elles occupèrent jusque dans ces derniers temps une maison formant l'angle de la rue d'Inchy et de la grande rue Fénelon. Depuis l'année 1850 elles ont transféré leur communauté dans une propriété plus vaste, située rue de Vaucelette et l'on y a construit une fort jolie chapelle, sur les dessins de M. de Baralle fils, architecte.

La demeure primitive des sœurs clairisses était au marché au poisson, à l'endroit même où l'on adjuge le poisson en gros, et désigné sous le nom de *minck* (1). L'on en peut remarquer encore une porte d'entrée et quelques parties de constructions.

CHRONOLOGIE DES ABBESSES DES CLAIRISSES DE CAMBRAI, DEPUIS 1494.

Louise Bemont, morte en 1516 ; Isabelle Achalmergue, en 1523 ; Jeanne Brederode, en 1531 ; Marie Rogier, en 1536 ; Jacqueline d'Haplincourt, le 26 juin 1573 ; Marguerite Duchâteau, le 14 avril 1597 ; Jacqueline Nottier, le 12 janvier 1598 ; Jacqueline Lenoir, le 9 septembre 1611 ; Françoise Patoux, le 4 janvier 1634 ; Barbe Jeulin, le 12 janvier 1638 ; Marie Agnelet, le 13 juin 1645 ; Madeleine Benier, le 7 janvier 1649 ; Agnès-Elisabeth Greteau, le 16 septembre 1669 ; Marie Barbe Lefort, le 25 décembre 1682 ; Marie-Madeleine Bourdon, le 1er mars 1686 ; Marie Claire Blondeau, le 7 septembre 1695 ;

(1) *Minck* (*mien* ou *à moi*), mot que prononcent les minckeurs ou poissonniers pour se rendre adjudicataires des *sommes* de poissons, à la criée du contrôleur, qui, monté sur une estrade adossée au mur de rue, décompte avec rapidité à partir de cent. Les minckeurs ont seuls le droit de revendre le poisson en détail.

Antoinette Betterment, le 22 mars 1704 ; Thérèse de Montigny, le 23 août 1722 ; Marianne Lévêque, le 12 janvier 1726 ; Madeleine Boidin, le 16 janvier 1737 ; Constance Edeline, le 8 mars 1757 ; Bonaventure Foulon, le 9 mars 1758 ; Hyacinthe Dumont, le 26 décembre 1788 ; Agnès Guérard, morte en émigration ; Hélène Lussiez....

# COUVENT

## DES

# BÉNÉDICTINES ANGLAISES.

Les troubles que causa l'hérésie en Angleterre, et la persécution qui s'ensuivit contre les catholiques romains, sous le règne de Jacques Ier, après la conspiration des poudres, ayant forcé beaucoup de familles à s'expatrier, nombre de religieuses anglaises, de l'ordre de Saint-Benoît, furent contraintes aussi de s'éloigner. Elles obtinrent, par l'entremise des pères bénédictins anglais du monastère de St.-Grégoire de Douai, de fonder à Cambrai une maison de leur ordre.

L'archevêque Vander-Burch y donna son adhésion par lettres

du 6 octobre 1622, qui furent suivies du consentement du magistrat de la ville, accordé le 17 mai 1623 et de l'*exequatur* de l'infante Isabelle, gouvernante des Pays-Bas, rendu à Bruxelles, le 30 du même mois (1).

Les religieux de Fémy (2) possédaient à Cambrai une maison de refuge située sur la paroisse St.-Vaast. Leur abbé, Antoine de Montmorency, s'empressa de la céder aux religieuses de la Grande-Bretagne. L'acceptation en fut faite par le R. P Rosendo Barlo, président de la congrégation de ce pays.

Les divers bâtiments du refuge tombaient en ruine, et l'on dut y faire des réparations pour une somme de 4,300 florins. Après quoi les religieuses purent en prendre possession au mois de décembre 1623. Le nouveau cloître fut dédié à la très-sainte Vierge, sous le titre de Notre-Dame de consolation.

Ces religieuses furent à peine installées dans notre ville, que d'autres dames leurs compatriotes, s'empressèrent de venir les joindre, et le nombre s'en accrut tellement, que la supérieure dut en diriger plusieurs sur Paris, pour fonder, au faubourg St Marcel, un deuxième monastère connu sous le nom de bénédictines anglaises du *champ de l'alouette*. Cette maison fut placée sous la juridiction de l'archevêque de Paris.

En l'an 1638, le même abbé de Fémy fit don, aux dames anglaises de Cambrai, du cloître qu'elles occupaient. Cette libéralité fut approuvée par bulle du pape Urbain VIII, le 18 janvier de l'année suivante

L'archevêque Vander-Burch en confirmant définitivement cette concession, en 1640, y mit pour condition, que, si la discipline

---

(1) Ms. n° 884, p. 270, et Ms. n° 905.

(2) L'abbaye de Fémy, religieux de l'ordre de St-François, dépendait autrefois du diocèse de Cambrai. Sa fondation remontait à l'an 1080. — Gazet, hist. ecclés. du Pays-Bas, 1604, p. 81.

régulière venait à être rétablie dans l'abbaye de Fémy, les dames anglaises de Cambrai seraient tenues de payer aux religieux de cette abbaye, une somme de 3,500 florins, valeur estimative du refuge, au moment de la donation faite par l'abbé Antoine de Montmorency.

C'est en conséquence de cette restriction, qu'un nouvel abbé de Fémy voulut revendiquer la propriété du monastère de Cambrai ; mais les dames anglaises de cette ville s'empressèrent d'exposer au chef ecclésiastique du diocèse que, depuis leur prise de possession du refuge de Fémy, elles avaient considérablement accru la valeur de cette maison, en y incorporant divers héritages adjacents, achetés par elles 7,500 livres ; qu'en outre elles avaient employé en frais de constructions et de reparations une autre somme de 27,080 livres, soit en totalité 34,580 livres, dont elles réclamaient le remboursement, à moins que M. l'abbé de Fémy ne consentît à recevoir de leurs mains, une somme de 3,500 florins, valeur primitive du refuge. Ce débat n'eut point d'autres suites, et les dames anglaises ne furent plus inquiétées de ce côté.

Ces religieuses bénédictines ne furent dans aucun temps à charge à la ville ; elles lui rendaient au contraire de signalés services, par l'instruction solide qu'elles donnaient aux jeunes filles qui fréquentaient leurs pensionnats. Chaque religieuse était tenue d'apporter, à son entrée au couvent, une dot de deux cents florins de rente Les filles de Cambrai étaient admises aux mêmes conditions que les filles anglaises.

Les dots étaient placées sur l'hôtel de ville de Paris, et sur diverses maisons de religieux de la congrégation de St.-Maur. L'avoir des dames anglaises éprouva une perte considérable par le système de Law, qui en peu de jours y fit une brèche de 75,000 livres. Voici en quoi consistait leur revenu :

Cinq contrats de rentes sur l'hôtel de ville de Paris Capital 75,862 l. 10 s. intérêts 2,093 l. 8 s.

Placements à 4 p. % sur différentes abbayes :

| | | |
|---|---|---|
| St-Rémi de Reims..... | 20,000 l. » s. | 800 l » s. |
| St-Florent de Saumur. | 22,000 » | 880 » |
| St-Nicolas d'Angers... | 10,000 » | 400 » |
| St Père en Vallée..... | 13,500 » | 540 » |
| N.-Dame de Pons Leroy. | 34,000 » | 1,360 » |
| Régime de ladite congr. | 4,000 » | 160 » |
| | 103,500 » | 4,140 » |
| Rentes sur maisons en ville, capitalisees à...... | 26,780 | 1,217 10 |
| Capital | 130,280 » | Intérêts 5,357 10 |

Les religieuses anglaises furent d'abord gouvernées par des dames prieures ; mais en 1654, elles obtinrent une abbesse titulaire qui néanmoins ne recevait point de bénédiction particulière bien que revêtue de la croix pastorale. Cette abbesse était renouvelée tous les quatre ans, comme la supérieure de la congrégation d'Angleterre à laquelle la communauté de Cambrai ressortissait.

### CHRONOLOGIE DES DAMES SUPÉRIEURES.

*Prieures :* Françoise Gaton, Pudentiane Deacons, Vivine Yaxlée.

*Abbesses :* Catherine Gascoigne, décédée le 21 mai 1676 ; Christine Brent, le 14 septembre 1681 ; Claire Cooke, le 21 septembre 1685 ; Justine Gascoigne, le 17 mai 1690 ; Catherine Hall, le 17 mars 1692 ; Marine Appleton, le 29 janvier 1694 ; Cécile Bussay, le 9 avril 1721 ; Scholastique Hoghton, le 2 août 1726 ; Marguerite Swinburn, le 20 avril 1741 ; Marie-Joseph Gascoigne, démissionnaire en 1769 ; Marie-Agnès Ingleby, décédée en 1783 ; Marie Christine Hooke, le 3 août 1792 ; Marie-Claire Knight, le 30 octobre 1793 ; Marie-Lucie Blyde, élue le 7 novembre 1792, morte en Angleterre ; Agnès Robinson...

Durant les mauvais jours de la tourmente de 93, les religieuses furent contraintes d'abandonner leur maison pour ne plus y rentrer. Et tandis qu'elles-mêmes étaient incarcérées dans la citadelle de Doulens, d'où elles n'échappèrent qu'à grand'peine, leur cloître servait de prison aux malheureux suspects qu'attendaient les jugements du tribunal révolutionnaire Depuis, le couvent des Anglaises a été converti en une brasserie, contigüe à la rue qui a gardé le nom des Anglaises et qui mène à la porte de Selles.

Suit la transcription de l'acte de consentement donné par le magistrat de la ville le 17 mai 1623, et de l'*exequatur* de l'infante Isabelle, du 30 du même mois.

« A tous ceux qui ces présentes lettres voiront ou oiront, Prevost, Echevins et Magistrat de la ville, cité et ducé de Cambrai, salut : Savoir faisons, que sur la requête à nous présentée de la part de révérend père Léandre de St.-Martin, prieur des Bénédictins Anglois, du couvent de St.-Grégoire de Douai, etc, nous avons consenti et accordé, consentons et accordons, que l'on puisse achepter certain héritage, propre et convenable en ceste dite ville, de la qualité et endroit duquel debveront estre advertis et satisfaits paravant l'achapt, aux fins d'y construire et ériger une maison et monastère pour des filles religieuses angloises de l'ordre de St-François réformé, non mendiantes et observantes la closture, moyennant touttesfois que de la part d'icelles filles soit pourveu des moyens et de biens, pour subvenir audit achapt, construction, érection et bâtiments de ladite maison et monastère, à leur nourriture, entretenements et à toutes choses quelconques, qui peuvent en aulcune manière, toucher et concerner elles et leur dite maison et monastère. et ce sy bien et largement que ceste ville de Cambrai et pays de Cambrésis en général ou particulier ne puisse en quel temps, et pour quel temps, et pour quel cas que ce soit, ressentir aucune charge d'icelles et de leur dit monastère, n'y en supporter aulcuns coust, frais, dépens, intérêts ou préjudices, moyennant aussi qu'aucune desdites filles angloises ne poulra en nul temps estre introduite et reçue audit monastère, que préalablement le magistrat de cette ville ne soit deuement apaisé d'une dot et bonne et asseurée fondation de deux cents florins de rente qu'elle aura et apportera audit monastère pour y demeurer et appartenir à perpétuité, et moyennant encore que, audit monastére quoiqu'il soit ainsi institué premièrement pour des filles angloises, des filles cambrésiennes y pourront estre et seront aussi reçues et admises pour y estre en mesme, rang et advantages qu'icelles Angloises; entendons au surplus que ces conditions soient pleinement observées et à toujours; sans que l'effet d'icelles puisse par quelque dissimulation, tollérance ou usaige contraire de tel et si long temps que le sait estre, emportees annulées et prescriptes à l'abvenir, en tesmoings recognoissance et approbation duquel consentement, accorde ces concessions, nous avons à ces présentes signées de notre greffier, fait mettre et appendre le scel aux causes d'icelle ville, le dix septième jour de l'an mil six cent vingt trois. »

« La sérénissime infante (Isabelle, gouvernante des Pays-Bas) ayant veu les actes du consentement à la réception des religieuses angloises de la congrégation de St-Benoist, en la ville de Cambray, tant de l'archevêque que de ceux du magistrat illecq à point bonnes considérations et à leur supplication, permis et donné licence, comme elle fait par ceste aux dites religieuses, d'y povvoir batir et ériger un monastére de leur ordre, mais aux charges et conditions reprinses par lesdits actes. Ordonnons à tous ceux qu'il appartiendra, de se régler selon ce.

» Fait à Bruxelles soub le nom et cachet de son altesse, le trentième de may, mil six cent vingt trois.

» Signé A. ISABELLE.

## HOPITAL

# SAINT-JULIEN.

L'hôpital St.-Julien fut fondé vers l'an 1071, pour le *soulagement* des personnes *nécessiteuses* et *affligées*, par Ellebaud-le-Rouge, issus des anciens comtes de Vermandois, en un lieu contigu aux murailles de son habitation appelée le *Petit Palais*, et depuis le *Temple* (1). Une partie des constructions projetées, devant s'étendre sur un terrain que les chanoines de Ste.-Croix tenaient des libéralités de ce même

(1) Le *Petit Palais* ou le *Temple*, fut démoli en 1781. — Ms. de la bib. comm. de Cambrai, n° 1018, 1re partie, cahier coté *a*.

Ellebaud-le-Rouge, il fut convenu que pour la jouissance de ce terrain, l'hôpital St.-Julien servirait quelques rentes en faveur de la collégiale de Ste Croix (1).

Peu de temps après Gérard II, évêque de Cambrai, considérant que cet établissement hospitalier, tel qu'il avait été fondé, n'était pas en rapport avec les besoins de la population indigente de la ville, en augmenta les bâtiments et fit de nouvelles dotations, pour assurer aux malades les besoins temporels et spirituels. Entres autres, il légua au curé de la paroisse Ste.-Croix, une rente annuelle de trois muids de blé, à charge de visiter les malades, à St.-Julien; de leur administrer les sacrements, et d'y célébrer trois messes par semaine. En 1789, la rente payée pour ce service existait encore, mais modifiée dans sa dénomination; elle se composait de dix-huit mencauds de blé par an, dix-huit rasières d'avoine, et un mencaud de pois.

Un riche bourgeois de Cambrai, nommé Wirembauld de la Vigne, du consentement de sa femme et de ses enfants, après avoir employé une partie de ses biens à racheter, avec l'aide de l'évêque Burchard, un droit de péage fort onéreux que l'on payait sur toutes sortes de denrées au passage de la porte de Selles (2), au profit d'un certain Fouquart ou Fulcard, chevalier, qui exerçait ce droit dans toute sa rigueur, même à l'égard des

(1) V. Mss. n° 658 art. 7, et n° 1018, 2e partie.

(2) Adam Gelicq qui écrivait vers l'an 1500, attribue à tort, uniquement à l'évêque Burchard, le rachat du droit de passage à la porte de Selles. On lit dans ses chroniques : « Après Odon fut évêque de » Cambrai Bouchard. En che tems y avoit un tres cruel passaige à la » porte de Selle, et le tenoit en fief un chevalier appelé messire » Fouquart. auquel passaige nul ne pooit venir qu'il ne paiast grands » deniers; et quand l'on n'avoit de quoi payer, le sergent aud. Fouquart » prendoit beuf, vache, chevaux, drap, linge et tout che qu'on portoit; » et de toute chose que l'on apportoit à vendre y falloit payer argent » et souvent on faisoit de grande insolence, et ledit evesque racheta le » fief et l'affranchit tellement que l'on ne paya plus ledit impos. » — Ms. n° 884, p. 34.

plus pauvres, donna le reste de son avoir à l'hôpital St.-Julien, où il se mit lui-même au service des malades. Il y mourut en 1123. Sa femme s'était fait religieuse et son fils prit l'habit à St.-Aubert (1).

Le même évêque Burchard, par lettres datées de l'an 1122, exempta la maison hospitalière de St.-Julien, de l'*hommage* et du droit de *mouvance* dont elle était tenue envers les officiers de la cour épiscopale. Cette remise fut approuvée par le concile tenu à Reims, l'année suivante.

Ce prélat voulant protéger aussi les propriétés de l'hôpital contre toute tentative à leur détriment, fulmina l'excommunication pour le présent et l'avenir, contre ceux qui feraient tort à ce pieux établissement.

A l'évêque de Cambrai appartenait la nomination des six prébendes de frères chargés du soin des malades de leur sexe, à l'hôpital St-Julien, qui en échange, avait l'abandon des *reliquats* de la table de l'évêque, lorsqu'il mangeait en son palais. Ces réliquats comprenaient aussi les peaux des béliers, des vaches, des bœufs, des taureaux et autres animaux abattus pour le service de la cour épiscopale. Quand l'évêque prenait un repas hors de son palais, le chanoine ou l'hôte chez lequel il mangeait, devait fournir un pain pour chacun des six frères.

Ces droits, consacrés par l'usage, mais qui déplaisaient à l'évêque Guy de Laon, furent supprimés par accord, au mois de décembre 1247, contre sa renonciation à la collation des six prébendes.

La première chapelle de St.-Julien devait son érection à un doyen de Cambrai, nommé Hugues; elle avait été dédiée par l'évêque Gérard II, le 31 décembre 1079, en même temps que

(1) Cameracum christianum, p. 372.

l'église cathédrale et la chapelle de St.-Gengulphe, récemment reconstruites (1).

Une autre petite chapelle souterraine, dans laquelle on pénétrait en descendant six degrés, y fut ensuite fondée, l'an 1224, par l'archidiacre Michel, sous l'invocation de St.-Jean l'évangéliste, à charge par le chapelain, d'aider le pasteur de Ste.-Croix dans la visite des malades à l'hôpital et dans l'administration des sacrements. Cette chapelle prit aussi le nom de *Sancti Juliani sub scalâ*.

En 1347, Robert de Coucy, alors chantre, depuis prévôt de Notre-Dame, voyant que la chapelle principale de St.-Julien était à demi-ruinée, la fit rétablir ; il institua en outre deux bénéfices en l'honneur de Ste.-Marie-Madeleine et de St.-Germain évêque d'Auxerre, avec obligation pour les titulaires d'enterrer les corps des malades morts dans l'hôpital, d'y célébrer la messe et de résider aux offices de la cathédrale.

Environ deux siècles après, une réparation majeure fut ordonnée à la chapelle et à la salle des malades que recouvre un même comble. Le chapitre y donna son approbation le 17 février 1534. De cette époque, en effet, doivent dater les diverses entrées de la grande salle actuelle, dont les cintres surbaissés accusent le XVIe siècle, tandis que les autres ouvertures en *arcade à tiers-point*, représentent bien l'ogive telle qu'elle était en usage pendant le XIVe (2).

En 1536, l'évêque Robert de Croy ayant permis d'établir un

(1) A. Le Glay, Rech. sur l'église métropolitaine de Cambrai, p. 10.

(2) L'un des manuscrits (n° 1018) qui nous ont le plus servi dans nos recherches sur l'hôpital St.-Julien, donne comme ayant été *entièrement reconstruites* en 1534, la chapelle et la salle des malades. Il suffit d'une simple inspection des lieux pour se convaincre du contraire, et reconnaître que l'édifice de style ogival pur, remonte à une époque bien antérieure (1347), et que cette prétendue reconstruction de 1534, n'a été qu'une restauration générale dont on retrouve partout des traces.

clocher à l'hôpital, on y mit une cloche fondue à Douai et qu'on nomma *Julienne*.

A peu de temps de là, on éleva dans la chapelle une magnifique grille en pierre bleue, découpée et à jour, monument très remarquable du XVIe siècle, dont les sept compartiments qui le composent, bien qu'égaux en dimensions, ne présentent entre eux aucune analogie pour leurs sculptures et ciselures. Cette grille autrefois garnie de piliers en cuivre et enjolivée de statuettes du même métal, sert encore de nos jours à la démarcation de la partie consacrée à la célébration des saints mystères avec la nef où reposent les femmes malades. On lit sur l'une des parois le millésime MVLI (1).

Gille Pieters, chanoine et archidiacre de Hainaut, en l'eglise métropolitaine de Cambrai, voulant concourir à l'embellissement intérieur de la chapelle nouvellement restaurée, fit établir la table d'autel, et une belle verrière peinte pour orner l'une des cinq croisées ogivales du chœur. C'est en souvenir de cette œuvre-pie, qu'à sa mort, on l'inhuma au devant du sanctuaire, et qu'on plaça une inscription sur sa tombe. Cette épitaphe trop longue, sans offrir un intérêt marquant, se terminait par ces mots :

... MORTUUS VI° CAL. JUNII, ANNO DOMINI MDLI (2).

Ces divers travaux de réparations et d'embellissements nécessitèrent une nouvelle consécration des lieux ; elle fut faite en 1557, par le célèbre cardinal Reginald ou Renaud Pole, anglais de naissance, alors expatrié pour cause de religion et habitant momentanément Cambrai (3).

---

(1) On peut lire dans les Mém. de la Société d'Em. de Cambrai, t. 17 p. 269, la description détaillée de cette grille, donnée par M. Alc. Wilbert.

(2) On remarque bien une pierre tombale au devant du sanctuaire de la chapelle actuelle, mais rien ne saurait plus indiquer maintenant si elle recouvre ou non la sépulture de Gille Pieters, l'inscription ayant totalement disparu.

(3) « La chapelle nouvelle étant achevée, le chapitre de Cambray

L'on remarquait anciennement dans cette chapelle, plusieurs belles verrières ou vitraux peints, malheureusement détruits depuis lors, et dont on considère la perte comme regrettable (1).

1° Une grande verrière, représentant l'histoire de Gédéon, et la naissance du Christ. Elle avait été donnée par Hugues Capella, évêque de Calcédoine, trésorier de l'église de Cambrai, mort à Bruxelles, le 24 juillet 1538.

2° Une autre verrière, représentant l'apparition de Jésus à Madeleine, après sa résurrection. On la devait aux libéralités de Gille Pieters, archidiacre de Hainaut, le même qui avait déjà fait établir, à ses frais, la table d'autel.

3° Une autre, où l'on voyait Jésus portant sa croix, donnée par Georges Asser, archidiacre de Valenciennes, décédé en 1555.

4° Une autre, dont le sujet était l'entrée du Sauveur à Jérusalem, donnée par Ph. Lemaire majoris, doyen et chanoine de l'église de Cambrai, décédé le 22 janvier 1555.

5° Une autre, montrant Jésus au Jardin des Olives, donnée par Etienne Cambier, chapelain de la même église, décédé en 1538.

Il existait encore dans la grande salle, divers autres vitraux

---

» pour la faire bénir, s'adressa à Renaud Polus, anglois, diacre » cardinal du titre de saint Nérée et saint Achillée, légat à Latere, » pour le royaume d'Angleterre et autres pays voisins. Paul III » l'avoit élu cardinal avec autres, le mercredy vingtième de décembre » 1536. Il en obtint la permission de choisir tel évêque catholique » qu'il voudrait pour bénir, consacrer et dédier ladite chapelle, par » lettres données à Cambray l'an de l'incarnation du seigneur 1537, le » 15 may. » — Ms. n° 1018, 2e partie.

(1) On lit sur une des croisées prenant jour au sud, le millésime 1691, enchâssé en verre de couleur. On doit présumer que cette date de l'établissement des nouveaux vitraux, est aussi celle de la suppression des anciens vitraux peints.

peints, moins importants, et qui de même que les précédents, ont disparu depuis longtemps.

A propos d'une statuette de St.-Julien l'hospitalier, primitivement placée en 1437 au-dessus d'un portail intérieur de l'hôpital, et qui y fut rétablie dans une réparation subséquente, Julien Deligne, dans le Ms. n° 658, art. 26, rapporte la légende suivante :

« Marc Marule, liv. 4, chap. 10, traictant d'iceluy St.-Julien, » dit : St-Julien, surnommé l'hospitalier, tua ses père et mère, » plus par erreur que par fureur ; car comme il retournait en la » maison d'un grand matin, les trouvant dormans au lit de sa » femme, pensant qu'elle étoit couchée avec un adultère, tirant » tout à coup son espée, il les perça de part en part, sa femme » estant allée à l'église paravant sa venue : Dont ce bon homme » depuis, cognoissant sa fault, ploura amèrement. Au moyen de » quoy, pour povoir meriter pardon, quitant et abandonnant » son mesnage, il fit bastir un hospital assez prez du bord d'une » rivière, où plusieurs voulant passer à gué, venoient à périr ; et » là commença à soulager les passans, les mettant oultre avec » une petite navire et les recueillant en sa maison jusques à ce » qu'il luy fut dict divinement qu'il avoit effacé son peché par » le mérite d'hospitalité. Par ce moyen donc celui qui avoit » meurtry ses père et mère, par pénitence devint citoien des » cieux. Voila ce que Marule dict. »

En 1640, Jean Taisne, prêtre chapelain de l'église métropolitaine, entr'autres fondations pieuses, institua celle de six patars par chaque malade guéri sortant de l'hôpital, à la condition qu'il récitera un *Pater* et un *Ave* devant l'image de St-Joseph exposée dans la chapelle.

Nous avons précédemment dit que l'hôpital était desservi par des *frères* ; il y avait concurremment des *sœurs* chargées du soin des malades de leur sexe. On ignore l'époque précise où les premiers furent supprimés, néanmoins il est présumable que la mesure remonte au commencement du XV^e siècle (1) La présence des frères à St Julien est encore mentionnée dans un titre de l'an 1395, reposant aux archives de l'établissement ; mais en 1499, on reconnaît la nécessité de réformer les statuts de la communauté, parce qu'il n'y a plus de frères et que les sœurs font seules, déjà depuis longtemps, le service des pauvres malades (2).

Les religieuses de St-Julien, dont le zèle était en grand renom dans tout le pays, furent maintes fois appelées à rendre des services en dehors de leur maison. En 1513, la peste ayant emporté plusieurs religieuses de l'hôpital St-Jean de la même ville, elles durent prendre la direction de cet hôpital et se vouer aux soins des pestiférés. Quant à St-Julien, l'on n'y admettait aucun malade de cette nature ; celà résultait d'une convention officiellement arrêtée entre le clergé et les magistrats de la cité, le 9 juillet 1519.

Le 9 septembre 1530, le nombre des sœurs de la maison de St-Julien, fixé par ordonnance du chapitre du 28 juin 1493, à six seulement, malgré la suppression des *frères* dont la coopération devait les sublever dans leurs pénibles fonctions, est porté, à cause de ***besoins plus urgents***, à seize, suivant ordonnance rendue par le même chapitre métropolitain (3).

---

(1) Nous n'avons pu déterminer plus exactement l'époque où a cessé la communauté des frères et des sœurs de St-Julien ; il nous reste une lacune de plus d'un siècle, pendant laquelle il n'est question ni des frères ni des sœurs, dans aucuns des documents historiques concernant cet hôpital, au moins dans ceux que nous avons pu consulter. Nous devons donc partager l'opinion du Congrès archéologique et scientifique tenu à Lille, par la *Société française* (séance du 7 juin 1845), que, « l'époque de la séparation totale des monastères d'hommes et de » femmes ne peut être précisée. »

(2) V. les statuts de l'an 1499, donnés ci-après.

(3) Die 9^a septembris 1530 : Statuitur ut numerus religiosarum hospitalis Sancti Juliani non excedat sedecim. — Extrait d'un acte capitulaire.

La vie régulière et le dévouement bien connu de ces religieuses pour le soulagement des pauvres malades, les firent demander aussi pour réformer d'autres établissements hospitaliers des contrées voisines. Plusieurs d'entre-elles se rendirent à l'hôpital de Lessines, pour en prendre la direction. Leur congé de départ fut signé en séance du chapitre, sous la date du 10 octobre 1535.

Après de longues et de vives instances commencées dès l'année 1554, près du chapitre métropolitain de Cambrai, par le président du Conseil d'Artois messire Pierre Asset, mons. de Vos, lieutenant de la ville d'Arras, et mons. Cornaille, procureur du roi, la sœur Jeanne de Rochefort alors supérieure de l'hôpital St-Julien de Cambrai, obtint de se rendre à l'hôpital St Jean d'Arras (1) pour y opérer les réformes qu'elle jugerait nécessaires. Cet hôpital, au dire des chroniqueurs du temps, était alors desservi par *certaines femmes séculières* dont la gestion était *fort scandaleuse*. On lit à ce sujet, les lignes suivantes, dans un Mémoire déposé aux archives de l'hôpital St-Julien de Cambrai : « Mesdits séigneurs » du chapître sur ce conseillés et ayant entendu les intentions et » volontés des religieuses dudit hôpital St-Julien qui ne dési- » roient de quitter leur maison, leurs répondirent qu'ils ne pou- » voient constraindre les religieuses d'aller en Arras, contre leur » volonté et qu'ils ne les savoient induire à cela, partant qu'il » falloit avoir patience d'être refusé.

» Quelque dix ans après, environ l'an 1564, lesdits président, » lieutenant et procureur du roy cognoissant le désordre de leur » hôpital d'Arras, par le mauvais gouvernement des filles sécu- » lières qui estoient fort scandaleuses et ne satisfaisoient aux ma- » lades, revinrent derechef avec plus d'instance qu'auparavant,

---

(1) L'hôpital d'Arras, dit de St-Jean en Lestrée fut fondée sous le règne de Louis VII, dit le Jeune, et sous l'épiscopat de Fremauld, vers l'an 1078. On l'appela l hôpital St-Jean en Lestrée, parce qu'il fut placé sous la protection du saint précurseur et bâti à côté de la rue principale (Strata) qui conduit à la cité. — Notice hist. sur les établissements de bienf. de la ville d'Arras, par l'abbé Proyart, in-8, Arras, 1846.

» tant vers les dame et religieuses dudit hôpital que vers lesdits » seigneurs du chapitre. A l'instance et par l'entremise de sœur » Jeanne de Rochefort, pour lors dame dudit hôpital St-Julien, » laquelle mise à genoux les en supplia et lui fut accordé. »

Dame Rochefort accompagnée de trois autres sœurs nommées Marie Tavernière, Jacqueline Pesé et Anne Noisette, arrivèrent à Arras le 1er août 1563. Elles furent suivies de dix jeunes filles de Cambrai dont elles avaient fait choix : les sœurs Marthe de Rey, Marie Crespin, Claire Desaint, Marie Ostin, qui plus tard y mourut de la peste (1), Anne Fenain, Barbe Pesé, Marguerite Noisette, de Fourmanoire et Jeanne Mariaige.

Jeanne de Rochefort, après avoir réglé l'hôpital St-Jean et nommé dame et maîtresse de cette maison la sœur Jacqueline Pesé, revint à Cambrai continuer l'administration de l'hôpital St-Julien.

Il n'est sorte de privation que n'eussent à endurer les nouvelles religieuses d'Arras, pendant les deux premières années de leur séjour dans cette ville ; « n'ayant, ajoute le Mémoire, licts pour » coucher, siéges pour s'asseoir ny aulcuns meubles ny mesme » ung pot pour boire, tant pour elles que pour les pauvres malades, à raison que les susdites filles séculières avaient tout » emporté. »

Cette position précaire pour nos courageuses filles de Cambrai, changea heureusement, à la suite des lettres patentes que rendit Philippe II, le 18 février 1565, lesquelles portèrent à dix-huit le nombre des religieuses.

Jacqueline Pesé gouverna avec sagesse, pendant vingt et un ans, la maison de St-Jean d'Arras.....

Mais revenons à l'hôpital St-Julien de Cambrai.

---

(1) Nécrologe de St-Jean d'Arras.

En 1645, le nombre des malades traités dans cet hôpital devint si considérable à cause des *guerres* et *calamités*, que le revenu dotal de la maison fut entièrement épuisé. La conduite des religieuses en cette circonstance est tout-à-fait digne d'éloges. Après avoir contribué de toutes leurs ressources à l'entretien des malades, elles sollicitèrent vivement du chapitre métropolitain, l'autorisation de vendre leur argenterie ; ce qui leur fut accordé par acte dressé le 5 novembre de la même année, et dont voici l'analyse :

« *Decretum hospitalis Sancti Juliani pro venditione argenteorum ob bellum et calamitatem et devastationem generalem quodque aliunde non habeat ad subveniendum et succurrendum ægrotantium et languentium miseriis ac prefati hospitalis urgentissimis necessitatibus* »

« Décret autorisant la vente de l'argenterie de l'hôpital St-Julien, à cause de la guerre, des calamités et de la dévastation générale du pays : à défaut d'autres moyens de subvenir aux misères des malades et infirmes, et aux plus pressants besoins dudit hôpital.

En 1666, on termina les bâtiments situés de l'autre côté de la rue, en face de l'hôpital, et qui sont maintenant effectés aux divers bureaux de l'administration générale des hospices et des secours publics de la ville. La disposition des autres constructions élevées dans la cour qu'un passage souterrain fait communiquer avec celle de l'hôpital, ne permet aucun doute, qu'ils n'aient été primitivement destinés aux usages d'une ferme ou culture.

Un élégant pigeonnier surmonté d'un lanterneau, s'élève entre cour et jardin ; on lit sur une des façades le millésime 1655. D'ailleurs une des plus anciennes parties de l'hôpital, sorte de construction fort ancienne mais sans caractère, est toujours désignée sous le nom de *grange* ; et si l'on consulte les comptes anciens de la maison, ils font connaître qu'au XIV^e siècle déjà, on y élevait des *vakes*, des *geniches*, des *buefs* et des *pourchiaux*. Il y est également fait mention de *quevaux*, de *cars* et de *carettes*.

Il y avait aussi dans l'intérieur de l'hôpital, une brasserie pour la bierre. La dernière qui sert actuellement de buanderie, fut construite en 1725, comme on le voit par une pierre enchâssée dans la muraille intérieure, avec cette inscription : *Cette pierre fut posez par sœur Elisabet Tourtois, prieure, le 3 may 1725.*

Au commencement du dernier siècle, les religieuses de St-Julien ayant reconnu qu'une deuxième chapelle distincte de celle de l'hôpital, leur serait utile pour leur usage particulier, exposèrent leur demande au chapitre métropolitain dans sa séance du 19 décembre 1732. L'exécution de ce projet amena la suppression de la petite chapelle de *Sancti Juliani sub scalâ*, et d'un bâtiment nommé la *sallette*, qui renfermait quinze lits.

Cette chapelle qu'on disait fort bien décorée dans le principe, n'est plus à l'usage du culte ; elle sert entièrement de salle pour les hommes malades. L'édifice fut achevé en 1734, comme le prouve ce chronographe qui fut inscrit au fronton du portail actuellement fermé et jadis ouvert sur la rue du Temple : *MeDICo VItæ eXtrVXIt CarItas.*

La première pierre de cette chapelle avait été posée le 29 mai 1733, par le grand ministre de l'église métropolitaine ; et la bénédiction en eut lieu l'année suivante par le doyen Mazile.

Des caveaux pour l'inhumation des religieuses hospitalières s'étendent sous la nef ; il nous a été impossible de les explorer, parce que les anneaux de fer scellés à la pierre qui en recouvre l'entrée ont été supprimés, de sorte qu'on ne peut lever cette pierre sans rétablir ses supports ou sans démonter une partie des dalles environnantes. Deux ouvertures grillées de cette crypte funéraire prennent jour, au niveau du sol, sur la rue du Temple.

L'établissement de St-Julien fut respecté en 93 ; mais il prit le nom de *Maison de l'Humanité*. A l'exception de quelques membres de la communauté qui émigrèrent pendant les années de troubles révolutionnaires, l'hôpital continua d'être desservi par les sœurs de St-Augustin, ordre qu'elles professent depuis le 31 octobre 1642.

Les premiers statuts donnés à l'hôpital St-Julien, remontent à 1220 ; ils sont écrits en roman du XIIIe siècle, et ont été conservés jusqu'à nous dans les cartulaires reposant aux archives mêmes de l'établissement. et à la bibliothèque communale de Cambrai. Ces statuts ou réglements furent renouvelés ou modifiés le 4 novembre 1499, le 16 août 1575, le 31 octobre 1642, le 1er juillet 1661, le 3 février 1679, le 26 mars 1745, le 22 novembre 1810 et enfin le 19 décembre 1844.

Nous ne donnerons ici dans leur entier que les deux plus anciens statuts, nous bornant à ne citer des autres, que les points présentant des dispositions notables non prévues par leurs devanciers.

## STATUTS DE L'AN 1220.

« SENSIEUT le anchienne et premieraine constitution de la rigle et forme de vivre des freres et sœurs servans pour Dieu et ministrans aux poures malades en le hospital de Saint-Julien à Cambrai.

» R. Prevos. A Doiens et tous li capitele de Nostre-Dame de Cambrai, a tous chiaus qui ceste presente lettre verront salut en nostre Signeur. Cognute cose soit a vostre université que, a lhonneur Dieu, madame Sainte Marie avvec le salut des ames, nous avons ordene en no capitele de commun assentement des freres, a ce jour avons estauli sans nul reclaim une maniere de vivre en lospital Sainct Julien de Cambrai soubs ceste fourme.

» Saucuns crestiens se soit offers à nostre Signeur a servant en lospital Sainct Julien, ne doit mie estre recheus en frere ni en sereur, ains soit converse entre les sereurs et esprouvés par VI moys, et soit cogneu le labeur de le maison et le maniere de vivre.

» Adont nous otrions, sil plaist a no capitele, quil renonche au siecle et a propre volente et faie veu de continenche, de castete, de pourete et dobediance; et meche se main sour lestole en main de prestre pour faire le veu devant dict, et sour lui il eslieve le fais dobedience.

» De vèstures nient coulourees doivent estre li frere et li sereur vesti en une fourme, mais les suers doivent porter par jour gris escarpulers ou noir sour leur costé

» Refroitoir, dortoir et aultres officines doivent avoir li freres par yaux et li sereurs par elles. Li frere avvec sereur ne doit mie anieller ses secrets ne ses paroles.

» Li frere ne doit mie seir avvec sereur, seul a seul, que soupechons nen puist naistre de mal.

» Li frere et les sereurs doivent etre repeut de comuns boires et de comuns meigniers se aulcune cose daccession y soit sousentree par enfermete u par negligence des persones.

» Nulle persone ne doit estre rechute a frere ne a sereur fors a ministrer les malades et as aultres coses necessaires de le maison.

» Une saige persone y soit trouvee par especial congiet de capitele.

» Nulz des freres ne des sereurs ne doivent mie issir des sens de le maison sans certaine cose et licence de sen souverain.

» Lie suer qui a congie ne doit mie aler par le cite sans tesmoignaige et sans compaignie d'aultre sereur u donneste persone.

» Nus des freres ne de sereurs huers de le maison en quelconques lieus qu'ils soient en Cambray ne doivent meigner ne boire que deux fies.

» En dortoir, en oratoire et en refroitoir doivent li frere et li sereurs tenir silence ; mais saulcune besoigne necessaire entre le megnier constraint aulcun de parler, il se doit lever et en estant die briefement chou que li necessite li demande.

Li frere et li sereurs doivent cascune semaine au mains une fie estre en capitele de necessites de le maison et des oultrages saucun y sont amender.

» Des oultrages ils doivent estre puni en leur maison en satisfaction u en mettre huers a lordenanche dou procureur de cheli hospital et dou conseil dou capitele se besoin estoit.

» Nus hom ni doit estre rechus awec se femme.

» Cil qui aront aprins lestres et qui seront lorison dou dimanche, il diront selon lordenanche dou procureur chou qu'il saront.

» Li malades doit estre rechus benignement, et ensi que li sires de le maison, doit estre repeus cascun jour devant chou que li frere ne les sereurs megnechent selonc leur enfermete.

» Et se aulcune cose vient ou desir dou malade, on le doit querir son le puet trouver, par si que ne soit contraire cose au malade, selonc le pooir de le maison, et chou doit on faire parfaitement dusques a donc quil soit restaulis en sante.

» Li malades doivent estre wardé soigneusement.

» Saucun des convers ait este côvaincus a propre, il doit estre grievement puni, mais de tes defaut on en doit faire com descumenyer et sans divin office doit estrè ẽsevelis.

» Tes malades soiét recheus tant seulement que de tel maladie sont empeschiet qu'il ne pevent aler mendier duis en huis

» Li canones procureres de cele maisen, il ordene sour

toutes ces coses et sour celes a avenir com il ara coneut a avenir et des doutanches et des grans coses rekeure au capitele.

» Et pour que ceste ordenanche demeure ferme, nous avons fait seeler ceste presente lettre de no seel. Et ce fu fait lan de lincarnation de nre Signeur Jhesu Crist Mil CCXX ou moys de May. »

## STATUTS DE L'AN 1499.

» Prevost, Doyen et Chapre de leglise de Cambray, a tous ceulx qui ces presentes lettres verront, liront ou orrôt, salut en nre Seigneur. Sachent tous que du mois de may mil deux cent et vingt, a l'hôneur de Dieu, de la benoite vierge Marie, de tous les sains aussi et pour le salut des ames, nos confreres et predecesseurs dung cômun assentement sans aulcune reclamation aux freres et seurs de lhospital Saint Julien de Cambray, qui pour ce temps y estoient ou seroient au temps advenir, avoir ordonne en icelui une maniere de vivre et samblablement avoir baillie une rigle laquelle lesdits freres et seurs en icelui lieu debveront garder. Mais pour ce que le nom des freres cesse oud. lieu et les seurs seules desja longtemps sont oud. lieu, ministrans et servans aux poures. Mesmes considerons que de la maniere de vivre et rigle devât dites ensamble et du teneur diceux et intention on est aulcunement decheu et venu al arriere. Usans dautorité samblable a nos predecesseurs et de pareille raison esmis En renouvellant la rigle avât dite et maniere de vivre oud. lieu et par petites additions le augmentant. Aux dites sœurs les articles et forme cy apres descriptes pour tout observer, les declarons soubz ceste forme et teneur.

» Se aulcune catholique vierge sest offerte a servir Dieu en lhospital Saint Julien de Cambray, elle ne doibt estre receue a sœur jusques a ce que elle ait converse et estre approuvee entre les sœurs lespace de six mois, et quelle ait experimente les labeurs, veilles et sollicitudes de la maison tant entour les poures et malades comme entre les aultres cômunes besonges de la maison dite. Et sil est que elle soit trouvee de mœurs et approuvee conversation, samblablement de forte et robuste corpulence. Adont du consentement de nre chapre elle sera receue aux vœus accoustume de faire en la dite maison ; cest a scavoir a renôcier au siecle et a sa propre volente, et en faisant samblablement le vœu de continence. La quelle en solennizant lesdis vœus selon lancienne coustume, mettera ses mains soubz lestole entre les mains du prestre qui iceulz vœus recevera, lesquels elle pronuncera de bouche et de cœur selon la forme qui cy sensieut.

« Je N... voue et prometz a Dieu, a la benoite vierge Marie,
» a monseigneur Saint Julien et a tous les sains, garder en cest
» hospital et habit, castete, pourete et obedience a mes seigneurs
» de Chapre de Cambrai, mes seigneurs souverains, jusque a la
» mort. »

« De vestures non coulourees seront vestues les dites sœurs, dune meismes forme et maniere, et dessus leurs vestemens porteront scapulaire de noire couleur.

« Nulle personne ne sera receue en sœur fors a ministrer et servir les malades. Neantmoins lune dicelles ou quelque aultre personne ydone et discrete a procurer les aultres utilitez de la maison, par lespecial congie de nre Chapre y sera instituee. La quelle tous les ans, lendemain de la nativite Saint Jehan Baptiste, ou quel temps on celebre nre Chapre general, sera tenue en signe de temporele et non perpetuele administration presenter les clefs dudit hospital en nre Chapre. Et lors son veoit quil fust oportun et expedient, on le porroit redintegrer, entretenir et continuer a la cherge de la dessus dite administration et procuration, ou une aultre, soit sœur ou quelque personne ydone et discrete, sera en son lieu de nouveau instituee.

» Nulle des sœurs ne doibt issir hors du pourpris et closture de la maison en courant par les rues places et maisons daultrui sans cause raisonnable et licence de son souverain ou de la sœur qui par Chapre a ce sera deputee et ordonnee. Et lors que ara faculte et permission de aler côme dit est, ny doibt pas aler sans tesmoignage et compaignye dune des sœurs ou daultre honneste personne.

» Nulle des sœurs en quelque lieu qu'il soit, ne prende refection dehors lhospital, se ce nest de la grace et especiale permission du maistre.

» En loratoire, refectoire et dormitoire, doibvent les sœurs tenir silence, se grande necessite ne les contraint. Du quel cas la sœur ainsy constrainte de parler se levera, et en estant toute droite dira en brief ce qu'il semblera estre expedient.

» Les sœurs chascune sepmaine une fois se assambleront en leur chapre pour traitter les affaires de la maison et aussi pour corrigier leurs exces en charite et fraternele dilection. En ce faisant sil advenoit que aulcune des sœurs pour son demerite fust trouvee a corrigier plus durement que de parolles, soit punie dedens la maison par satisfaction. Du se la gravite du crime commis le requeroit, soit mise dehors par lordonnance du maistre et du consentement de Chapre et meismes quant la necessite et grandeur du fait le requiert.

» Les sœurs qui scevent lettres, comme le psaultier, heures nre dame, vigiles, commendaces et telz suffrages, ou loraison dominicale avec *Ave Maria*, diront ce quil leur sera enjoint par leur maistre ou la sœur a la quelle il ara de en ordonner commis sa puissance

» Se aulcune des sœurs est convainscue que elle ait propre, soit griefvement punie, et de tel et grant exces soit delle fait comme dung excomunye, et si avant, que sans office divin soit ensevelie.

» Le malade que de telle maladie est empeschie quil ne pœut mendyer dhuis en huis, benignement soit rechupt, et ainsi que le seigneur de la maison, chûn jour aincheis que les sœurs prendent leur repas soit refectionne selon la maladie et qualite dicelle. Et se aulcune chose se ingere et vient au desir du malade, on le doibt querir, porveu que ce ne soit point chose contraire a sa maladie. Et ce doibt estre habondamment fait et plainement selon la faculte et puissance de la maison, jusques adont quil soit restaure en sante.

» Les malades, en toute diligence soient gardez et en les servant ne soient pas par les sœurs de dures paroles ou griefves exasperez, mais plus tost soient consolez de doulz et pitoiables mots, en leur mettant au devant parolles de sainte exhortation que patiâment ils soustiennent la verge de Dieu. Que benignement et en rendant graces, ils rechoivent les benefices et biens de la maison et pryent Dieu devotement pour les bienfaiteurs dicelle maison.

» Et pour ce que de la derniere heure de nre vye, nous sommes tous incertains, mesmes les poures malades qui sont desja couchans es litz de lhospital, souvent de plusieurs et griefves maladies sont empeschiez, dôt par naturele conjecture sont estimez plus prochains de la mort, affin que sans recepvoir les sacremens de leglisce, par especial sans faire confession sacramentele ne voient de vye par mort. Nous volons que les sœurs âmonnestent lesdis malades et poures a leur entree oudit hospital, de faire au prestre confession sacramentele, affin que se la maladie engriefve en eux, plus seurement soy confient de passer a Dieu le createur.

» Le chanoine maistre departe par le Chapre a la superintendance et gouvernement de lhospital, ordonnera sur toutes les choses dessus dites, tant presentes comme advenir selon quil congnoistera estre plus expedient. Et des doubtes et choses haultes, ara recours en Chapre, auquel appartient telles matieres et difficultez jugier.

» Et affin que ceste presente ordonnance et rigle soit a tousjours ferme et estable, avons ceste presente lettre fait sceller de nre grant et solennel seel.

» Donnees a Cambrai en nre Chapre general, en lan nre Seigneur mil quatre cens quatre vingts dix et neuf, le quatriesme jour du mois de novembre. »

## STATUTS DE L'AN 1575.

Le chapitre métropolitain, après avoir soigneusement rappelé les diverses dispositions du précédent réglement, recommande aux religieuses hospitalières :

» De servir les poures soigneusement par bon amour et charité et toute doulceur, d'une promptitude de cœur et bonne volonté, sans leur donner rude parole, les admonestant à supporter leur mal avec patience à l'exemple de Jhû Crist, pour obtenir rémission de leurs pêchés.

» De vivre en paix et amitié l'une avec l'autre.... Que si par fragilité humaine il advenait quelque trouble entre elles, de soy recconciller devant aller dormir, présentes la Dame et deux ou trois anciennes, à peine d'en faire bonne correction. »

Etablit en principe que la Dame ou maîtresse de la maison peut, de l'avis des deux plus anciennes, envoyer des religieuses soigner des malades hors de la maison.

Charge une religieuse *dépensière* de rendre compte chaque semaine des dépenses par elle effectuées pour l'entretien de l'hôpital ;

Une religieuse *cavière* gardienne des clefs de la cave pour la distribution de la bierre « à ceux et celles que besoin sera par raison. »

Et enfin une religieuse *grénetière*, pour tenir compte de la distribution des grains vendus au marché, portés au moulin ; de ceux remis à la brasserie pour la fabrication de la bierre, ou employés à la nourriture des bestiaux.

Décide « que nuls marchiés de terre ou aultres biens, ne louage » de maisons, ne revente de bleds, ne quittance, ne modéra-

» tions se facent dorsénavant aux censiers, sinon du sceu et par
» advis du Maistre. »

Est signé par G. Sauvage, secrétaire du chapitre, sous la date du 16 août 1575.

DÉLIBÉRATION DE L'AN 1641.

Le chapitre décide que pour le ***plus grand bien dudit hôpital***, de changer la dame supérieure de ***trois ans en trois ans***.

STATUTS DE L'AN 1642.

C'est à dater de cette année, que les religieuses hospitalières de S. Julien ont été soumises à la règle de S. Augustin. Les nouveaux statuts après avoir rappelé à ces religieuses qu'elles sont toujours soumises immédiatement au chapitre métropolitain, donne en ces termes le vœu à prononcer par les novices reçues dans l'ordre :

« Je sœur N... voue et promet à Dieu, à la benoîte vierge
» Marie, à monseigneur S. Augustin, et à monseigneur S. Julien,
» et à tous les saints, de garder en cet hôpital et habit selon la
» règle de S. Augustin, la chasteté, pauvreté et obédience à
» messeigneurs du chapitre de Cambrai, mes seigneurs souve-
» rains, jusqu'à la mort. »

Rappelle à la dame supérieure, l'obligation de représenter, le lendemain de la saint Jean-Baptiste, sur le bureau du chapitre métropolitain, les clefs de l'hôpital, « en signe que son administration n'est perpétuelle, ains temporelle, » ledit chapitre se réservant toujours la faculté de maintenir la supérieure dans ses fonctions, ou de la remplacer s'il le juge convenable.

Défend aux religieuses ou filles novices de servir à la messe sous aucun prétexte.

Renouvelle instamment cette recommandation : « que les ma-

» lades qui ne peuvent mendier leur pain de porte en porte, » soient beniguement reçus dans l'hôpital, et que comme aux » maîtres d'iceluy et seigneurs, le repas soit servi avant que les » religieuses prennent le leur; qu'yceux malades soient servis » selon la qualité de leur personne et maladie, et que l'on ait » soin de satisfaire à leurs désirs pourvu qu'ils soient raison- » nables. Cette affaire de charité se continuera, en leur endroit, » jusqu'à ce qu'ils soient retournez en convalescence, autant » que pourront porter les commodités de la maison. »

Est daté du dernier jour d'octobre de l'an 1642, avec la signature de Villani secrétaire.

## STATUTS DE L'AN 1745.

Ce réglement composé de neuf articles seulement, ne présente aucune disposition qui n'ait été prévue par les statuts antérieurs.

Il porte la date du 26 mars 1745 avec la signature de J. Vasseur, secrétaire.

## STATUTS ET RÉGLEMENT DE L'AN 1810.

Les considérations exposées dans ces statuts, donnés par décret impérial du 22 novembre 1810, sont communes à l'hôpital St-Julien de Cambrai et à diverses autres congrégations hospitalières de femmes, établies dans les villes de Comines, Roubaix, Seclin et Tourcoing.

Après avoir confirmé les principes généraux contenus dans les statuts primitifs, le décret rappelle les devoirs des religieuses envers les malades, les soins qu'elles leurs doivent quant au matériel, les consolations et avis charitables pour les reconcilier avec Dieu; ce qu'il ne doit toutefois être fait qu'avec circonspection et sobriété, pour ne point alarmer ni fatiguer les malades; enfin ce qui leur reste à faire aux derniers instants des moribonds, l'ensevelissement des morts, les prières à réciter avant et pendant les funérailles.

On y retrouve les principes généraux précédemment développés.

## RÉGLEMENT GÉNÉRAL DE L'AN 1844

Établi par la commission administrative, le 19 décembre 1844, d'après le modèle adopté pour tous les établissements hospitaliers du royaume, par le ministre de l'intérieur, le 31 janvier 1840, ce réglement prévoit tous les cas relatifs à l'hôpital St-Julien, à l'hospice général et à la maison de Notre-Dame, fondée par l'archevêque Vander Burch, établissements désignés sous le titre générique d'hospices civils réunis de Cambrai. Il ne doit être ici question que des points applicables à l'hôpital St-Julien.

Tous les malades civils (1) indistinctement, même les incurables, sont traités à l'hôpital; cependant les aliénés ne peuvent y être reçus que passagèrement et en attendant leur transport dans une maison centrale. (Art. 4).

Le maximum des lits est fixé à 154; savoir : 51 lits d'hommes, 51 de femmes, 7 de femmes enceintes, 7 de vénériennes, 5 d'aliénés, 16 d'hommes incurables, 17 de femmes incurables. (Art 7).

L'admission des indigents malades dans l'hôpital est prononcée par l'administrateur de service, qui prend autant que possible l'avis du médecin de l'établissement (Art. 10).

La sortie est de même ordonnée par l'administrateur de service, sur la déclaration du médecin que cette sortie peut avoir lieu sans danger pour eux. (Art. 15).

Les employés servants nourris dans l'établissement se composent de : huit sœurs, un infirmier des hommes, trois infirmières des femmes, une servante, une couturière, un préposé spécialement chargé de l'entretien du jardin, et un portier. Les employés et

---

(1) Cambrai ayant un hôpital militaire, c'est dans cet hôpital que sont admis et traités les malades qui appartiennent à l'armée de terre ou à la marine. — Note du réglement de 1844.

servants non nourris sont : un médecin, un chirurgien, un aumônier, un chantre et un barbier. (Art. 30)

Il y a en outre un secrétaire des hospices réunis, un receveur et un économe

Les sœurs hospitalières sont chargées du service intérieur ; elles soignent les malades, elles distribuent, après les avoir reçu de l'économe, les vêtements, les aliments et tous les autres objets nécessaires au service (Art 40).

Le régime alimentaire est salubre et conforme aux principes de l'hygiène. Le pain est de pur froment et la viande d'excellente qualité. La bierre formant la boisson habituelle, le vin n'est donné aux malades que sur les ordres des médecins. Ce régime est toujours modifié selon les besoins des malades auxquels on ne refuse rien de ce qui est nécessaire pour hâter leur guérison.

Si sous le rapport des soins charitables et zélés que reçoivent les malades traités à l'hôpital, il ne reste rien à désirer, il n'en est pas de même sous le rapport des bâtiments affectés au service hospitalier dont les dispositions dirons nous, sans entrer dans de plus grands détails, sont on ne peut plus défavorables à leur destination. Aussi, la Commission administrative a senti depuis long-temps la nécessité d'y apporter une amélioration reconnue indispensable. Plusieurs projets d'une entière restauration de l'hôpital ont été mis à l'étude ; mais aucun n'ayant paru remplir les exigences d'un bon service, l'administration s'est décidée à fonder un nouvel hôpital en un lieu plus vaste. En conséquence, un échange a été arrêté entre la ville et cette administration, des bâtiments de l'hôpital actuel, contre les bâtiments et le terrain des écoles communales, à St-Lazare. Les travaux de constructions seront ouverts dans le courant de l'année 1854 sous la direction de M. De Baralle, architecte des hospices.

*Aperçu des ressources actuelles de l'hôpital.*

Contenance et valeur des biens immeubles.

| | h. a. c. | | fr. c. |
|---|---|---|---|
| Terres labourables........ | 468,33,55. | Valeur | 1,170,839 00 |
| Prés, vergers, terrains plantés | 41,41,41. | — | 128,381 00 |
| Propriétés affectées au service de l'établissement : Hôpital, secrétariat, jardin et maison de l'aumônier.. .. | »,67,61. | — | 150,000 00 |
| Totaux....... | 510,42,57. | — | 1,449,220 00 |

Situation des propriétés.

| | h. a. c. |
|---|---|
| Arrondissement de Cambrai.................. | 474,72,04 |
| Département du Nord...................... | 2,29,89 |
| — du Pas-de-Calais................ | 6,82,67 |
| — de la Somme.................. | 26,57,97 |
| Contenance égale..... | 510,42,57 |

Evaluation des revenus, année commune.

| | fr. c. |
|---|---|
| Loyers de maisons et terrains... ............. | 30 00 |
| Fermages des biens ruraux.................. | 47,290 00 |
| Rentes sur l'Etat.. ....................... | 18,090 00 |
| Rentes sur particuliers......... ........... | 540 00 |
| Intérêts des fonds placés à la caisse de service.... | 1,000 00 |
| Intérêts des fonds prêtés au Mont-de-Piété...... | 1,650 00 |
| Pensions d'individus payant traités dans l'hôpital.. | 3,700 00 |
| Recettes diverses imprévues... .............. | 100 00 |
| Somme totale....... | 72,200 00 |

Dans cette évaluation des revenus n'est point compris le produit variable des pots-de-vin à recouvrer en vertu des baux de locations, soit annuellement un neuvième des fermages et loyers, et dont l'affectation spéciale est d'être employé en acquisition de rentes sur l'Etat.

# HÔPITAL

# SAINT JEAN-BAPTISTE

ET

# HÔPITAL SAINT VAAST.

La maison hospitalière de St.-Jean-Baptiste fut fondée en 1150, par Bauduin Lambert ou de Lambres, bourgeois de Cambrai, et Jeanne Godin. sa femme, lesquels donnèrent pour en faire un hôpital, un héritage situé vers l'église paroissiale de Ste-Marie-Madeleine. Ils affectèrent quelques revenus pour l'entretien des malades, dont le soin était confié à des frères et à des sœurs, comme nous le voyons par une charte émanée de l'évêque Guy, en l'année 1243.

Cet hôpital avait deux chapelles, nommées chapelle de la Sainte-

Trinité et chapelle St.-Jean. Cette dernière située à *main sénestre de l'entrée*, était la plus ancienne; elle avait été bâtie en 1232, par Jean Lemaire ou Lemayeur, bailli du chapitre de Cambrai et Helwige, sa femme. On y voyait la tombe de François le Héraut, chanoine de Notre-Dame, mort en 1404, et reconnu pour l'un de ses bienfaiteurs.

La chapelle de la Sainte-Trinité, renfermait aussi la sépulture de son fondateur, Jean Mouscron, également chanoine et official de Cambrai, mort l'an 1555.

Un autre chanoine de la métropole, Pierre Simon, avait fondé un lit dans l'hôpital, et fait établir dans l'une des chapelles, une riche table d'autel.

En 1220, l'hôpital St.-Jean s'enrichit de l'adjonction de *l'hôpital St-Vaast*, alors situé dans un lieu appelé *terrain* et *maison de Lours* (par corruption *terrain aux ours*), et sur lequel l'archevêque Vander Burch fit établir plus tard, de 1626 à 1629, la maison pieuse de Notre-Dame. Les religieuses de St-Vaast furent autorisées par le pape Honorius III, à se réunir aux sœurs Augustines de St.-Jean. A cause de cette fusion, ce dernier établissement devait compter au pasteur de l'église de St.-Vaast, une rente annuelle de 11 mencauds de blé et 60 gros d'argent.

Vers l'an 1300, la plupart de ces hospitalières ayant été emportées par la peste, les religieuses de St-Julien furent demandées pour desservir St-Jean, alors encombré de malades. Cinq années après, les hospitalières de St-Jean adoptèrent la mise des sœurs Augustines de St.-Julien, c'est-à-dire qu'elles prirent le vêtement blanc au lieu du noir qu'elles portaient auparavant.

L'hôpital St.-Jean fut *refait tout à neuf* en 1578. Il eut encore besoin d'une nouvelle restauration en 1595, après le siége de la ville, durant lequel il eut beaucoup à souffrir de l'artillerie espagnole.

Le 6 septembre 1633, Philippe d'Anneux, baron de Crèvecœur

et pair du Cambrésis, du consentement de l'archevêque Gaspar Nemius, réunit à l'hôpital St-Jean de Cambrai, *tous les biens, terres, censes et revenus* de l'ancien Hôtel-Dieu de Crèvecœur, à la condition que *deux couches entièrement garnyes*, portant les armes du seigneur de Crèvecœur, avec inscription en lettres d'or, rappelant la fondation, seront établies dans la grande salle de l'hôpital St.-Jean, *pour y recevoir, coucher, nourrir et penser, selon la coustume dudit hospital, et à l'exclusion de tous aultres, les pauvres malades de la terre et baronnie de Crèvecœur* (1).

A la suite de l'horrible journée de Malplaquet, la maison de St.-Jean dans laquelle on recevait également les militaires, fut entassée de blessés. Le nombre des morts fut si grand, que l'archevêque Fénelon dût bénir un endroit spécial sur la place d'armes de la citadelle, pour servir de sépulture aux soldats qui succombaient à leurs blessures. Ce cimetière était près du bastion Robert.

A la révolution, l'hôpital St-Jean fut appelé la *Maison des Montagnards*. Il fut depuis, réuni à l'hôpital St.-Julien, moins les revenus qui ont été cumulés avec ceux de l'hospice général. Plusieurs bâtiments ont servi longtemps de collège communal; depuis 1825, ils sont affectés aux Frères de la doctrine chrétienne qui y instruisent aujourd'hui plus de 1,000 jeunes garçons. D'autres constructions ont été utilisées pour la maison des secours et les écoles de filles tenues par les Sœurs de la charité, jusqu'en 1846, époque où ces deux derniers établissements ont été transférés dans la maison de Vander Burch Enfin, le 21 mars 1828, une des chapelles servant depuis longtemps de bibliothèque communale, a été cédée par l'administration des hospices à la ville, moyennant une somme de 25,000 francs.

La chapelle principale de St. Jean, avait autrefois un clocher avec flèche, que surmontait un agneau, emblême avec lequel on représente ordinairement St.-Jean-Baptiste.

---

(1) Ce titre a été donné en entier dans notre Notice sur l'ancienne ville de Crèvecœur, p. 33. — In-8°, 1847.

# HOPITAL

## SAINT JACQUES LE MAJEUR.

Il fut bâti ainsi que sa chapelle en l'an 1489, sur un *wareschaix* ou terrain vague, situé paroisse de la Madeleine, et que la confrérie de St Jacques et un nommé Gérard Rabeufs, avaient acheté *à ceste fin pieuse et louable.* Sa destination était de loger les pauvres pélerins de St.-Jacques

On voyait dans la chapelle de cet hôpital, des vitraux peints, représentant l'apparition de St.-Jacques au milieu d'une bataille. Au sujet de ces vitraux, nous avons lu dans un manuscrit de Julien Deligne, la légende suivante :

« En l'an 844, Ramirus roy d'Espagne (1), combattoit contre » les Sarrazins, auquel Saint-Jacques apparut monté sur un che» val blanc, avec une enseigne marquée d'une croix rouge, et

(1) Ramire I^er^, fils de Bermudo, roi d'Oviédo, mort en 850, laissant le trône à son fils Ordono II.

» combattit avec les chrestiens, dont six mille Sarrazins furent
» occis; ceste histoire est pourtraicte en une verrie de la cha-
» pelle de Saint-Jacques en Cambray (1). »

L'hôpital St.-Jacques le Majeur, fut supprimé en 1752, pour former avec d'autres fondations pieuses dont on réunit alors les revenus, un *hôpital général de la charité*. Il fut vendu à un sieur Lammelin, bourgeois de Cambrai, seigneur de Ste Olle et de Raillencourt, bailli de l'église St.-Géri, qui le fit démolir avec la chapelle. Il fit construire sur leur emplacement, une maison assez vaste qu'il légua à un sieur Lefebvre, seigneur de Rieux. C'est aujourd'hui une belle habitation particulière, portant le n° 35 de la rue des Rôtisseurs, autrefois rue Boulangrie ou des Boulangeries.

(1) Ms. n° 658, art. 25.

# HOPITAL

## SAINT JACQUES LE MINEUR.

Sa fondation remonte à l'an 1231, sous l'épiscopat de Godefroi de Fontaines; elle avait pour objet la réception des pauvres pèlerins. Le chapitre de l'église Notre-Dame, donna cent écus, en l'année 1514, pour aider aux frais de reconstruction des bâtiments, et les magistrats de la ville, donnèrent aussi trois cents écus, *à la charge que les sœurs yroient garder les malades pestiferez et logeroient les povres passants* (3).

Cet hôpital fut d'abord administré par des religieuses vêtues de blanc, puis par des femmes béguines. L'évêque Jacques de Croy, y mit, en l'an 1505, des religieuses dites *sœurs noires*, de l'ordre de St.-Augustin, qu'il fit venir de Mons, de Binche et de Lessines; il leur assigna une rente annuelle de cinq muids de blé, prélevables sur les revenus de l'hôpital St.-Lazare. Ces religieuses

(3) Ms. n° 658, art. 28.

étaient mendiantes; elles furent commises quelque temps à la garde des enfants trouvés.

La chapelle fut agrandie en 1552. Les divers bâtiments à l'usage de la communauté, ayant été incendiés le 31 août 1556, l'archevêque Maximilien de Berghes, les fit reconstruire trois années après.

L'hôpital de St.-Jacques au Bois ou le Mineur, était situé dans la rue qui a conservé son nom. La chapelle a été convertie en une brasserie longeant la rue de l'Épine-en-pied; on y peut remarquer encore les fenêtres en ogives, mais bouchées et revêtues de maçonnerie.

# HOPITAL SAINT LAZARE

## OU DE SAINT LADRE,

## ET MAISON DES MALADEAUX.

L'hôpital St-Lazare, destiné aux pauvres lépreux devait son origine, en 1116, à l'évêque Burchard, au sire d'Oisy châtelain de Cambrai et à Jean de Montmirail. Il était situé hors de la ville, au pied du mont des bœufs et non loin de la porte Ste-Ladre qui y aboutissait. Il y avait une église qui fut dédiée par l'évêque Nicolas en 1119. Le service hospitalier fut d'abord rempli par des *frères* et des *sœurs* vivant en commun; le même évêque Nicolas éleva à douze le nombre de ces dernières, leur donna des statuts et les soumit à la règle de St.-Benoît.

En 1301, la léproserie de St.-Lazare, devint une sorte d'*abbaye*, à laquelle furent annexées douze prébendes canoniales et huit chapellenies. Ces prébendes avaient été créées par l'évêque Guy de Collemède, suivant lettres datées du lendemain de la Circoncision, en 1301. Dans ces lettres, il est encore question des frères de St.-Lazare ; on y dit que les trois qui restent et qui sont en santé, continueront de recevoir chacun vingt livres parisis, jusqu'au moment de leur décès.

Cette extension de la maison de St.-Lazare, fut en partie due aux donations dont elle fut l'objet, notamment de la part des seigneurs de Montmorency qui lui affectèrent de beaux revenus. En reconnaissance de ce bienfait, l'hôpital fit établir dans son sceau les armoiries de cette illustre famille.

Elle devait aussi l'accroissement de ses biens à l'évêque Nicolas, à Simon d'Oisy, et à Goran, chanoine de St.-Géri.

Les diverses constructions de l'hôpital furent détruites en 1477, par les soldats de Louis XI, durant la guerre des Pays-Bas. Relevées vingt ans après, elles furent de nouveau ruinées en 1554, après l'érection de la citadelle. L'église avait été démolie dès l'an 1552 pour faciliter les travaux de défense de la ville, menacée d'une surprise.

Les religieuses se retirèrent dans l'hôpital des pestiférés situé au bas du cimetière St.-Roch. Elles vinrent se fixer en ville en 1572, et firent construire, dans la rue qui a conservé le nom de St.-Lazare, un nouvel hôpital et une chapelle dont l'archevêque Louis de Berlaymont posa la première pierre. La consécration de cette chapelle, par l'archevêque Guillaume de Berghes, eut lieu le jour de Pentecôte de l'an 1602.

Le cloître fut rebâti en 1740, et l'église commencée le 23 juillet 1780 fut terminée le 25 avril 1784, jour où l'inauguration en eut lieu par M. de Tremouille, chanoine et archidiacre du Brabant.

Les dames de St.-Lazare possédaient une magnifique propriété située au village de Fontaine-au-Pire (1) et appelée la *ferme Bezin*. Elle a été vendue en 1791 par le District de Cambrai.

---

(1) Fontaine-au-Pire, village du canton de Carnières, situé à 11 kilomètres S. E. de Cambrai, et 12 O. du Câteau. On l'appelait an-

Ces religieuses furent dispersées à la même époque de la révolution. Les bâtiments de leur cloître qui ont été conservés, servirent d'*hôpital des cholériques* pendant l'épidémie de 1832. Le dernier bulletin officiel, publié le 5 octobre, a constaté à 410 dont 198 morts, le nombre des habitants de Cambrai atteints du choléra.

La *maison des maladeaux*, était une annexe de l'établissement de St.-Lazare, bien qu'elle eut ses revenus distincts. Elle portait aussi le nom de *léproserie* parce qu'on y recevait les pauvres lépreux étrangers qui ne pouvaient être admis à St.-Lazare. Cet hôpital était situé hors de la porte St.-Georges; il fut ruiné en l'an 1580.

*Liste des dames souveraines ou supérieures de St.-Lazare, à dater du quinzième siècle.*

Marguerite Bosquette, 1457; Madeleine Castelain, 1575-1608; Marthe Le Fallou, 1613-1631; Catherine Pamart, 1636-1662; Marguerite Boniface, 1664-1673; Marie-Pasque Leleu, 1674-1679; Marie-Elisabeth Poulliaude, 1679-1689; Marie-Joseph Roussel, 1695-1700; Catherine Watier, 1705-1715; Marie-Catherine Foulon, 1733-1736; Marie-Joseph Savary, 1737; Isabelle Derieux, 1758-1761; Marie-Elisabeth Trannin, 1785.

ciennement *Fontaine-lez-Beauvoir* et *Fontaine le Wicart*, en souvenir d'un seigneur de ce nom qui y fit bâtir un château et entourer de murailles une belle fontaine sur laquelle on lisait cette inscription : *Wicardus Miles me fundavit.*

# HÔPITAL DES PESTIFÉRÉS

## ET

# CHAPELLE SAINT ROCH.

L'hôpital St.-Roch fut établi en l'an 1545, à la suite d'une cruelle épidémie (1) qui venait de commettre quelque ravage à Cambrai. Les magistrats firent construire, hors de la porte du Malle ou de Notre-Dame, et *envers* les marais d'Escaudœuvres, de petites maisons pour loger les pestiférés. Ils firent ensuite élever auprès de la maison nommé *tout y faut*, un hôpital qui fut desservi par les *sœurs noires* de St.-Jacques. Le 13 août de la même année, on consacra une mencaudée de terre pour y servir de cimetière.

On ignore à quelle époque l'hôpital des pestiférés a été supprimé, ainsi que la chapelle dont la dernière réédification datait de l'an 1696. Vander Burch en avait fait la bénédiction le 22 août 1620.

En l'année 1832, au moment de l'invasion du choléra, quelque personne pieuse a fait reconstruire sur l'emplacement de l'ancienne chapelle, une chapelle nouvelle, dédiée à St.-Roch à qui l'on attribue le pouvoir de préserver les habitants des alentours de toute affection pestilentielle.

---

(1) Un chroniqueur fait observer ici que, l'an 1342, le pape Clément VI voyant que la peste étendait partout ses ravages, il composa une *messe* nommée *Recordare*, contre la mortalité et *donna deux cent et six jours de pardons* à ceux qui y assistaient. Cette messe se disait pendant cinq jours consécutifs et chacun des fidèles devait être à genoux, tenant un cierge ardent à la main. — Ms. n° 658, art. 28.

# MAISON

## DES ORPHELINS ET ORPHELINES.

Cette maison avait été établie dès l'an 1265, en faveur des orphelins des deux sexes qui y étaient confiés aux soins d'un surveillant marié. En 1594, elle fut transférée dans l'hôtel des seigneurs de Hennin-Cuvillers. Il y avait une chapelle qui fut consacrée par l'archevêque Guillaume de Berghes, le 20 juillet 1602 (2).

En 1694, Pierre de Beugnie, ancien échevin, légua sa maison en face de St.-Aubert, et tous les biens dont il n'avait pas disposé, à l'effet de bâtir, dit son testament, « une maison particu-» lière pour les filles orphelines, où sous la conduite de deux » maîtresses, elles seront enseignées à la foi catholique, et ap-» prendront à lire, écrire, coudre et filer et tout ce qui serait » nécessaire pour les rendre capables d'entrer en condition. »

D'autres donations furent encore faites aux orphelins :

André Creton, chapelain de la métropole, les institua légataires universels de tous ceux des biens dont il n'avait pas disposé.

En 1732, Philippe-Henri de Beauves, chanoine de Notre-Dame, leur légua aussi la totalité de ce qu'il possédait.

Les orphelins ont été réunis à l'hôpital général de la charité, par lettres patentes du mois d'avril 1754.

Leur maison était située rue des Anglaises vers la rue des Bleuettes.

Les enfants firent leur entrée à l'hôpital général le 14 mai 1779; ils furent soumis à un réglement, dès le 17 du même mois.

---

(2) Ms. nº 884, p. 243.

## MAISON DES PRUDHOMMES.

La maison des Prudhommes ou *pauvres impotants*, dits de *St.-Pierre en Bèvre*, et sa chapelle avaient été bâties en l'an **1387**, par l'évêque Jean T'Serclaes. L'hospice fut augmenté par l'évêque Pierre d'Ailly, suivant ordonnance rendue le 17 mars **1400**. La chapelle avait été dédiée le lundi de Pâques de la même année, par Godefroy, suffragant de l'évêque de Cambrai, Jean de Bourgogne. Le pape Sixte IV lui accorda, en **1478**, cent jours de pardons. Une semblable indulgence lui fut encore octroyée, en **1522**, par le pape Adrien VI.

La maison des Prudhommes et sa chapelle furent données aux pères Dominicains, après la démolition de leur couvent de Ste-Elisabeth, lors de l'érection de l'hôpital général de la charité, en **1752**.

A la révolution, le tout fut converti en maisons particulières, rue Cantimpré.

# MAISON DES VIEUX HOMMES.

La maison des vieux hommes de St.-Paul, avait été fondée en l'an 1575, par Claude de Hennin, seigneur de Quérénain qui en fit acquisition dès l'an 1574.

Jacques de Hennin, fils du fondateur y établit, en 1632, deux nouvelles places de vieillards.

Cette maison fut réunie, en 1752, à l'hôpital général de la charité. Elle était située grand'rue St.-Vaast et rue des Capucins. On a construit de 1782 à 1785, sur son emplacement, le *grand magasin aux vivres*, le plus vaste et le plus élevé des bâtiments militaires de la place de Cambrai.

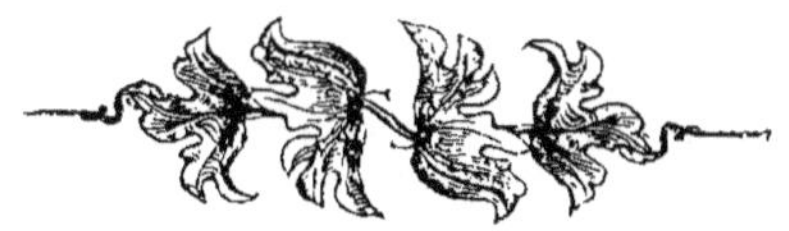

# MAISON

DES

# CHARTRIERS OU INCURABLES.

La maison des chartriers instituée pour les pauvres incurables des deux sexes existait déjà au XIII^e siècle, comme on le voit par divers titres conservés aux archives des hospices de Cambrai, et notamment par un livre de rentes, d'une contexture curieuse, portant la date de 1286 et intitulé comme suit :

« Chassereau des rentes dues à Noël, à le Pentecouste, à le » St.-Jehan kon fait les couronnés, à le St.-Pierre entrant aoust, » à le St.-Remy et à le Toussains.

» C'est chi li livres des rentes les carteriers de Cambrai que » Jehan Liciers fist escrire l'an LXXXVI el mois de février. Est à » savoir ke quant li corceléte est sakié si ke li neus est deseure, » le cour de le rente est à savoir et à attendre kille n'est mie

» payé. Et quant li carceléte et li neus est sakiés arrière si ke li » neus ne puet acouvrir le cours de le rente, c'est signes que li » rente est payé (1). »

Plusieurs dotations vinrent augmenter le nombre des lits des pauvres chartriers, entre autres Antoine Héduin, prêtre chapelain de l'église métropolitaine, et régent du collége *Majoris* (2), par son testament en date du 1er juillet 1613; et une demoiselle Lacherez, sous la date du 10 juin 1643.

L'archevêque Gaspar Nemius fit, en 1660, un réglement pour la *bonne maison des chartriers* ou *incurables*. Cet établissement a été réuni à l'hôpital général de la charité, institué au mois de juin 1752.

Primitivement situé rue St.-Pol, dans l'hôtel de ce nom (3), l'hôpital des chartriers fut transféré dans l'hôtel d'Anchin, Anvers'rue (rue des Capucins).

---

(1) On remarque en effet sur les diverses pages de ce chassereau, des lacets tirés en sens différents. Le nœud tiré ou placé sur la rente annonce qu'elle est payée ou qu'elle est due.

(2) Le collége Majoris était situé rue St.-Eloi. Il avait été fondé par Philippe Lemaire ou *Majoris* doyen de l'église de Cambrai, grand aumônier confesseur et conseiller de Marie, reine de Hongrie et de Bohême, gouvernante des Pays-Bas. On y enseignait aux étudiants pauvres, le grec et le latin. Le collége *Majoris* fut, dans la suite transformé en une caserne appelée le *Quartier du Collége*. Philippe Lemaire mourut en la ville de Bruxelles, le 22 février 1555. Son corps ramené à Cambrai, fut inhumé dans l'église métropolitaine.

(3) Voir la note à la page 114.

# MAISON

## DES BONS ENFANTS CAPET.

La fondation des bons enfants Capet fut signée au Câteau Cambrésis, par l'évêque Henri de Berghes, le 17 juin 1490. Ces bons enfants étaient au nombre de six placés sous la direction d'un prêtre ; on les surnommaient *Capets*, à cause de leur coiffure consistant dans un chaperon de drap rouge (1).

Leur maison était située rue des Moulins, appelée plus tard rue de Prémy, quand les religieuses de cette abbaye vinrent s'y fixer en 1596. L'évêque Jacques de Croy la donna en 1509, aux Jéronimites de Gand, pour y réorganiser le collége ou école de latin, dit des *bons enfants*. Ces frères la cédèrent en 1554, aux Guillemins de Walincourt (2) que les guerres avaient chassés de leur maison. Ils continuèrent l'enseignement au collége de Cambrai jusqu'en 1575 époque où le clergé fit l'acquisition de ce collége pour le transformer en séminaire ; mais le projet avorta, et le séminaire fut établi à Douai. C'est alors que le clergé se décida, le 30 avril 1596, à céder l'ancien collége des bons enfants, aux dames de Prémy, pour y former leur nouveau monastère.

C'est aujourd'hui une vaste manufacture située rue de Prémy. Une des tours adossées aux murailles de la ville, à l'extrémité de cette maison, a conservé le nom de *tour des bons enfants*.

---

(1) Ms. n° 907.

(2) *Walincourt*, grand et beau village situé sur la route départementale de Cambrai à Guise, à 15 kilomètres S. E. de cette première ville son chef-lieu d'arrondissement. L'on y voyait autrefois à 2 kilomètres du village, le prieuré des Guillemins fondé en 1255. Les religieux, ordre de St.-Guillaume, suivaient la règle de St.-Benoît.

# MAISON

DE

## SAINTE-ANNE OU COUVENT DE LILLE.

Ce petit couvent avait été fondé pour sept pauvres femmes veuves, par Marguerite de Lille, morte en 1519. Il y avait une chapelle dédiée à Ste-Anne et dépendant de la paroisse Ste Croix.

La maison de Marguerite de Lille, était située rue Ste-Anne, qui a conservé son nom jusqu'à nos jours.

# MAISON

DES

# COMMUNS PAUVRES DE LA VILLE,

Elle était régie par les échevins qui subvenaient à la plus forte partie des dépenses.

La maison des communs pauvres de la ville était située près du marché au poisson non loin du pont à l'*Aubelen* ou pont du *Bois-Blanc,* établi sur l'Escaut, près de l'abreuvoir actuel ; on a élevé sur son emplacement l'hôpital général de la charité, auquel elle a été réunie en 1752.

# CONGRÉGATION

## DE SAINT ANTOINE DE PADOUE.

La congrégation des filles dévotaires de St.-Antoine de Padoue était de création récente Elle avait été formée en 1707, sous l'épiscopat de Fénelon, par une demoiselle Duchâteau, de Valenciennes, pour l'établissement d'un pensionnat de jeunes filles.

Cette maison d'éducation dirigée par seize religieuses, avait été autorisée par lettres patentes de juin 1752, enregistrées le 26 octobre même année. Son emplacement était vaste ; on y a élevé en 1813 et années suivantes, les constructions du petit séminaire actuel.

# HOPITAL GÉNÉRAL

## DE LA CHARITÉ,

APPELÉ DEPUIS

## HOSPICE GÉNÉRAL.

L'hôpital général de la charité fut créé par lettres patentes du 3 juin 1752. D'autres lettres royales d'avril 1754, réunirent à cet établissement les fondations suivantes : les Chartriers, les vieilles femmes de St.-Vaast, l'hôpital St.-Jacques en Boulengrie, les vieux hommes de St.-Pierre en Bèvre, St.-Eustache, les vieux hommes de St.-Paul, les communs pauvres de la ville, les pauvres du marché au poisson, les orphelins et les orphelines, avec tous leurs biens meubles et immeubles.

Il fut d'abord question d'établir l'hôpital vers le terroir de Proville, dans une prairie appartenant à l'archevêque et aux religieuses de Prémy; puis vint un autre projet de l'élever sur le ter-

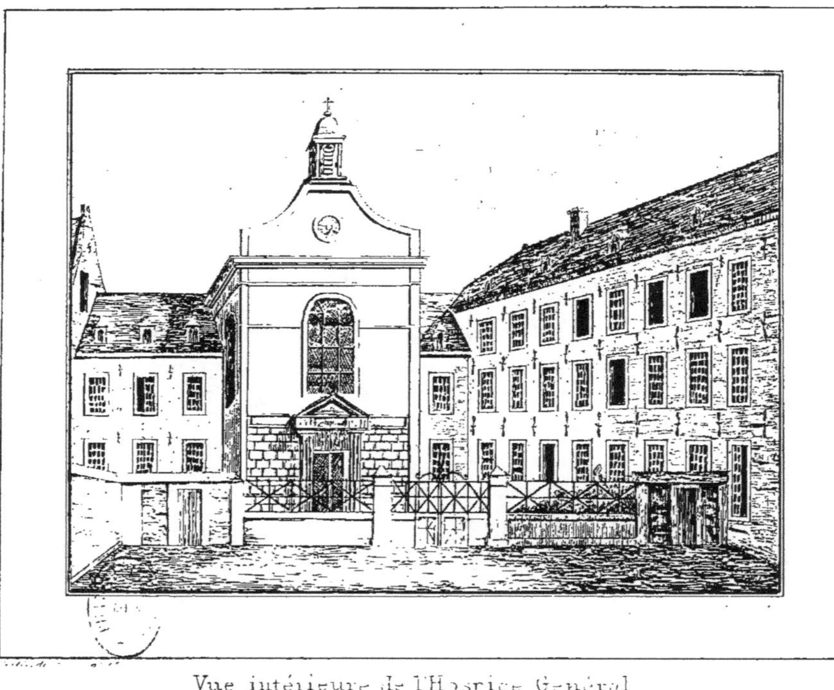

Vue intérieure de l'Hospice Général
de CAMBRAI

rain de la *bonne maison des chartriers ou incurables*; enfin, il fut décidé que cet hôpital serait construit sur l'emplacement actuel, dit alors la *maison des pauvres du marché au poisson*, rue Ste-Elisabeth.

Le roi se déclara le protecteur du nouvel établissement et l'exempta de logements, passages et contributions de gens de guerre, aussi de tous subsides, péages, impositions publiques et particulières que la ville pourrait établir, comme de droits d'octroi sur les vins, eaux-de-vie, bierre et toutes denrées nécessaires à la consommation des pauvres dans l'hôpital.

La sollicitude royale s'étendit jusqu'à désigner pour cette première fois seulement, les administrateurs électifs et qui furent MM. Jacquery, de Miliancourt, chanoines et vicaires généraux de l'archevêché; le procureur syndic de la ville; Grenet; de la Torre; Boulanger, avocat; Lamelin.

Voici les principales dispositions des deux lettres patentes rendues par le roi Louis XV, pour former l'hôpital général de Cambrai :

« Le dessein de bannir de notre royaume la mendicité est toujours entré pour beaucoup dans l'attention que nous donnons à tout ce qui peut contribuer au bonheur de nos sujets. En même temps que nous sommes persuadés qu'il est important de réprimer ce qui n'est dans la plupart qu'un désordre que produit la fainéantise, et qui lui-même est une source de dérèglements, nous regardons comme des objets dignes de notre pitié, et les enfants destitués de tout secours, et les vrais pauvres qui, accablés sous le poids de l'âge et des infirmités, n'ont de ressource que dans la compassion publique. Ce sont ces vues qui nous déterminent actuellement à former à Cambray l'établissement d'un Hôpital Général.

» D'un côté l'insuffisance absolue des mesures déjà prises de la part de cette ville pour y arrêter la mendicité, quoique dictées par un zèle religieux, et par le désir de se conformer à nos intentions; de l'autre les succès visibles qu'ont eu de pareilles établissements exécutés à Lille et à Dunkerque, nous invitent à lui communiquer le même avantage. Et nous sommes d'ailleurs informés qu'il y a dans Cambray des fondations de charité qui, régies séparément et ne se rapportant qu'à certains objets particuliers, ne peuvent produire qu'une utilité très-bornée; au lieu qu'en les réunissant sous une même administration, elles serviroient au bien général des pauvres sans que les intentions en souffrissent aucun préjudice réel. *A ces causes*, etc.

» Il sera incessamment établi dans notre ville de Cambray un hôpital qui sera construit dans le terrain qui sera ci-après désigné; voulons qu'il soit nommé l'Hôpital Général de la Charité de Cambray, et que l'inscription en soit mise sur le portail avec l'écusson de nos armes.

» Unissons audit Hôpital Général celui des *Chartrières*, celui des *vieilles femmes de St.-Vaast*, la *fondation de Saint-Jacques en Boulengrie*, celles des *vieux hommes de St.-Pierre en Bèvre*, de *St.-Eustache*, celle des *vieux hommes de Saint-Paul*, celle des *communs pauvres de la ville*, et la *maison des pauvres du marché au poisson*, avec tous les biens, meubles et immeubles, etc.

» Tous les pauvres valides ou invalides de l'un et de l'autre sexe, des hôpitaux et fondations réunis, les insensés, les enfants orphelins, les enfants abandonnés ou trouvés, et généralement tous les pauvres qui sont à la charge de la ville, seront enfermés dans ledit hôpital pour y être employés à des ouvrages proportionnés à leurs talents et à leurs forces, etc.

» Défendons très-expressément à toutes personnes de l'un ou de l'autre sexe, valides ou invalides, en quelque situation qu'elles soient réduites, et de quelque âge ou condition qu'elles soient (à la réserve des religieux et religieuses qui en ont le droit) de mendier dans l'étendue de notre dite ville et ses faubourgs, publiquement ni en secret, de jour ni de nuit, dans les églises ni dans les rues, sans aucune exception de fêtes solennelles, pardons, jubilés, assemblées, foires ou marchés, ni sous quelque prétexte que ce soit; enjoignons à tous vagabonds et gens sans aveu, de sortir de notre dite ville et de sa banlieue, à peine du fouet.

» Ordonnons à tous propriétaires ou locataires des maisons où ils pourraient aller mendier, ainsi qu'à leurs domestiques, de les arrêter et retenir jusqu'à ce que les administrateurs et les officiers de l'hôpital en soient avertis; donnons auxdits administrateurs toute autorité, juridiction et police sur les mendiants qui contreviendront, tant dehors que dedans l'hôpital, aux défenses portées par ces présentes, à charge cependant qu'au cas qu'il y eût lieu d'ordonner des peines afflictives qui dussent être exécutées hors ledit hôpital, lesdits administrateurs seront obligés de renvoyer les contrevenants aux tribunaux ordinaires, qui les jugeront sommairement et sans frais.

» Donnons pouvoirs auxdits administrateurs d'établir des gardes pour arrêter les mendiants partout où ils se trouveront, à charge de se conformer après les avoir arrêtés, à notre déclaration du 18 juillet 1724, et à l'arrêt de notre conseil du 17 octobre 1750; lesquels gardes porteront l'épée et une bandoulière à nos armes et à celles de notre dite ville, etc.

» Faisons défenses à toutes personnes, de quelque qualité et condition qu'elles soient, de donner manuellement l'aumône aux mendiants, et de retirer chez elles les fainéants, vagabonds et gens sans aveu, sous quelque prétexte que ce puisse être, à peine de quatre florins d'amende à l'égard des personnes qui donneront ainsi l'aumône aux mendiants, et de cinquante florins aussi d'amende contre celles qui logeront lesdits fainéants, vagabonds et gens sans aveu, même de saisie et de confiscation des lits dans lesquels ces derniers auront couché; le tout applicable aux pauvres dudit hôpital. Défendons pareillement à tous particuliers de favoriser l'entrée des mendiants et gens sans aveu dans notre dite ville, à peine d'être poursuivis extraordinairement.

*Principales dispositions* des lettres patentes données à Versailles, au mois d'avril 1754.

« I. Nos lettres patentes du mois de juin 1752, portant établissement d'un hôpital général de Cambray, enregistrées en notre cour de parlement de Flandres le 3 août suivant, seront exécutées selon leur forme et teneur en ce qu'il n'y est point dérogé par ces présentes.

» II. Unissons audit hôpital général la fondation des *orphelins* et *orphelines*, avec tous les biens, meubles et immeubles, droits, actions et prétentions qui appartiennent à ladite fondation, pour tous lesdits biens être confondus avec ceux de l'hôpital général, et employés et régis par lesdits administrateurs d'icelui et à l'exclusion de tous autres.

» III. Les enfants orphelins et orphelines qui se trouvent dans ladite fondation, seront enfermés dans l'hôpital général, pour y être employés à des ouvrages proportionnés à leurs talents et à leurs forces, etc.

» V. Voulons que l'hôpital général de la ville de Cambray soit construit dans l'emplacement et le terrain dépendant de la maison des pauvres du marché au poisson, au lieu de celui des chartrières porté par l'article 3 des lettres patentes du 3 juin 1752, etc. »

En 1829, l'hôpital général subit une transformation complète. On construisit de nouveaux bâtiments et l'on restaura les anciens. La direction de la maison jusque là confiée à un économe ayant diverses personnes séculières sous ses ordres, fut remise aux soins de dix sœurs de la charité. Leur installation eut lieu le 4 novembre, en même temps que l'inauguration de l'hôpital. Une médaille en bronze fut frappée alors, afin de perpétuer le souvenir de cette restauration. Le procès-verbal de la cérémonie, dressé par l'administration municipale, fait la description suivante de l'intérieur du monument :

« Une façade intérieure de grande étendue donne par son milieu l'entrée dans une première cour qui laisse apercevoir au premier aspect toute l'étendue de l'édifice.

» Dans la composition intérieure, quatre cours dont les murs de séparation n'interceptent pas la circulation de l'air offrent aux quatre classes distinctes d'individus que renferme l'hospice, l'espace suffisant pour la promenade et les exercices.

» Dans l'axe de la seconde cour, un portique décoré de colonnes surmontées d'un fronton, annonce l'entrée de la chapelle, laquelle est en forme de galerie allongée et disposée en tribunes se communiquant par différents passages.

» Les bâtiments se divisent en quatre sections affectées : aux vieillards, aux vieilles femmes, aux garçons et aux filles. Chacune de ces sections comprend chauffoir, salle d'exercice, réfectoire, infirmerie, dortoirs, ateliers, salle de bain et fosse inodore. Toutes ces pièces offrent des dégagements, une circulation commode et l'avantage d'une surveillance facile et prompte.

» Le bâtiment où se trouve l'habitation des Sœurs de la Charité se compose, à gauche d'une salle de réception, d'une autre de consultation, d'un tour pour les enfants trouvés (depuis supprimé) d'un réfectoire, pharmacie, laboratoire, lingerie, séchoir, buanderie, boulangerie, boucherie, magasins, dortoirs, infirmerie, cuisine et potager ; à droite sont placés le logement du concierge, une salle de distribution de secours, la pannetorie, le fruitier et dépendances, etc. »

L'hospice général est destiné au soulagement des pauvres vieillards des deux sexes, âgés d'au moins 70 ans, nés à Cambrai ou qui y sont domiciliés depuis un grand nombre d'années, des enfants trouvés et abandonnés, des orphelins et des enfants de familles indigentes. La population habituelle est de 150 vieillards, 100 enfants trouvés ou abandonnés ; ils sont confiés aux soins de douze religieuses de St.-Vincent-de Paul. Il y a un aumônier qui célèbre l'office chaque jour dans la chapelle de l'établissement, fait tous les dimanches le catéchisme aux enfants et surveille leur éducation religieuse.

Le nombre moyen des enfants trouvés placés en nourrice à la campagne est de 50 environ.

Un réglement pour le service intérieur des hospices réunis, a été arrêté par la commission administrative, le 19 décembre 1844, et approuvé par le ministre de l'intérieur, le 4 mars 1845.

Relevé de la superficie et de la valeur des biens immeubles appartenant à l'établissement :

| | Contenance. | | Valeur en capital. |
|---|---|---|---|
| | h. a. c. | | fr. c. |
| Maisons .................. | 36,99 | — | 124,000 00 |
| Terres labourables.......... | 748,57,06 | — | 2,320,568 86 |
| Prés, vergers, terrains plantés. | 24,90,44 | — | 92,146 28 |
| Maisons affectées au service.... | 64,92 | — | 170,000 00 |
| Totaux... | 774,49,41 | — | 2,706,715 14 |

Situation des biens.

| | h. a. c. |
|---|---|
| Arrondissement de Cambrai.................. | 657,94,09 |
| Département du Nord...................... | 74 30,90 |
| Id. du Pas-de-Calais.. ............ | 42,04,42 |
| Contenance égale....... | 774.49,41 |

Évaluation des revenus ordinaires.

| | fr. c. |
|---|---|
| Loyers de maisons.......................... | 2,525 00 |
| Fermages des terres....................... | 76,700 00 |
| Rentes sur l'État.......................... | 10,558 00 |
| Id. sur particuliers.......................... | 4,700 00 |
| Fonds départementaux pour les enfants trouvés... | 4,000 00 |
| Pensions à l'hospice........ ............. | 500 00 |
| Fondation Belmas........................... | 900 00 |
| Total....... | 99,483 00 |

Les recettes extraordinaires consistent dans le produit variable des pots de vins, soit annuellement un neuvième des fermages. Ils sont employés en achats de rentes sur l'Etat.

# PALAIS ARCHIÉPISCOPAL

ET SES DEUX CHAPELLES

## DE SAINT MICHEL ET DE SAINT IGNACE.

Le Palais archiépiscopal qui se voyait près de l'église métropolitaine, avait été commencé par les premiers évêques de Cambrai. Cependant nous n'avons aucune certitude que les constructions élevées par St.-Védulphe (mort en 584), aient été établies sur le même emplacement que le Palais augmenté en l'an 1001, par l'évêque Erluin ; renouvelé par l'évêque Henri de Berghes, élu en 1480 et mort en 1502 ; embelli par Robert de Croy, mort en 1556. Ce dernier y avait fait apposer sa devise : *A jamais Croy*.

Au XIe siècle, l'évêque Gérard (mort en 1092) voulant protéger le Palais contre les troubles de la bourgeoisie qui cherchait à secouer le joug épiscopal, fit élever une enceinte fortifiée qui renfermait outre le Palais, l'église métropolitaine et l'abbaye de

St.-Aubert. Les tours et les murailles ne purent empêcher qu'en l'an 1313, à la suite d'une révolte du peuple cambrésien ayant à sa tête le prévôt et les échevins, *le Capiele monseigneur l'Evesques Pierre de Mirrepoix ne fut efforchiée et violiée* Ainsi s'exprime une chronique :

« Ils prindrent le chasteau de Selles, et la chose vint en tel « désordre que par une nuict de mars, un official, un scelleur, » un advocat, un appariteur et un clerc furent occis au Palais. » Mais lesdits prevost et eschevins furent escommuniez par l'eves- » que; car, les malavisez, au lieu de recongnoistre leur mestre, » ils tuèrent cinq bourgeois sur le marché, pource qu'ils tas- » choient d'appaiser l'esmotion ; mais après que leur furie fut re- » froidie, ils se submirent au seigneur Pecquigny, dont iceux » furent condamnez à fonder deux chapelains aux *deux chapel-* » *les du Palais*, desquelles l'une est dédiée à *St.-Michel*, ar- » *change*, l'autre à *St.-Ignace*, *martyr*. Les susdits rendirent » le chasteau de Selles audit évesque et promirent fidélité à luy et » à messeigneurs du chapitre (1). »

Ce fut pour éviter le retour de pareilles agressions que l'autorité ecclésiastique prit la détermination suivante que : « Tuit li habi- » tans de la dite cyté soient lay, soient clerc, marchant ou mariet » de quatorze ans en sa, jurent en le main de l'official et dou » baillu monsigneur l'Evesque ou de cheus à lui il le cometera, » que il garderont le personne mons. l'Evesque, son official, son » baillu, ses prouvos et tous les sermentés du dit mons. l'Eves- » que et tous cheus de son hostel, et ki seront en ses offisses et » tous les canoines de Nostre-Dame.... de toute violensses et de » toutes injures.... et chis sairement sera renouveles de chinc » ans en chinc ans (2). »

Pendant le siége de Cambrai par lés Espagnols en 1595, le gouverneur Balagny fit abattre l'ancien corps de logis du Palais,

---

(1) Ms. n° 658, art. 30.

(2) Mémoire pour l'archevêque, pièce n° 39.

sous le prétexte que l'on avait besoin de bois pour fortifier la ville et la citadelle Les travaux de démolition commencés le 9 septembre durèrent trois jours. Les constructions détruites furent relevées par l'archevêque Guillaume de Berghes, mort en 1609.

L'un de ses successeurs, Vander Burch, augmenta de beaucoup le Palais des archevêques. Il fit construire les trois portes d'entrées que l'on peut voir encore de nos jours ; il fit renouveler le corps de logis qui était situé entre l'église paroissiale de Saint-Gengulphe et l'ancien bâtiment, contre le jardin du Palais. Les divers travaux furent achevés l'an 1620.

Le même prélat fit encore établir l'escalier et la salle d'entrée de la grande et de la petite *salette*. L'on voyait au dessus du portail de cette salle, le chronogramme suivant, qui donne pour résumé l'année 1622 :

paX hVIC DoMVI.

L'on devait toujours à l'archevêque Vander Burch, l'établissement d'une brasserie dans le Palais, le pavage des deux cours et de la chapelle ainsi que la restauration de la sacristie.

En 1698, une partie du Palais fut incendiée. Le feu se déclara par la bibliothèque. Fénelon y perdit ses livres et nombre de manuscrits. L'illustre prélat fit rétablir cette bibliothèque sur la fin de ses jours.

Les évêques et archevêques avaient le droit de battre monnaie; ils le conservèrent jusqu'en 1595, époque où il leur fut retiré par le cabinet de Madrid, la ville venant de rentrer sous la domination espagnole. L'hôtel des monnaies faisait partie des bâtiments du Palais, ainsi que l'officialité, le chapitre et la prison des clercs délinquants, achetée par l'évêque Guy, au comte de Hainaut, et qu'en 1335 il attribua à la Manse épiscopale.

Les trois portes du Palais archiépiscopal ont été conservées ; elles sont unies entr'elles par des colonnes cannelées supportant un fronton orné de sculptures, parmi lesquelles se trouvent deux écussons soutenus chacun par deux anges. On y lit les deux inscriptions suivantes:

*A clave justitia. — A gladio pax.*

Les constructions qui s'élèvent au-dessus de ce portique sont récentes; elles ont remplacé les deux étages qui s'y voyaient naguère et qui formaient plusieurs appartements dépendant du Palais.

# CHAPELLE

## DE SAINT SÉBASTIEN.

Cette chapelle était adossée à l'hôtel-de-ville, du côté des halles. Commencée en 1544 elle fut achevée quatre années après seulement.

Les archers de St.-Sébastien y faisaient chanter la messe par leur chapelain le 20 janvier, jour de leur patron. Cette compagnie avait, près du rempart, entre le château de Selles et la porte de Malle ou de Notre-Dame, une maison et un jardin qui furent détruits en 1553; on leur donna un autre jardin près de celui des archers de St.-Christophe, situé devant St.-Eloi.

Outre ces deux serments d'archers, il y en avait d'autres à Cambrai; c'étaient les archers de St.-Amand, de St.-Gilles, de St.-Jacques et de Ste.-Ursule. Chacune de ces compagnies avait son *roi* et son *connétable*, lesquels étaient exempts de monter la garde.

Les dimanches et fêtes, tous les membres des serments d'archers, comme ceux des arbalétriers et des canonniers indistinctement, recevaient les vins de grâces offerts par la ville. Cet usage fut supprimé le 30 mai 1672.

La chapelle de St.-Sébastien avait été dédiée par l'archevêque Vander Burch, le 29 janvier 1619. Elle a été démolie; il n'en reste plus rien aujourd'hui.

# LA CAPELETTE

## OU CHAPELLE DU MARCHÉ.

C'était une petite chapelle fondée le 24 mars 1382 et construite l'année suivante (1), vers le centre du grand marché ou place d'armes, par l'évêque T'Serclaes (2), des biens d'un chanoine de Notre-Dame, nommé Jehan de Tournay.

---

(1) Ms. n° 658, art. 32.

(2) Jean T'Serclaes, 63e évêque de Cambrai, était natif de Bruxelles. Appelé au diocèse de Cambrai le 29 juillet 1378, il fit son entrée dans la ville épiscopale au mois de janvier 1379. Ce prélat célébra à Cambrai, le 4 avril 1385, le double mariage des enfants du duc de Bourgogne avec ceux du duc de Bavière. Il mourut le 12 janvier 1388 et fut inhumé dans la chapelle St-Michel de l'église Notre-Dame, où se voyait l'inscription suivante.

Il aimait paix, amour, justice et équité,
Il faisait abstinence et austérité,
Et pénitence pour la sainte gloire acquérir.
Dix ans, six mois et douze jours,
Fit de prélature séjours
L'an mil IIIc IIIIx et Viij le XII en janvier pour voir
Le voloir divin de che siècle le transporta
Et l'ame en paradis parta.
Prions Dieu que es chieulx le puissions tous veoir.

On y célébrait chaque jour, dès les premiers rayons de l'aurore, une messe en faveur de la corporation des portefaix, des autres ouvriers et des voyageurs, dont les occupations ne leurs permettaient pas de se rendre dans les églises aux heures habituelles.

Cette chapelle, dédiée à St.-Etienne, fut détruite à la révolution, de la main d'un nommé Martin, horloger, qui, pour ce fait, très-méritant pour l'époque, reçut le surnom de *Martin-Capelette*.

# CHAPELLE SAINT DRUON.

Cette chapelle placée sous l'invocation de St.-Druon, patron des bergers, a donné son nom au faubourg dans lequel elle est située. Elle fut érigée vers l'an 1629, par le Magistrat de Cambrai, avec le produit des revenus de la maison des Maladeaux, petit hôpital de lépreux, supprimé en 1380, et dépendant de l'hôpital St.-Lazare.

L'emplacement de la chapelle étant situé dans le ressort du patronat de l'abbaye de St.-Sépulcre, cette communauté prétendit que la nouvelle fondation ne pouvait exister sans son consentement qu'elle refusait d'ailleurs. Cette contestation amena un procès en conseil privé de Bruxelles qui fut terminé par une transaction en 1631. A la médiation du conseiller rapporteur M Sthennuys, qui s'était transporté sur les lieux, l'abbaye leva toute opposition, mais à la condition qu'elle jouirait dans cette chapelle des droits de patronat, consistant alors dans les deux tiers des offrandes; et en outre, que les armes de l'abbaye seraient apposées sur la fenêtre du côté de l'Evangile, et celles du Magistrat du côté de l'Epitre

La chapelle St. Druon était devenue succursale à cause de l'accroissement de population de ce faubourg. Le Magistrat de Cambrai qui jusque là avait administré les revenus de la fondation, voulut rejeter sur l'abbaye de St.-Sépulcre, les frais d'entretien du vicaire ; mais celle-ci s'y refusa nettement, et le Magistrat dut s'exécuter. En conséquence il ordonna les réparations nécessaires à ladite chapelle, et lui fit don, le 30 novembre 1631, d'un calice d'argent et des autres ornements nécessaires au culte.

Cette chapelle, rétablie depuis la révolution, est située à la bifurcation des chemins de Niergnies et de Crèvecœur.

# CHAPELLE SAINT GILLES.

La chapelle de St.-Gilles abbé, située hors de la porte St.-Sépulcre, avait été dédiée en l'an 1488. Le pape Alexandre VI, lui avait octroyé des indulgences.

Cette chapelle appartenait à l'abbaye de St.-Sépulcre ; elle fut ruinée en 1580. On l'a rétablit en 1751, comme il résulte de ce chronographe que l'on voyait au-dessus de la porte d'entrée :

DIVIs eglDIo, antonIo
atqVe roCho restaVrabat poVLLIaVDe.

Il ne reste plus aucun vestige de cette pieuse fondation.

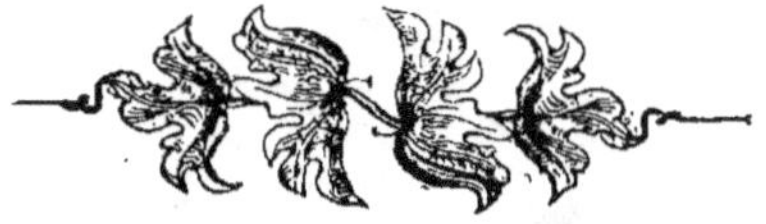

# CALVAIRE

## DE LA PORTE ROBERT.

Il avait été planté à l'expiration du Jubilé universel de l'année sainte, promulguée par le pape Pie VI.

Douze missionnaires, appelés à Cambrai, par M. de Fleury archevêque, commencèrent à prêcher le 27 mai 1776. Ce jubilé dura six semaines.

Le calvaire était situé à l'extrémité de l'Esplanade, près de la porte Robert. Supprimé à la révolution, puis relevé à la restauration du culte, il a été abattu de nouveau en 1830. Il ne reste que les arbres qui lui servaient d'abri.

# COMMUNAUTÉ DE SAINTE-AGNÈS

ET

# FONDATION VAN DER BURCH.

Les filles de Ste-Agnès furent originairement établies près de la porte St.-Sépulcre; elles enseignaient la religion chrétienne aux enfants. Ces dames ne formaient que des vœux simples, à l'expiration desquels elles étaient dégagées et pouvaient rentrer dans le monde.

Nous trouvons dans les archives des anciens chartriers que, par son testament en date du 1er juillet 1613, un nommé Antoine Héduin, donna aux filles de Ste-Agnès, pour en faire leur demeure et y enseigner des jeunes filles, sa maison qu'on dit le *petit Prémy*, à la condition que « si au temps à venir lesdites filles viennent à défaillir d'un nombre suffisant pour employer ladite » maison, comme moins de douze à quinze, à raison de guerres » ou autrement, le legs sera appliqué à l'érection d'un hôpital de » chartriers. »

En 1631, la congrégation de Ste-Agnès vint prendre possession des bâtiments spacieux que l'archevêque Vander Burch avait fait établir près de l'église paroissiale de St.-Vaast et dans un lieu nommé *terrain* et *maison de Lours* (par corruption *terrain aux ours*) (1) sur l'emplacement même de l'ancien hôpital St.-Vaast, réuni en l'an 1220, à l'hôpital St -Jean-Baptiste.

Commencés au mois de septembre 1626, les bâtiments et la chapelle furent terminés en 1629, date que l'on trouve sur la gresserie de la porte d'entrée Ils coûtèrent plus de cinq cents mille florins au bienfaisant archevêque qui dota sa fondation d'un revenu annuel de quinze mille livres destinées à l'éducation des filles pauvres natives de Cambrai, du Câteau, ou des villages d'Ors et de Câtillon.

Le 26 juin 1631 eut lieu la réception des premières boursières, au nombre de soixante-quatre. La première inscrite au registre est Marguerite Delcroix, âgée de 22 ans, fille de Jean et de Marguerite Dupont.

De même que les autres communautés religieuses, les filles de Ste-Agnès eurent à souffrir pendant la révolution. Chassées de la ville, pour refus de serment, le 5 novembre 1792, ces dames se retirèrent en Belgique et en Allemagne. Elles rentrèrent le 18 mai 1800, rappelées par M. Watelet, nommé sous le consulat, maire de Cambrai. Une ordonnance du roi, rendue le 17 janvier 1827, vint régulariser l'existence de leur communauté.

Le lundi de Pâques, 28 mars 1842, les sœurs de St -Vincent-de-Paul, prirent possession de la maison de Vander Burch en remplacement des filles de Ste-Agnès renvoyées quelque temps auparavant, par suite de mesures concertées entre les autorités religieuse et administrative.

---

(1) Ms. nº 884, p. 275. — La maison dite *les ours* fut adjugée le 20 février 1625 à Mᶜ Pierre Boullengier qui déclara command Mgr ill. et révérendᵉ messire François Vander Burch, archevêque de Cambrai. — Ms. de M. Faille.

L'installation officielle des sœurs de la charité, au nombre de six, n'eut lieu que le lundi 18 août 1845, à la suite d'une restauration complète de l'établissement, en présence de Mgr Giraud, archevêque de Cambrai, de M. le préfet du département, de toutes les autorités judiciaires, administratives et militaires de la ville, et de plusieurs membres de la famille Vander Burch.

On voit dans la chapelle, le tombeau de l'illustre fondateur, mort à Mons, le 23 mars 1644. Ce tombeau élevé dans cette ville, fut transporté à Cambrai, le 6 mai 1779. Il fut rétabli sur les dessins de M. de Baralle, architecte, qui dirigea tous les travaux de restauration.

Voici la traduction de deux inscriptions latines gravées, l'une sur le cercueil de plomb renfermant les restes de Vander Burch, l'autre sur le premier monument élevé dans l'église des pères jésuites, à Mons.

*Ci gît Illustrissime et Révérendissime Seigneur François* VANDER-BURCH, *qui a été d'abord Evêque de Gand, pendant près de quatre ans, et ensuite Archevêque de Cambray, pendant environ 28 ans. C'étoit un homme de grand travail, et d'une vertu consommée. Il mourut le 23 mars 1644, le lendemain de la fête de la Sainte Trinité, âgé de 77 ans.*

—

*A l'honneur de Dieu,*
*Et à la pieuse mémoire*
*d'Illustrissime et Révérendissime Seigneur*
*M. François* VANDER BURCH,
*Archevêque et duc de Cambray,*
*Prince du Saint Empire, comte de Cambrésis,*
*Dont l'esprit fut toujours droit, les mœurs angéliques,*
*et toute la vie sainte et chrétienne.*
*Son ame est dans le ciel; son corps a été mis dans cette chapelle.*
*Les héritiers d'un homme si vertueux,*
*Pour témoigner leur douleur de sa perte,*
*Ont fait dresser ici ce Monument.*
*Il a vescu* LXXVII *ans.*

*Il a été doyen de Malines pendant 20 ans, Evêque de Gand 3 ans, Archevêque de Cambray 28 ans.*
*Il a été partout bon père, pasteur vigilant, toujours aimable,*
*Il mourut à Mons en Haynaut le 23 may 1644.*

Aux termes des statuts et titres constitutifs de la maison de Notre-Dame, donnés par Vander Burch et que nous reproduirons ci-après, les jeunes filles admises dans la fondation, doivent être enfants légitimes de père et de mère bourgeois, gens catholiques et de bonne renommée. L'éducation qu'elles y reçoivent, a pour objet d'en faire d'habiles ouvrières et de bonnes mères de familles. A leur sortie on leur donne un trousseau d'environ cent francs ; quand elles se marient, elles reçoivent une dot de 62 francs, 50 centimes ; quand elles deviennent veuves, si elles se sont mariées avec le consentement de la commission administrative et qu'elles soient alors dans le besoin, elles ont droit à une pension de cinq francs par mois.

Le nombre des boursières en 1854 est de cent ; il a atteint le maximum.

Avant la révolution de 1789, les biens de la fondation Vander Burch se composaient de mille mencaudées de terre environ, produisant avec les rentes sur particuliers, un revenu annuel de 20,000 fr. en argent et de 24 mencauds de blé prélevables sur les moulins de Selles. Aujourd'hui ses biens immeubles se composent de :

| | Contenance. | | Valeur en capital. |
|---|---|---|---|
| | h. a. c. | | fr. c. |
| Maisons.................. | 03,07 | — | 17,000 00 |
| Terres labourables.......... | 375,04.71 | — | 1,237,655 43 |
| Prés, vergers, terrains plantés.. | 2,52,00 | — | 4,640 00 |
| Propriétés affectées au service.. | 62,29 | — | 350,000 00 |
| **Totaux....** | 378,02,07 | — | 1,609,295 43 |

Situation des biens.

| | h. a. c. |
|---|---|
| Arrondissement de Cambrai.................. | 323,21,23 |
| Département du Pas-de-Calais................ | 54,80,84 |
| Contenance égale........ | 378,02,07 |

Evaluation des revenus ordinaires.

| | fr. | c. |
|---|---|---|
| Loyers de maisons......................... | 870 | 00 |
| Fermages des terres...................... | 38,472 | 00 |
| Rentes sur l'Etat.......................... | 4,198 | 00 |
| Id. sur particuliers.......................... | 990 | 00 |
| Intérêts de fonds placés..................... | 1,500 | 00 |
| Produit du travail dans la maison............. | 700 | 00 |
| Total........ | 46,530 | 00 |

Il y a en outre comme revenu extraordinaire, le produit des pots de vin sur les fermages, payable par ternaire, soit un neuvième par année ou 4,274 francs environ, que l'on emploie en rentes sur l'Etat.

SUIVENT LES

# TITRES CONSTITUTIFS DE LA MAISON DE NOTRE-DAME. (1)

*Acte de fondation, daté de Cambrai le 30 août 1633.*

« François Vander Burch, par la grâce de Dieu et du saint-siége apostolique, archevêque et duc de Cambrai, prince du Saint-Empire, comte du Cambrésis, etc. A tous ceux qui ces présentes verront, salut. L'expérience nous enseigne que beaucoup de bonnes œuvres et fondations pieuses déchéent facilement, et à succession de temps se réduisent à néant, n'est qu'il y soit pourveu par establissement de bons administrateurs, qui, par charité, aient un soing particulier de les entretenir. Et comme ainsi soit que Dieu, par sa bonté, nous ait inspiré de faire une fondation pieuse en ceste nostre dite ville de Cambray, et y bastir une forte et ample et spacieuse maison pour y retirer jusques au nombre de quatre-vingts ou cent pauvres filles, qui, aux frais de ladite fondation, seront nourries et entretenues, instruites et catéchisées, et en oultre, enseignées à travailler, pour par après pouvoir gaigner leur vie; désireux de perpétuer nostre dite fondation, et qu'à icelle, soit pourveu de bons administrateurs, nous confiant ès sens et preud'hommie de nos chers et bien aymez M. M. Jean de Francqueville, chanoine de nostre Eglise métropolitaine; Jean Crul, licencié ès-loix, conseiller pensionnaire; Jean Ballique, Marchant, et Pierre Ramez, tous trois respectivement bourgeois de ladite ville, nous les avons dénommez et constituez, dénommons et constituons, par ceste, proviseurs et administrateurs de nostre dite fondation, ausquelz, ou la plus grande partie d'entr'eux conjointement, donnons plains pouvoir et authorité de l'adminis-

(1) Ces copies ont été collationnées sur les titres originaux reposant aux archives de l'administration des hospices civils de Cambrai.

trer régir et gouverner, conformément aux règles et statutz par nous dressez : auquel effect, copie d'iceux sera mise ès-mains de chacun d'eux. Et arrivant le trespas de l'un d'iceux, ou si quelqu'un venoit à quitter la ville de Cambrai, et demeurer autre part, les trois autres debvront choisir un quatriesme, qui soit homme de bonne vie et réputation, zélé du salut des âmes, et de mesme qualité qu'aura esté le précédent ; à sçavoir, au lieu dudict Francqueville, un chanoine de ladite Eglise métropolitaine ; au lieu dudict Crul, un licencié-ès-loix, et au lieu des deux autres, des bons et notables bourgeois de ladite ville. Bien entendu qu'ilz ne pourront choisir quelqu'un qui soit père, beau-père, filz, beau-filz, frère, oncle ou nepveu à l'un d'eux. Les comptes de ladite fondation, se rendront annuellement pardevant lesdits administrateurs, et chacun d'iceux, aura pour honoraires, au lieu de disné, la somme de vingt-cinq florins (30 fr. 86 c.); les requérant et leurs successeurs, qu'ilz veuillent avoir un soing paternel de ladite maison, par charité ; de quoy ils debvront attendre récompense de Nostre-Dieu, qui ne laisse aucune bonne œuvre sans rémunération. »

*Réglement qui détermine le mode d'admission et d'éducation des boursières, daté de Cambrai le* 30 *août* 1633.

« François Vander Burch par la grâce de Dieu et du saint-siége apostolique, archevesque et duc de Cambray, prince du Saint-Empire, comte du Cambresis, etc, à tous ceux qui ces présentes verront, salut. Comme ainsi soit qu'il aurait pleu à Dieu par sa bonté et miséricorde nous faire souvent considérer combien les pauvres du sexe féminin en ceste noste dite ville de Cambray et chastel en Cambresis ont besoing de nourriture et instruction chrestienne, d'où provient que plusieurs jeunes filles vont s'abandonnant et se perdant de corps et d'ame journellement ; pour à quoi remédier autant qu'en nous est par la mesme bonté de sa majesté divine, sommes estez inspiré de faire une fondation en ceste nostre dite ville pour y nourrir et entretenir le nombre de quatre-vingts ou cent pauvres filles, qui debvront y estre eslevées en la crainte de Dieu, piété et bonnes mœurs comme pauvres boursières; auquel effect nous aurions faict bastir une fort ample maison à l'honneur et soubz sa protection et nom de Notre-Dame, et afin que les proviseurs de ladite maison et fondation, et celles qui y seront comises pour nourir, enseigner et endoctriner lesdites pauvres filles, scachent comme ils se debvront comporter, nous avons fait et ordonné, faisons et ordonnons les règles et statuts qui s'ensuivent.

» Lesdites pauvres boursières seront nouries, enseignées et endoctrinées par les filles dévotes de Ste-Agnès suivant le réglement particulier sur ce fait, lesquelles administreront leur propre bien et seront les maistresses et soubsmaistresses et autres officières créées en la mesme forme et manière que jusques ores s'est observées.

» Il y aura quatre proviseurs, par lesquels ladite fondation et bien d'icelle seront gouvernez et receuz par un recepveur commis par eux et desquels biens ilz payeront la table desdites boursières, moyennant laquelle elles debvront estre nourries, chauffées et buées.

» Les filles de Ste-Agnès auront pour table de chasque boursière demy muid de bon bled cambresien faisant huit mencaux et cinquante-six florins (69 fr. 14 c.) par an : et si à l'advenir les vivres s'enchérissent notablement, on augmentera à proportion ladite somme, et ce, au dire et jugement des sieurs du vicariat, au cas qu'au faict de ladite augmentation les proviseurs ne se trouvassent d'accords avec lesdites filles de Ste-Agnès.

» Semblable augmentation se debvra faire, si ladite ville de Cambrai venait à estre assiégée, ou quelque autre sinistre ou notable accident arrivoit, et en cas de débat, il sera décidé par lesdits sieurs du vicariat.

» Quand quelques-unes des pauvres boursières seront malades, tout ce qu'il faudra payer pour médecines, chirurgiens et drogues et autres choses oultre et pardessus leur traitement ordinaire, il se payera par la fondation, aussi bien que tout ce qui touche leur entretenement.

» Leur nourriture sera sobre et frugale, servant plustost à contenter la nature, que d'excès au boire et manger.

» Elles prendront leur réfection au disner et souper devant les filles de Ste-Agnès.

» Leurs habits, coëffures et chaussures seront uniformes et leurs robes debvront estre de drap médiocre, couleur de minime.

» Chacune aura sa chambrette à part, plus petite néantmoins que celles des filles de Ste-Agnès, mais de mesme façon.

» Elles auront des matelats, des linceux de toile grosse et deux couvertoires

» Elles debvront estre toutes bien catéchisées et enseignées à lire, et celles qui seront capables, à escrire, ensemble à coudre soit en drap ou en linges, à filer, faire dentelles et semblables ouvrages chacune selon sa capacité et inclination, au jugement et discrétion de la maistresse. Et alors qu'elles seront d'aage suffisant, on leur enseignera les ouvrages qui sont à faire dans un mesnage, comme laver, faire le pain, cuisiner, etc.

» Ce qu'elles gaigneront par leur labeur se recepvra par la maistresse ou ses commises, lesquelles le délivreront tous les trois mois, ou tous les demy an aux proviseurs (qui en cela se rapporteront à la fidelité de la maistresse, adjoustans foy à sa simple parole) et sera le tout mis en recepte au compte général au profit de la fondation de Notre-Dame.

» Les avant dits quatre proviseurs et administrateurs détermineront toutes les affaires qui se présenteront touchant l'administration des biens temporels de ladite fondation, réception et renvoye des boursières : et où il arriveroit qu'ilz ne s'accordassent pas ensemble et qu'il y eut deux d'une part et deux de l'autre, en ce cas messieurs du vicariat décideront le débat

» Les pauvres boursières seront par les proviseurs choisies de la ville de Cambrai seulement, vrayement enfans légitimes de père et mère, gens catholiques et de bonne renômée jusques au nombre de quarante ; si les forces de ladite fondation portent d'en recepvoir davantage, la moitié du surplus de telle qualité que dessus, sera prise encorés de ladite ville de Cambrai et l'autre moitié du Chastel en Cambresis, Ors et Castillon, aux choix d'iceux proviseurs, qui. paravant sur ce oyront la maistresse et soubmaistresse, et auront regard à leur recômandation autant que la raison le permettra.

» On les choisira autant que faire se pourra de l'aage d'environ douze à quatorze ans et non notablement plus jeunes ni plus vielles, n'est que pour quelque grande et légitime cause, lesdits proviseurs, après avoir ouy la maistresse et soubmaistresse, jugent autrement convenir.

» Elles y demeureront jusques à ce qu'au jugement desdits proviseurs, elles seront bien capables de se mettre en service, ou de facilement gaigner leur vie de leur travail manuel : en tous cas, elles n'y seront jamais plus que huit ans, n'est que, pour cause urgente et légitime, lesdits proviseurs, après avoir ouy comme dessus lesdites maistresse et soubmaistresse, trouvent expédient les continuer.

» Quand elles sortiront, elles seront racoustrées aux frais de ladite fondation à la discrétion des proviseurs, selon leur bon comportement, et le service qu'elles auront faict à ladite maison.

» Quand quelqu'unes d'entre elles seront réfractaires, ou se comporteront autrement qu'elles ne doibvent, les maistresse et soubmaistresse les admonesteront et de l'admonition faite en advertiront les proviseurs ; et si la défaillante continuoit en ses fautes après la troisiesme monition, iceux proviseurs oyront sur ce, non seulement lesdites maistresse et soubmaistresse, mais aussi quatre ou cinq autres filles principales de Ste-Agnès, et s'ilz trouvent bon que ladite défaillante doibve estre mise hors de la maison, ilz la mettront dehors.

» Ladite maison en tout son comprendement s'entretiendra aux frais de ladite fondation, excepté le jardin qui se cultivera à la charge des filles de Ste-Agnès, puis qu'elles en auront le profit.

» Lesdites filles pourront continuer à tenir tablières à leur discrétion jusques à ce que le nombre des pauvres boursières soit arrivé à trente cinq ou quarante; que lors, elles n'en tiendront que trois ou quatres au plus, afin de pouvoir mieux vacquer ausdites pauvres boursières.

» Les comptes de ladite fondation se rendront annuellement ausdits proviseurs, chacun desquels aura pour honnoraires au lieu de disner la somme de vingt-cinq florins.

» Le nombre des filles de la communauté de Ste-Agnès n'excédera le nombre de quarante, et ne pourra icelle communauté s'establir en quelque ordre de religion, autrement debvra sortir de la maison sans autre formalité.

» Pareillemement elle debvra sortir de ladite maison, en cas qu'elle ne vueille continuer d'enseigner les pauvres filles et observer les réglements et statuts de ladite fondation de Notre-Dame; et en cas de débat sur ce entre les proviseurs de ladite fondation et les filles de Ste-Agnès, messieurs du vicariat en décideront.

» Et s'il arrivoit que quelque fille de la communauté de Sainte-Agnès, vint à faillir et donner scandale, (que Dieu ne vueille) la maistresse la fera incontinent sortir de la maison; et si elle manque a ce debvoir, il y sera pourveu par lesdits sieurs du vicariat; comme aussi si ladite communauté en général venoit à se gouverner scandaleusement

» Arrivant que lesdites filles de Ste-Agnès voudroient, ou pour un des cas susdits, debvroient sortir de ladite maison, les proviseurs feront debvoir d'y remettre autres filles de semblable institut, bien idoine, soit de la ville de Mons, Vallenciennes ou autre, en nombre compétent, pour y faire les mesmes fonctions que présentement y font lesdites filles de Ste-Agnès, leur donnant la mesme rétribution pour la table des pauvres boursières, qu'on donne, ou qu'ont eut due donner à celles de Ste-Agnès. Voires si on n'en pouvoit avoir aucunes telles, sans leur donner quelque advantage du revenu de ma fondation, j'ordonne que cela se fasse, encores bien que le nombre des pauvres filles se debvroit diminuer, et tout ce qui est ordonné au regard desdites filles de Ste-Agnès, sera pareillement gardé à leur endroict.

» Tous les meubles servants aux chambres des pauvres filles, comme aussi les nappes, autres linges et estaings destinéz à leur usage, se fourniront aux frais de ladite fondation, desquels se fera un inventaire et iceluy s'exhibera d'an en an aux proviseurs par la maistresse, qui, quant et quant déclarera que tout est encores en estre, ou désignera les pièces qui y manquent, et sera adjoustée foy à son dire. Et tous les autres meubles et ustensiles seront à la charge de la communauté de Ste-Agnès, exceptez les ustensiles de la brasserie, les vaisseaux pour faire la buée, et les grandes marmites et chaudrons pour la cuisine. »

*Réglement donné aux filles de Sainte Agnès, en Cambrai, touchant le gouvernement des pauvres boursières qui leur sont commises, daté de Cambrai le 30 août 1633.*

»Elles auront un soing fort particulier de faire bien employer le temps aux dites pauvres boursières; et afin que cela se face avec meilleur ordre, elles répartiront les heures du jour comme s'ensuit :

» Tous les jours elles se leveront à cinq heures précisément, et en une demi-heure, elles seront vestues, coëffees et leur chambrette accommodée de tout point.

» Elles feront les prières qui leur seront enjointes, depuis cinq heures et demie jusques à six ; l'une les récitera à haute voix, clairement, distinctement et dévotement, et sera suivie des autres qui diront à basse voix les mesmes prières.

» Lesquelles achevées, elles iront à l'ouvroir pour apprendre à lire et écrire, jusques à ce qu'on sonne la messe ; exceptez les mercredi et samedy, èsquels jours, au lieu d'apprendre à lire et escrire, elles se peigneront toutes.

» Elles oiront la messe, laquelle achevée, on sonnera le desjeûner, devant lequel l'une fera la bénédiction, et à la fin, l'action de grâces ; et cela faict, elles iront toutes à l'ouvroir pour travailler jusqu'à unze heures, qu'on sonnera au disner, durant lequel se fera lecture de quelque livre pieux, comme aussi durant le souper.

» A unze heures et demie, le disner achevé, et l'action de grâces faite, elles assisteront aux litanies, après lesquelles, les maistresses commenceront leur disner, durant lequel lesdites boursières auront récréation ; et le disner achevé, lesdites boursières retourneront à l'ouvrage jusques à quatre heures et demie ; et depuis lors, on les enseignera à lire et escrire jusques au souper, pour lequel on sonnera à cinq heures et demie.

» A six heures, elles iront aux litanies de Notre-Dame, et puis auront récréation durant le souper des maistresses ; lequel achevé, lesdites boursières retourneront à l'ouvrage jusques à 8 heures et demie, que lors elles feront un quart d'heure d'oraison, et s'en iront toutes coucher.

» Les dimanches, elles iront toutes ensemble à la grand'messe paroissiale, et au sermon qui s'y fait.

» Lesdites boursières estant ensemble, soit au refectoire, ou l'église ou à l'ouvroir, mesmes aux récréations, elles ne seront abandonnées des maistresses ; ainsi il y en aura toujours une ou deux qui surveilleront à leurs actions.

» Elles se confesseront tous les quinze jours, et communieront tous les mois, si elles en sont capables ; mais avant de se confesser ou communier, elles en demanderont la permisson à la supérieure.

» Elles jeûneront les veilles de Notre-Dame, en quoi néantmoins se pourra dispenser quant aux plus jeunes, et quant aux autres, au temps des grandes chaleurs de l'esté, et pour autres causes raisonnables.

» Elles sortiront rarement du logis, et jamais sans permission, ni seules, ainsi deux à deux.

» Elles ne boiront, ni mangeront hors d'heure, ni hors du logis.

» Si quelqu'un leur apporte quelque fruict, ou autres choses à manger, le tout sera mis en commun à la cuisine.

» Elles ne parleront jamais seules à personne, ni mesme à leurs parens, au logis desquels ou autres amis, on ne permettra pas qu'elles aillent pour y faire quelque séjour, ni mesme pour les servir en leurs maladies.

» Les lundi cependant qu'elles travailleront, les maistresses en examineront aucunes, pour veoir si elles auront retenu quelque chose du sermon du dimanche précédent. »

*Addition au Reglement touchant l'admission des boursières, datée de Cambrai, le 6 octobre 1633.*

« Comme par l'article commençant, *les pauvres boursières seront par les proviseurs choisies de la ville de Cambrai, vrayement enfans légitimes de père et mere bourgeois dudict Cambrai, gens catholiques et de bonne renommée jusques au nombre de quarante, et si les forces de ladite fondation portent d'en recepvoir davantage, la moitié du surplus de telle qualité que dessus sera prise encores de ladite ville de Cambrai, et l'autre moitié du Chastel en Cambresis, Ors et Castillon au choix d'iceux proviseurs, qui, paravant sur ce oyront la maistresse et soubmaistresse, et auront regard à leurs recommandations, autant que la raison le permettra*, se pourroient mouvoir quelques débats entre les proviseurs de nostre fondation et les filles de Ste Agnès, touchant la réception des boursières, sur ce qu'il est dit, *que lesdits proviseurs auront regard aux recommandations desdites filles, autant que la raison le permettra ;* pour donner éclaircissement audit article, nous déclarons que notre intention a tousjours esté et est, que lesdites filles de Ste-Agnès ne pourront prétendre par là aucun droict de présentation aux bourses, ny que les proviseurs seront aucunement obligez de suivre leur advis et recommandation, ainse qu'ils résoudront absolument et indepen-dement sur la provision desdites bourses. Ce que nous entendons aussi debvoir servir pour l'esclaircissement des articles suivans, faisant mention que les maistresse et soubmaistresse doibvent en certains cas estre ouyes. »

*Addition au Règlement touchant l'administration de la maison, l'entretien des boursières et les avantages auxquels elles ont droit, datée de Mons le 30 janvier 1637.*

« FRANÇOIS VANDER BURCH, par la grace de Dieu, archevesque et duc de Cambrai, prince du Saint-Empire, comte de Cambresis, etc. Scavoir faisons qu'ayant commencé une fondation pour des pauvres filles en n^re^ ville de Cambrai, avecq intention de faire la mesme maison, n^re^ héritière universelle (1), nous avons ordonné et ordonnons par ceste, que les biens d'icelle fundation soient em-ployez par les proviseurs, comme s'ensuit.

» Premierement, que toutes les réparations et entretenemens de la maison, seront toujours à la charge de n^re^ fundation.

» Deulxiesmement, que les pauvres filles y reçeues et à recep-voir seront entierement et de tout poinct entretenues du bien de ladite fundation.

» Tiercement, qu'à leur entrée, elles seront vestues en la mes-me manière et façon que celles qui y sont présentement, et ce, à la charge de la fundation.

» Quatriesmement, quand elles sortiront pour aller servir des gens de bien, seront revestues honestement, comme aultres ser-vantes et pourveues de six chemises, et d'aultres linges à l'adve-

(1) Il a changé d'intention, car par son testament du 10 décembre 1643, il a institué pour son héritier son neveu Dehyon.

nant, à la discrétion des proviseurs ; moyennant qu'elles saient toujours bien comportées et après avoir demeuré en la maison environ huict ans, et sortent avecq bon gré et consentement desdicts proviseurs.

» Cinquiesmement, quand celles quy auront demeuré en la maison environ huict ans, en seront sorties avecq honneur, et auront servy sans reproche des gens de bien, se mettront en estat de mariaige ou de religion, elles auront chascune, cent et cinqte florins (185 fr. 19 c.), à la charge de ladicte fondation.

» Sixiesmement, que les mesmes devenant vefves, et ayans besoing d'assistence, auront à charge de ladicte fondation, quatre florins (4 fr 94 c ) par mois, jusques au nombre de trente, et point davantaige : pourveu néantmoins qu'elles se soient toujours bien comportées, et ayent eslevé leurs enffans en la crainte de Dieu, et les envoyent au catéchisme.

» Septiesmement, afin que tout ce que dessus se puisse deuement accomplir sans diminution du capital de nostre dicte fondation, nous voulons que le nombre des boursières soit à l'advenant, et jamais sy grand que le revenu annuel ne puisse suffir à tout ce que dessus, et quand il y aura du boni de considération, il sera employé à rente ou à l'achapt de quelques terres, pour augmenter la fondation.

» Et finalement ledict boni estant ainsy employé et venant le revenu annuel à s'augmenter, en sorte que non seulement il basterait pour entretenir jusques à cent boursieres et accomplir tout ce que dessus, mais y auroit aussi de l'excrescence ; nous entendons que ladite excrescence, soit distribuée par septmaine, selon la discrétion des proviseurs, à quelque nombre des pauvres filles quy fréquenteront les escoles de ladite maison et le catéchisme quy s'y faict ; car nous voulons que le nombre des boursieres, n'excede jamais le nombre de cent. »

*Addition au Règlement touchant l'entretien des boursières et les avantages auxquels elles ont droit, datée de Cambrai le 2 septembre 1638*

« François Vander Burch, par la grace de Dieu et du saint-siége apostolique, archevesque et duc de Cambrai, prince du Saint-Empire, comte de Cambresis, etc. A tous ceux qui ces présentes verront, salut. Ratifiant et confirmant toutes les ordonnances, regles et statuts, qu'avons faict en l'an 1633, sur le faict de n^re fondation pour des pauvres filles, et l'administration de la maison de Nostre-Dame par nous bastie et dotée en cette ville, avons jugé convenir d'y adjouster les poincts qui s'ensuyvent, et ordonner, comme nous ordonnons par ceste, qu'ilz soyent accomplys exactement et gardez à tousjours.

» Lesdites pauvres filles ne seront pas seulement accoustrées à leur réception, et de rechef à leur sortie, aux frais de nostre fondation, comme dit est en nos lettres précédentes, mais en oultre s'ayans tousjours comporté avec honneur, quand elles viendront à l'estat de mariage, auront quelq. dot de la maison, comme cent cinquante florins chacusne, plus ou moins, selon la discrétion des proviseurs.

» Celles qui entreront en quelq religion ou bien seront reçues en quelq. maison de Notre-Dame ou de Ste-Agnès, auront semblable assistance de lad. maison.

» Lesd. filles qui après avoir esté mariées, deviendront vefve et auront besoing d'assistance, recevront de la maison quatre florins par mois, jusques au nombre de trente, moyennant qu'elles ayent toujours vescu avec honneur et sans blasme, et envoyé leurs enfans au catéchisme.

» Le revenu de deux mille florins (2,469 fr. 20 c.) par an, sera employé à l'achat de nouvelles rentes seulement.

» Ces nouvelles rentes serviront pour augmenter peu à peu le nombre des boursieres ; et quand il sera si grand, qu'au jugement des proviseurs, il ne se debvra augmenter davantage, alors le revenu des rentes qui par après s'acquerront du revenu de ladite rente de deux mille florins, se distribuera tous les ans, aux pères de la compagnie, aux filles de Ste-Agnès, et aux pauvres filles qui visiteront leurs escoles, selon la discrétion desd. proviseurs ; ne fut que la fondation en auroit besoing pour entretenir les bastimens ou aultrement. »

*Addition au Règlement touchant l'administration de la maison, datée de Cambrai le 7 avril 1639.*

« François Vander Burch, par la grâce de Dieu et du saint-siége apostolique, archevêque et duc de Cambrai, etc. Aux supérieures et aultres filles de Ste-Agnès, demeurantes en la maison de la fundation qu'avons faicte pour plusieurs pauvres filles, en nostre ville de Cambrai, salut : Comme notre intention est d'obvier aultant qu'il est possible aux inconvéniens qui pourroient arriver à nostre fundation et à la maison d'icelle, par contagion, feu, ou aultrement, nous avons à grande et meure délibération, trouvé à propos d'ordonner, comme nous ordonnons par ceste, que personne de vous ny aultres quelconques s'avance doresnavant d'admettre quy que ce soit à faire des moyes dans l'enclos de ladite maison, ny mettre grains ou meubles dans les greniers ou aultres places d'icelles, sans notre exprès consentement : exceptez touttefois les censiers de nostre dite fundation, auxquels les proviseurs le pourront permettre quand ils trouveront ce pouvoir faire sans danger. Et afin que ceste présente ordonnance soit gardée à tousjours, nous voulons qu'un double d'icelle vous demeure ès mains, et qu'un aultre soit mis dans le ferme pour y être conservé avec les autres muniments de nostre fundation. »

*Donation de six rentes sur les Etats pour assurer à la fondation quinze mille florins de rente, datée de Mons le 6 mars 1641.*

« Nous soussigné, archevêqué et duc de Cambrai, etc. Avons donné, cédé et transporté, donnons, cédons et transportons, par ceste, à nostre fondation des pauvres filles de Nostre-Dame, à Cambrai, six rentes qu'avons sur les Etats dudit Cambrai, à savoir: deux de mille, trois de cinq cents, et la sixième, de cinquante florins par an. Ordonnons expressément, si nostre dite fondation à nostre trespas, n'auroit pas quize mille florins de revenu, que tous les ans, on achettera cent florins de rente, jusques à ce que la dot de quinze mille florins sera complette. Et si, par après, par injures du tems ou perte de rentes, ladite dote venoit à diminuer, on achettera, de rechef, cent florins de rente tous les ans, jusques à ce que le revenu annuel soit de rechef de quinze mille florins.

» En signe de vérité et pour plus grande fermeté de tout ce que dessus, avons signé et scellé ceste.

» *Signé* FRANÇOIS VANDER BURCH, archevesque de Cambray. »

# MONT DE PIÉTÉ.

L'institution des monts de piété est d'origine italienne ; on les appelait aussi *lombards*, parce que c'est en Lombardie qu'ils ont pris naissance. Les premiers établissements dont l'histoire fasse mention, sont celui de Padoue, fondé en 1491, et celui de Pérouse, autorisé par le pape Jules III (Jean-Marie del Monte). Le but de leur institution a été de venir au secours de la classe la plus pauvre de la société, en lui prêtant sur gages, et de faire cesser l'intérêt des prêts usuraires ; en outre, de faire tourner exclusivement au profit des hospices, l'espèce de bénéfice qui en résulte.

Leur nom de Mont de piété (*Monti di pietati*) leur a été donné pour faire ressortir leur caractère charitable, et pour les distinguer des *Monti*, sortes de banques ou de comptoirs communaux en usage en Italie au XVe siècle, et qui faisaient à la fois l'office de caisse de prêt et de caisse des dépôts, car on y recevait même, sans en payer d'intérêts, des sommes destinées à former les dots des jeunes filles.

Supprimés à la révolution, les Monts de piété du département du Nord, furent réorganisés par arrêté du préfet, du 29 germinal an XI. On reconnut alors la nécessité de les rétablir pour mettre un frein à la voracité des maisons de prêts sur nantissement dont nos grandes villes étaient remplies.

Les constitutions organiques des Monts de piété, se trouvent dans les lettres patentes du 8 décembre 1777 et de l'an 1779, dans le décret du 24 messidor an XII (13 juillet 1804) et dans l'arrêté du 16 germinal an XII (6 avril 1804).

Le Mont de piété de Cambrai a été commencé en 1623 ; l'archevêque Vander Burch en posa la première pierre, au mois d'octobre, sur un terrain aboutissant aux rues de Noyon et des Liniers.

Cet établissement est placé sous la surveillance de la commission administrative des hospices. Il est géré par un directeur, un contrôleur, un employé au dégagement et deux chercheurs de gages. Il y a en outre deux commissionnaires jurés dont les bureaux forment des succursales du Mont de piété.

L'intérêt prélevé sur les gages d'abord fixé à 15 pour cent par an a été réduit à 12 pour cent ; même à ce dernier taux les intérêts perçus sont encore énormes. Cela tient à ce que le Mont de piété de Cambrai ne possède aucun fond dotal pour subvenir aux frais du service et qu'il ne peut marcher sans le secours des emprunts qu'il a contractés envers les hospices. A la vérité, cet établissement a fait, depuis un demi siècle, des bénéfices assez considérables, mais ces bonis aux termes des réglements en vigueur, ont toujours été versés dans la caisse des hospices, de telle sorte que le Mont de piété n'en est pas plus riche aujourd'hui qu'à l'époque de sa création.

Nous devons dire cependant, que ces dernières années, l'on s'est occupé d'apporter remède à cet état de choses reconnu vicieux, et que dorénavant les bénéfices que pourra faire le Mont de piété de Cambrai seront employés à éteindre l'emprunt et par suite, à lui constituer un fond dotal. Cette mesure permettra un jour de réduire de nouveau le taux de l'intérêt et de l'amener à des conditions moins onéreuses, pour les nécessiteux de tous genres forcés de recourir aux emprunts sur gages.

# SOEURS DE LA CHARITÉ.

Les sœurs de la charité furent appelées à Cambrai suivant actes passés les 21 juin 1702 et 28 juin 1703, entre le Magistrat et la communauté des Filles de St-Vincent établie au faubourg St-Lazare, à Paris.

A leur arrivée dans nos murs elles furent logées dans une vaste habitation située rue de Vaucelette et appartenant à Jacques de Benin, échevin de Cambrai, qui la louait trois cents livres de France. C'est depuis lors, que cette partie de la rue prit le nom des Sœurs de la Charité.

Pendant la révolution les religieuses se réfugièrent à Boulogne, où elles furent réunies par les soins de l'évêque d'Arras. Rentrées à Cambrai, les Filles de Saint-Vincent-de-Paul, reprirent aussitôt le service des malades, celui des secours à domicile, ainsi que l'instruction des enfants pauvres.

Leur revenu dotal s'élevait en 1789, à 2,802 florins, 16 patars, 3 deniers. Il a été réuni depuis au bureau de bienfaisance.

Suivent les actes officiels relatifs à l'introduction des Filles de la Charité de Cambrai.

« Pardevant les notaires royaux de la résidence de Cambray, soussignez, furent présens, en personnes, honorables hommes, Daniel-François Lievon et Jean-Philippe Desvignes, tous deux licentiez ès-loiz, eschevins semaniers et spéciallement authorisez par messieurs du magistrat de laditte ville, à l'effect du présent traité d'une part; M. Louis Tillot, prêtre de la congrégation de la mission, supérieur du séminaire d'Arras, y demeurant, comme ayant pouvoir et fondé de procuration spéciale des supérieures et officières de la communauté des Filles de la Charité, servantes des pauvres malades, établye au faubourg de Saint-Lazare, à Paris; icelles authorisées de MM. Nicolas Perron, supérieur-général de la congrégation de la mission, et supérieur de ladite communauté des Filles de la Charité ; ladite procuration icy veue passée pardevant Lefebvre et de Villaume, notaires au Chastelet de Paris, en datte du douze de ce mois de juin mil sept cent deux, dont copie authentique est cy-jointe collationnée par les notaires soussignez, d'autre part; lesquels comparans, sont convenus au nom que dessus, de faire un établissement de deux Filles de la Charité dans laditte ville de Cambray, pour l'assistance des pauvres malades et même, si elles en sont requises, pour l'instruction de la jeunesse, en la manière qui sera cy après déclarée, ont faict et accordé le contrat qui s'ensuit.

« C'est à savoir : les officières présentes et à venir, de laditte communauté des Filles de la Charité, seront tenues et obligées de fournir et tenir tousjours à l'avenir deux des filles de laditte communauté en la susditte ville de Cambray, où il leur sera donné incessament un logement meublé, séparé et commode par lesdits sieurs du magistrat qui promettent et s'obligent de payer par chacun an en deux payements esgaulx la somme de trois cents livres monoye de France pour la nourriture et entretien desdittes deux Filles de la Charité, laquelle somme sera prise sur les biens des pauvres de cette ditte ville et payable exactement en payements égaulx par le receveur desdits biens.

» Laditte maison exempte de lots et ventes, amortissement,

indemnitez et de toutes autres charges ordinaires et extraordinaires aussi bien que le fonds et la rente, ou pension de trois cents livres pour l'entretien et subsistance desdittes deux Filles de la Charité qui ne seront sujettes à aucune capitation ou autres taxes quelqonques.

» Ledit établissement fait à condition que lesdittes Filles de la Charité s'occuperont, suivant leur institut, au service et soulagement des pauvres malades de laditte ville.

» Elles feront elles-mêmes les saignées en cas qu'il ny ait point de chirurgien, les cirops, décoctions, ptisannes et infusions; se servant des drogues qui leur seront fournies. Et on les fournira de bois et sel pour les pauvres.

» Elles ne s'engageront point au soing des riches, ny de leurs serviteurs et domestiques, ny même des ecclésiastiques s'ils ne sont pauvres et malades; auquel cas de nécessitez, elles n'iront jamais seulles chez eux, et ne se mesleront point du tout de leur ménage ny de leurs affaires domestiques.

» Elles vivront en particulier dans leur logement, dont les reparations ne seront point à la charge desdittes filles, non plus que l'entretien des meubles et ustensiles tant pour elles que pour les pauvres.

» Elles n'admettront avec elles, dans leur logis, aucunes filles ou femmes, si ce n'est durant une heure de lecture spirituelle qu'elles pourront faire aux filles et femmes avant vespres les jours de festes et dimanches, dans une salle, et non dans la chambre où elles coucheront.

» Elles seront obligées, si elles en sont requises, de faire les petites escoles aux pauvres petites filles, sans y recevoir aucun garçon tant petit soit-il.

» Que s'il arrivoit qu'elles ne pussent vacquer aux petites escoles à cause de la grande quantité des pauvres malades, pour lors elles quitteront les escoles et s'appliqueront uniquement au service des pauvres malades, comme étant la fin principale de leur institut.

» On laissera vivre lesdittes Filles de la Charité dans la pratique des exercices de piété qui leur sont prescrites dans leur communauté.

» Elles ne seront point obligées d'aller de nuit assister aucuns malades, ny de rendre leurs services qu'à des personnes pauvres : et encore moins aux femmes dans leurs accouchements, soit qu'elles soient pauvres ou non : néantmoins, si lesdittes femmes sont malades, on leur donnera la portion comme aux autres pauvres.

» Lorsque lesdittes filles seront malades, elles seront traitées de médicaments comme les pauvres, et quand quelqu'une d'entre elles décédera, on ne fera aucune pompe funèbre, ny autre cérémonie à son enterrement qui se fera par M. le curé avec un service pour le repos de son âme, une messe haute et deux messes basses, sans payer aucune rétribution de la part des filles.

» Pour le spirituel elles seront soubmises à Monseigneur l'archevêque et à M. le curé, comme les autres paroissiennes : en sorte néantmoins que ledit sieur supérieur et ses successeurs pourront les visiter et leur assigner sur les lieux un confesseur approuvé de l'ordinaire, les changer et rappeller quand ils le jugeront à propos, et envoier d'autres en leur place, et si le changement se fait en faveur de la charité dudit lieu, soit que les dames officières demandent le changement, ou à cause de la mort survenue auxdittes filles, ou qu'elles soient devenues infirmes, en ce cas laditte Charité payera la dépense du voyage.

» Mais si les changemens se font pour le bien et à la réquisition de la compagnie desdittes Filles de la Charité, les voyages se feront à leurs despens, n'étoit qu'en retirant une desdittes qui aura demeuré l'espace de six ans audit lieu, auquel cas laditte Charité luy payera aussi son voyage.

» En outre sera payé la somme de soixante et douze livres,

monnoye avant ditte, pour les premiers habits desdittes deux filles pour cette fois seulement.

» A tout quoi lesdits comparans au nom que dessus se sont respectivement obligez satisfaire, entretenir et accomplir soubz l'obligation, etc. Renonçants à toutes choses contraires.

» Fait et passé audit Cambray, le vingt-un juin mil sept cent et deux.

» *Signé* Tillot, D.-F. Lievon, J.-P. Desvignes, H. Cocqueau, et N. Houseau, notaires. »

« Nous prevost, eschevins et magistrat de la ville, cité et duché de Cambray,

» Le grand soulagement que reçoivent tous les jours les pauvres malades de cette ville par les soins de deux filles de la Charité, nous faisant connoitre de plus en plus l'utilité de cet établissement, et que pour bien continuer ce même secours dans touts les endroits de la ville sans aucune interruption, une troisième fille de laditte Charité nous seroit nécessaire, afin qu'en cas de maladies de l'une d'elles, les deux autres puissent porter leurs soins partout, à quoy il est évident qu'une seule ne peut suffire :

» A ces causes nous requérons en faveur desdits pauvres malades, les supérieures et officières de la communauté des Filles de la Charité, establies au faubourg de Saint-Lazare, à Paris, et tous autres à qui il appartient, de vouloir bien nous envoier l'une des filles de leur ditte communauté, sous l'assurance qui nous leur donnons de la recevoir sur le même pied que les deux autres pour lesquelles nous avons contracté, en sorte que cette troisième fille aura pour ses entretiens et subsistance cent cinquante livres de pension, et au surplus jouira de tous les mêmes advantages stipulez en faveur desdittes deux autres filles.

» En tesmoin de quoy nous avons à ces présentes, signées de l'un de nos greffiers, fait mettre et apposer le sceel aux armes de laditte ville, le vingt-huit juin, mil sept cent trois. »

# BUREAU DE BIENFAISANCE

ET

## FONDATIONS QUI EN DÉPENDENT.

Les bureaux de bienfaisance sont de création récente. Ils ont été formés par la réunion des anciens bureaux de charité lesquels étaient administrés par des assemblées ordinairement composées du curé, du seigneur du lieu, du juge et du procureur fiscal, des marguilliers et des principaux habitants.

A la révolution, les biens des bureaux de charité furent appréhendés par l'Etat et leur administration désorganisée. On essaya de les reformer sous le nom *d'agence de charité*, par la loi du 19 mars 1793 et par deux décrets de la Convention, des 15 octobre 1793 et 11 mai 1794. Mais ces agences furent bientôt supprimées pour faire place aux bureaux de bienfaisance que vint créer la loi du 7 frimaire an V. Ils furent placés dès le principe sous la direction de cinq membres administrateurs.

Le bureau de bienfaisance de Cambrai fut doté avec les biens des diverses fondations dont la dénomination suit :

*Ecole des Pauvres*, fondée le 13 septembre 1604, par Claude de Hennin, seigneur de Vertain, et Marguerite Vander Burch, sa femme, en faveur de 50 pauvres enfants natifs de Cambrai ou de sa banlieue (25 garçons et 25 filles), qui la fréquenteraient depuis l'âge de sept ans jusqu'à onze, pour apprendre leurs *patrenostres, les commandemens de la loy et de l'église*, apprendre à lire, à écrire, et *aultres choses requises et necessaires aux enfants*.

Les fondateurs affectèrent à l'entretien de l'école des pauvres, une rente de 58 mencauds et demi de farine, reposant sur les *moulins de Selles*, propriété de l'archevêché, pour cette rente, être perpétuellement et à toujours employée *à enseigner, ayder à nourrir et entretenir* les enfants qui fréquenteront ladite école.

*Ecole dominicale* ou *grande école des pauvres*. Elle avait été fondée dès l'an 1499, par maître Standon ; mais l'archevêque Vander Burch, toujours occupé des besoins des enfants pauvres, voulut, en 1626, rétablir cette école sur de nouvelles bases, en lui constituant une large dotation et en lui donnant des réglements pour assurer sa durée. Les classes purent être réouvertes le 24 août de la même année.

Voici les lettres d'érection datées de l'an 1626.

« Messire François Vander Burch, par la grace de Dieu et du Saint-Siége Apostolique, archevesque et duc de Cambray, prince du Saint-Empire, comte de Cambrésis, à tous ceux quy ces présentes voiront, salut.

» Considérant la grande nécessité qu'il y a d'enseigner la doctrine chrétienne et bonnes mœurs au peuple qui nous est commis, signament à la jeunesse, mais surtout aux pauvres de Jésus-Christ, nous avons trouvé du tout expédient d'ériger à cette fin, en nostre ville métropolitaine de Cambray, une escole pour l'instruction de nos pauvres subjets, nous promettant par icelle en eulx la crainte de Dieu avecq une bonne vie, et par ce moyen, un grand soulagement de leur pauvreté, suivant la promesse fidèle de Jésus-Christ : cherchez premièrement le royaume de Dieu et sa justice, et toutes choses vous seront imparties par dessus. Partant nous ayant esté libéralement octroyé par le magistrat de ladite ville, l'*usage d'une place et batiment publicque appartenant à ladite ville pour tant si longuement qu'on y fera le catéchisme et non plus, icelle sictuée sur le Marché au Bois à l'opposite de l'hospital Saint-Jacques,* qu'avons à nos frais appropriété à l'usaige de l'escolle, y faisant bâtir chapelle, galerie montée sur rue, et la pourvoyant de toutes choses nécessaires, y avons estably l'ordre que s'ensuist. »

Ces lettres sont en effet suivies d'un réglement général et de trois autres lettres touchant l'administration de l'école (1).

Les deux écoles qui précèdent ont été remplacées depuis 1816, par deux autres écoles également gratuites, l'une pour les jeunes garçons, tenue dans les bâtiments de l'ancien hôpital Saint-Jean, par *seize frères de la doctrine chrétienne* qui y enseignent plus de 1,000 élèves, y compris une classe d'adulte ; l'autre pour les jeunes filles dirigée par *huit sœurs de la Charité,* et composée de 300 élèves environ. Cette dernière école d'abord située dans une autre partie du même hôpital Saint-Jean, a été récemment transférée dans la maison de Vander Burch, aussi connue sous les noms de Notre-Dame et de Sainte Agnès.

*Fondations diverses :* Amat, Audrigny, bon Campion ou de Cantimpré, bons enfants Cappet, Bulcourt, Couck, Deppe, Dubois, Hanon, Jonard, Laguicourt, Leduc, Polman, Rondeau, Rosies, Ségard, Simon, Saint-Sacrement.

*Aumônes diverses :* Maison de Charité, Chapitre de Ste-Croix,

---

(1) Le bureau de bienfaisance, possède ces divers titres dans ses archives.

pauvres malades de Ste-Croix, de Ste-Elisabeth, de St-Georges, de St-Géri, de la Madeleine, de St-Martin, de Notre-Dame, de St-Nicolas, de St-Sauveur, de St-Vaast, Maison pieuse de Notre-Dame, Maison de la Charité, les paroisses réunies de Cambrai.

*Béguinages* : de la Madeleine, de St-Vaast, de St-Georges.

Dans des temps plus récents, le bureau de bienfaisance s'accrut des revenus propres aux fondations Caudron, Duroyon et Langlet, curé-doyen de St-Géri ; et aux nouveaux béguinages de St-André et de St-Géri.

Voici le relevé des divers béguinages dont les fondations ont été maintenues, mais qui dépendent néanmoins du bureau de bienfaisance. Ce sont de petits couvents destinés à soustraire de la misère de pauvres vieilles femmes ou filles et des domestiques sexagénaires ayant fait de bons services.

Ces béguinages sont au nombre de dix :

1° *Béguinage Notre-Dame*, rue des Capucins, fondé en 1656, par Marie Lalou, en faveur de 6 filles. Il se compose aujourd'hui de 9 béguines, mais les 6 plus anciennes, seulement, reçoivent chacune de mois en mois, pendant le cours de l'année, la valeur de 6 mencauds de blé et 2 kilogrammes de chandelles. Ces femmes sont tenues de payer un droit d'entrée fixé à 150 francs.

2° *Béguinage St-Nicolas*, rue des Anglaises, fondé en 1677, par Jacques Polman, chanoine de la Métropole. L'entrée est de 60 francs. Chaque béguine a droit annuellement à une somme de 15 francs. Le nombre des filles d'abord établi à 8 est aujourd'hui de 14.

3° *Béguinage St-Vaast*, rue des Anglaises, fondé en 1636, par Marie Lalou, pour loger 14 vieilles filles, qui, moyennant un droit d'entrée fixé à 30 francs, reçoivent chacune la valeur de 1 mencaud 1/2 de blé. Le nombre des béguines a été élevé à 18.

4° *Béguinage de la Madeleine*, rue de l'Aiguille, établi par Antoine Carron et Jeanne Boileux, pour 11 vieilles filles. Il y en a 16 actuellement. Le droit d'entrée est de 12 francs 50 centimes.

5° *Grand Béguinage St-Georges*, situé rue du même nom, fondé au mois de juin 1571, par Madeleine Lequellerie, épouse de Louis Carlier, en faveur de 12 femmes « lesquelles sont tenues » de prières pour les âmes des testateurs, et *signament* tous les » jours d'*ung Pater et Ave Maria.* » Chacune des béguines reçoit une rétribution mensaire calculée sur un revenu annuel de 12 francs et 1 mencaud de blé Le droit d'entrée est de 60 francs. — La maison a été rebâtie en 1771.

6° *Petit béguinage St-Georges*, grand'rue Aubenche, institué pour 6 vieilles filles, ayant leur logement gratuit sans revenu. Il y en a 12 aujourd'hui. Le droit d'entrée est de 12 francs 50 centimes.

7° *Vieux couvent de la Madeleine*, situé rue du même nom, et compose de 5 femmes ou filles. L'admission y est gratuite.

8° *Béguinage St.-André*, rue des Anglaises, fondé le 25 octobre 1826, par André Euroyon, pour héberger 6 filles ou femmes sans enfants à leur charge. Le nombre des femmes a été élevé à 8. Il n'y a aucun droit d'entrée à payer.

9° *Béguinage St-Géry*, institué par le testament d'un sieur Boullecourt, pour 6 pauvres aveugles, veuves. La maison ne sera disponible qu'à dater de la mort de la dame Boullecourt qui en a le viage.

Relevé de la superficie et de la valeur des biens immeubles appartenant au bureau de bienfaisance de Cambrai.

| | Contenance. | Valeur en capital. | |
|---|---|---|---|
| | h a. c. | fr. | c. |
| Maisons................ .. | »,01,52. | 8,500 | 00 |
| Terres labourables........ | 721,54,75. | 2,094,792 | 04 |
| Prés, vergers, terrains plantés | 21,55,61. | 64,608 | 50 |
| Bois.................... | 4,11,19. | 1,644 | 76 |
| Propriétés affectées au service | »,31,17. | 84,800 | 00 |
| Totaux....... | 747,52,04. | 2,254,345 | 10 |

Situation des biens.

| | h. a. c. |
|---|---|
| Arrondissement de Cambrai.................. | 726,55,29 |
| Département du Nord........................ | 9,09,37 |
| — du Pas-de-Calais................ | 11,87,38 |
| Contenance égale..... | 747,52,04 |

Evaluation des revenus ordinaires, année commune.

| | fr. | c. |
|---|---|---|
| Loyers de maisons........................ | 96 | 00 |
| Fermages des terres........................ | 72,600 | 00 |
| Produit des baux emphytéotiques............ | 189 | 00 |
| Rentes sur l'Etat.......................... | 12,037 | 00 |
| Rentes sur particuliers.................... | 2,010 | 00 |
| ntérêts de fonds placés au trésor............ | 600 | 00 |
| Produit des droits d'admission dans les béguinages. | 300 | 00 |
| Produit des droits sur les spectacles............ | 1,200 | 00 |
| Revenus des fondations Rondeau, Le Page, Duroyon, Caudron, Langlet et Rigaut................ | 3,200 | 00 |
| Recettes imprévues......................... | 650 | 00 |
| Dons, aumônes, quêtes, etc.................. | 4,000 | 00 |
| Produit de l'asile de la classe moyenne......... | 2,530 | 00 |
| Produit des concessions de terrain dans les cimetières | 1,650 | 00 |
| Total....... | 101,062 | 00 |

Il y a en outre les recettes extraordinaires consistant dans le produit variable des pots-de vin, soit annuellement un neuvième des fermages.

Le nombre de familles secourues, année commune, est de 1,330, comprenant 4,440 indigents.

FIN.

# TABLE DES MATIÈRES.

www.ingramcontent.com/pod-product-compliance
Lightning Source LLC
LaVergne TN
LVHW010545110826
845149LV00003B/570

* 9 7 8 2 0 1 1 1 6 9 9 3 8 *